中传学者文库编委会

主　任： 廖祥忠　张树庭

副主任： 蔺海波　李　众　刘守训　李新军　王　晖
　　　　　杨　懿　柴剑平

成　员（按姓氏笔画排序）：

王廷信　王栋晗　王晓红　王　雷　文春英
龙小农　付　龙　叶　龙　刘东建　刘剑波
任孟山　李怀亮　李　舒　张绍华　张　晶
张根兴　张毓强　林卫国　郑　月　金　炜
金雪涛　周建新　庞　亮　赵新利　徐红梅
贾秀清　高晓虹　隋　岩　喻　梅　熊澄宇

中传学者文库

主编／柴剑平
执行主编／龙小农
副主编／张毓强　周建新

六艺研习录

姚小鸥自选集

姚小鸥　著

中国传媒大学出版社

·北京·

图书在版编目（CIP）数据

六艺研习录：姚小鸥自选集 / 姚小鸥著 . -- 北京：中国传媒大学出版社，2024.8.

（中传学者文库 / 柴剑平主编）.

ISBN 978-7-5657-3741-1

Ⅰ . K203-53

中国国家版本馆 CIP 数据核字第 20245CA871 号

六艺研习录：姚小鸥自选集
LIUYI YANXILU：YAO XIAOOU ZIXUANJI

著　　者	姚小鸥
责任编辑	井彩霞
封面设计	锋尚设计
责任印制	李志鹏
出版发行	中国传媒大学出版社
社　　址	北京市朝阳区定福庄东街 1 号　　　　邮　编　100024
电　　话	86-10-65450528　65450532　　　　　传　真　65779405
网　　址	http://cucp.cuc.edu.cn
经　　销	全国新华书店
印　　刷	北京中科印刷有限公司
开　　本	710mm×1000mm　1/16
印　　张	18.75
字　　数	306 千字
版　　次	2024 年 8 月第 1 版
印　　次	2024 年 8 月第 1 次印刷
书　　号	ISBN 978-7-5657-3741-1/K・3741　　定　价　95.00 元

本社法律顾问：北京嘉润律师事务所　郭建平

总　序

媒介是人类社会交流和传播的基本工具。从口语时代到印刷时代，再经电子时代至今天的数智时代，媒介形态加速演变、融合程度深入发展，媒介已然成为现代社会运行的基础设施和操作系统。今天，人类已经迈入媒介社会，万物皆媒、人人皆媒，无媒介不社会、无传播不治理。今天，无论我们怎么用力于信息传播的研究、怎么重视信息传播人才的培养都不为过。

中国传媒大学（其前身为北京广播学院）作为新中国第一所信息传播类院校，自1954年创建伊始，即与媒介形态演变合律同拍、与国家发展同频共振，努力探索中国特色信息传播人才培养模式、构建中国信息传播类学科自主知识体系，执信息传播人才培养之牛耳、发信息传播研究之先声，被誉为"中国广播电视及传媒人才摇篮""信息传播领域知名学府"。

追溯中传肇始发轫之起源、瞩望中传砥砺跨越之未来，可谓创业维艰而其命维新。昔日中传因广播而起，因电视而兴，因网络而盛，今天和未来必乘风破浪、蓄势而上，因人工智能而强。在这期间，每一种媒介兴起，中传均吸引一批志于学、问于道、勤于术的

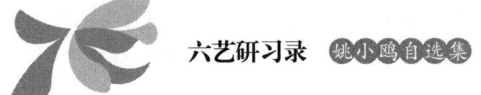

学者汇聚于此，切磋学术、传道授业，立时代之潮头，回应社会需求，成为学界翘楚、行业中坚，遂有今日中传学术研究之森然气象，已历七秩而弦歌不断，将传百世亦风华正茂。

自新时代以来，中传坚守为党育人、为国育才初心，励精图治、勤力前行，秉承"系统治理、创新图强、交叉融合、特色发展"的办学理念，牢牢把握高等教育发展大势、传媒业态发展趋势，瞄准"智能传媒"和"国际一流"两大主攻方向，以世界为坐标、以未来为向度，完成了全面布局和系统升级，正在蹄疾步稳、高质量推动学校从传统高等教育向未来高等教育跨越、从传统传媒教育向智能传媒教育跨越、从国内一流向世界一流跨越，全力建设中国特色、世界一流传媒大学。

中国特色、世界一流，在于有大先生扎根中国大地，汇聚古今、融通中外；在于有大先生执教黉门，学高为师、身正为范；在于有大先生躬耕杏坛，敦品积学、启智润心。习近平总书记更强调，高校教师要立志成为大先生，在教书育人和科研创新上不断创造新业绩。中传广大教师素来以做大先生为毕生职志，努力成为新时代"经师"与"人师"的统一者，做真学问、立高品行，践履"立德树人"使命。

2024岁在甲辰，欣逢中传建校70华诞，学校特邀约部分学者钩玄勒要、增删批阅，遴选已公开刊发的论文汇编成集，出版"中传学者文库"，意在呈现学校在学科建设、科学研究、服务行业实践等方面的最新成果，赓续中传文脉，谱写时代新声。

文库汇聚老中青三代学者，资深学者渊渟岳峙、阐幽抉微；中年学者沉潜蓄势、厚积薄发；青年学者踌躇满志、未来可期。文库与五十周年校庆所出版的"北广学者文库"相承接，大致可勾勒中传知识生产薪火相传、三代辉映之概貌，反映中传在构建中国特色新闻传播类、传媒艺术类、传媒技术类学科体系、学术体系和话语体系方面的耕耘与收获，窥见中国特色信息传播类学科知识体系构建的发展脉络与轨迹。

这一构建过程，虽筚路蓝缕，却步履铿锵；虽垦荒拓野，亦四方辐辏。一批肇始于中传、交叉融合、具有中国特色的学科，如播音主持艺术学、广播电视艺术学、传媒艺术学、数字媒体艺术学、政治传播学等，从涓涓细流汇入滔滔江河，从中传走向全国，展现了中传学者构建中国自主知识体系的学术想象力和创新力。文库展示的虽然是历史，实则是呈现今天；看似是总结过去，实则是召唤未来。与其说这套文库的出版，是对既有学术成果的展示，毋宁说是对未来学术创新的邀约。

回首过往，七秩芳华。我们深知，唯有将马克思主义基本原理与中华优秀传统文化相结合，才能推动中华学术创造性转化和创新性发展，推动中国自主知识体系的构建。我们深知，唯有准确把握媒介形态演变的脉动、深刻认知媒介形态变革所产生的影响，才能推动中国信息传播类学科自主知识体系的构建与时俱进。

展望未来，星辰大海。我们深知，以人工智能为代表的产业和科技革命正迅疾而来，媒介生态正在加速重构，教育形态正在全面重塑，大学之使命与价值正在被重新定义；我们深知，唯有"胸怀国之大者"、面向世界科技前沿、面向经济主战场、面向国家重大需求，才能确保中传始终屹立于中国乃至世界传媒教育发展之潮头。

如何应对人工智能带来的深刻变革，对中传而言是一场要么"冲顶"、要么"灭顶"的"兴亡之战"。我们坚信，不管前方是雄关漫道，还是荆棘满途，唯有勇敢直面"教育强国，中传何为？"这一核

心命题，奋力书写"智能传媒教育，中传师生有为！"的精彩答卷，才能化危为机，奋力开创人工智能时代中传智能传媒教育新纪元。

功不唐捐，芳华七秩；风帆正举，赓续创新。

是为序。

第十四届全国政协委员，中国传媒大学党委书记、教授、博士生导师

自 序

　　《太史公自序》之例，序言先述作者身世，次及著作缘起，再概括各篇大意。由此，效步前贤，缀联数语，弁于书首。

　　我出生在一个有理想、有情怀的家庭。父亲姚丹村1908年出生于河南省镇平县姚营村，1925年入冯玉祥国民军学兵团任学兵。1927年，他以尉官身份进入西安中山军事政治学校学习，并于此加入中共。国共合作破裂后，父亲先于1928年参加建国军部的暴动，后于1930年参与领导舞阳下澧河起义，任红九军副司令员。1937年，他回国参加抗战，从事对日情报工作，曾在《军事杂志》连载《日本军部人物略历》，后任鲁苏战区第九游击支队政治部主任。抗战后期，父亲转入教育战线，终其一生，为社会进步和民众福祉奋斗。

　　母亲李佩侠，1920年出生于河南省商水县。母亲原毕业于河南省立淮阳师范学校，1951年，又把刚断奶的我，托付给外祖母，而入河南大学深造。她爱好古典文学，"口不绝吟于六艺之文，手不停披于百家之编"。母亲终生服务教育，八十多岁还自学英语，回乡辅导农村孩子。母亲对我的影响潜移默化，在我人生的至暗时刻，母亲给了我最大的支持。

　　我的学术理想的萌芽，获益于兄长姚小申，1962年，我考入郑州四中初中部，哥哥时为四中高二学生。他喜爱数学，省吃俭用，

自费订阅《数学通报》,理想之高远可知。哥哥对我督责甚严,令我打下了坚实的数学基础,致使没有上过高中的我,1978年恢复高考时,数学取得了60多分的较好成绩。哥哥未能入大学深造,而于1965年在郑州国棉六厂因工伤离世。哥哥的命运,是我永远的痛,也是我进取不断的驱动力。我的学术成就,可以看作是兄弟二人对社会的共同贡献。

我于1968年4月顶替哥哥,进厂做工,业余自学英语和古代文史。1978年,我以同等学力的资格报考东北师大古代文学专业研究生,学校通知说,将我推荐给了辽宁大学。我因故未与辽宁大学联系,但由此树立了以文史研究为业的信念。1982年,我从郑州大学毕业,考入河南大学,师从华锺彦先生攻读硕士学位。1985年硕士毕业,到郑州大学中文系任教,1987年考入东北师范大学,师从杨公骥先生攻读博士学位。这些,为我的后半生的学术发展打下了坚实的基础。我和导师感情深厚,曾有多篇文章述及师生情分。学术上对我有重要影响的郭人民教授和李学勤教授,我已多次在著作中鸣谢,拟再以专文追述。

五十周年校庆时,我的自选集名为《吹埙奏雅录》。《自序》开篇说:"循名责实,可以看到其中贯穿着一条探讨礼乐文化的主线。"自彼至今,我的学术志趣没有大的改变,本书取名《六艺研习录》,是因为所录分属六个学术方向,亦欲借儒学"六艺"之名,表达本人以经学为基础,以实证为特色的基本研究方法。

《诗经》是我的第一研究方向。《诗经》类简帛文献,以楚简为大宗。"《诗经》与楚简《诗经》类文献研究"所录论文,反映了我的基本学术理念和注意利用出土文献的学术取向。

楚辞"轩翥诗人之后,奋飞辞家之前"(《文心雕龙·辨骚》),为战国时期"一代之文学"(王国维《宋元戏曲史·序》),素为我所喜爱。较二十年前,本人的楚辞研究,在广度和深度上皆有所进步。

《〈招魂〉赋体文学说》是赋体文学源流的重要学术进展。

《"外乐"与秦汉乐官制度》关注秦汉乐官制度的体系性及其演变之迹，《〈公莫巾舞歌行〉考》和《〈汉鼓吹铙歌十八曲〉的文本类型与解读方法》分别从礼乐制度的历史传承和歌诗文本的解读入手，其理念、对象、视角和方法皆与传统的"乐府"研究有异。

"中国早期戏剧与小说研究"收录了有关唐宋时期戏剧的三篇论文，和一篇研究中国早期小说的文章，后者对中国早期小说形态及小说的起源提出了与众不同的见解。我的"乐府"艺术观念，包括早期戏剧与小说。本书中，与早期戏剧有关的《〈公莫巾舞歌行〉考》，置入"秦汉乐官制度与汉代乐府艺术研究"板块，与此有关。

我对历史研究有浓厚的兴趣，"《史记》《汉书》与古史研究"中的《孔子与中华五千年文明史观》属于史学史的范畴。《什么是"李广难封"的真正原因》等文章则系历史个案的重新研判。

湖北荆州王家嘴战国楚墓所出乐简，载有已知年代最早的古乐谱，它将有乐谱可据的中国音乐史提前了上千年，其体系的完备与文本的体量，在世界文化史上也是仅见的。"战国乐简研究"中的两篇文章，是目前关于战国乐简研究的仅有成果，相信随着乐简文本的全面公布，这一课题必将为音乐史界，乃至整个文史学界所关注。

《礼记·大学》篇说："知所先后，则近道矣。"朱熹《集注》："本始所先，末终所后。"学术接力乃薪火相传之事，固当饮水思源，不忘其本，而提携后进，亦为学者应有之义。书中有若干与学生合作者，重检斯文，往昔情境如在眼前。抚今思昔，足慰平生矣。

姚小鸥

2024 年 3 月于定福庄南里寓所

目 录

《诗经》与楚简《诗经》类文献研究

"诗三百"正义 ·· 003
《关雎》兴象及其文化内涵 ·· 016
《关雎》《泽陂》与周代礼乐文化的传播 ··································· 020
试论清华简《周公之琴舞》的文本性质 ····································· 025
《周公之琴舞》诸篇释名 ··· 047

楚辞研究

《招魂》赋体文学说 ·· 073
"文义次序"与《天问》中的禹 ··· 084
彭咸"水游"与屈原的"沉渊" ··· 095
《涉江》中"伍子"为子胥考 ·· 105

秦汉乐官制度与汉代乐府艺术研究

"外乐"与秦汉乐官制度 ·· 115

《公莫巾舞歌行》考 …………………………………………………… 126
《汉鼓吹铙歌十八曲》的文本类型与解读方法 ……………………… 140

中国早期戏剧与小说研究

文物图像与唐代戏剧研究的理念、材料及方法
　　——以《唐代线刻〈踏摇娘〉演剧图》研究为中心 ………… 159
韩城宋墓壁画杂剧图与宋金杂剧"外色"考 ………………………… 172
《玉壶野史》"生旦杂处"与南戏脚色体系的形成 …………………… 186
清华简《赤鹄》篇与中国早期小说的文体特征 ……………………… 196

《史记》《汉书》与古史研究

孔子与中华五千年文明史观 …………………………………………… 227
简帛文献与中华文明的历史传承 ……………………………………… 232
什么是"李广难封"的真正原因？
　　——兼与高敏先生商榷 ……………………………………… 238
屈原楚之同姓辨 ………………………………………………………… 246
"汉兴""大收篇籍"考 ………………………………………………… 254

战国乐简研究

荆州战国楚墓竹简古乐谱书写制度初探 ……………………………… 267
荆州王家嘴战国楚墓乐简字符结构形态研究 ………………………… 274

《诗经》与楚简《诗经》类文献研究

"诗三百"正义[*]

孔子说:"'诗三百'一言以蔽之,曰'思无邪'"。这是"诗三百"一语的最早出处。[①]

作为《诗经》学的一个重要术语,在相关学术著作和通行教科书中,"诗三百"一般被认为有两层含义。其一是指《诗经》的篇数,再由此而生发,被认为是《诗经》在先秦时期的一种称名。到目前为止,学术界普遍以此作为研究《诗经》学相关问题的出发点,没有人对此发生过怀疑,然而我们发现,这一学术史上的定论,实际上存在着很大的讨论空间。

今本《诗经》,不包括有目无辞的所谓"笙诗",共有305篇。《史记·孔子世家》说:

> 三百五篇孔子皆弦歌之,以求合《韶》《武》《雅》《颂》之音。[②]

《汉书·艺文志》说:

> 古有采诗之官,王者所以观风俗,知得失,自考正也。孔子纯取周诗,上采殷,下取鲁,凡三百五篇,遭秦而全者,以其讽诵,

---

[*] 本文原载于《文艺研究》2007年第11期,第94—99页。
[①]《论语注疏》,中华书局《十三经注疏》本第2461页。
[②] 中华书局校点本《史记》第1936页。

不独在竹帛故也。①

《汉书·儒林传》载,"昌邑王嗣立,以行淫乱废,昌邑群臣皆下狱诛",唯数谏劝者免。王式为昌邑王师,系狱当死,治狱使者责问其何以无谏书,王式对曰:"臣以《诗》三百五篇朝夕授王""臣以三百五篇谏,是以无谏书"。由是免死。②可见最迟到汉代,《诗经》共有305篇之数为当时社会的共识。

在西汉时,人们间或称《诗经》的篇数为"三百篇"。司马迁在《史记·太史公自序》中说,"《诗》三百篇,大抵贤圣发愤之所为作",就是关于这一问题的有代表性的的叙述。③

司马迁称《诗经》三百零五篇的篇数为三百篇,是举其成数。郑玄注《论语·为政》,解释"三百"一语时引"孔曰:'篇之大数'"。《邢昺疏》:"案今《毛诗序》凡三百一十一篇,内六篇亡,今其存者有三百五篇。今但言三百篇,故曰篇之大数。"近人蒋伯潜《十三经概论·毛诗概论》第一章《毛诗解题》据此说:"《论语》记孔子之言,一则曰'《诗》三百,一言以蔽之';再则曰'诵《诗》三百',盖仅举其成数而言之耳。"④时贤持论多类此,不一一列举。

近代以来,学者以孔子屡称"诗三百",加之汉代文献中有"三百篇"一语,遂以为"诗三百"或"三百篇"乃《诗经》在先秦时期的一种称名。

向熹所编《诗经辞典》说,《诗经》是"中国最早的一部诗集,先秦只称《诗》或《诗三百》,汉以后成为儒家经典,才称《诗经》"⑤。《诗经辞典》的这一说法被广泛接受。洪湛侯《诗经学史》引《墨子·公孟篇》"诵诗三百,弦诗三百,歌诗三百,舞诗三百"一段话,并将其标点为:"诵'诗三百',弦

---

① 中华书局校点本《汉书》第1708页。
② 中华书局校点本《汉书》第3610页。
③ 中华书局校点本《史记》第3300页。此语又见《报任安书》,文字略有异同。参见《汉书·司马迁传》,中华书局校点本第2735页。
④ 蒋伯潜《十三经概论》,上海古籍出版社1983年版。
⑤ 洪湛侯《诗经学史》,中华书局2002年版,第38页。

'诗三百',歌'诗三百',舞'诗三百'。"①该书又说:"墨子认为《三百篇》不但皆可歌,而且皆可舞,与音乐、舞蹈的结合十分密切。"②在以上引文中,《三百篇》被径直标为书名,这是当今学术界对这一问题认识的典型表达。袁行霈主编《中国文学史》等通行教科书,持说与此相类。③凡此种种可证,认为"诗三百"是《诗经》在先秦时期的一种称名乃当今学术界的共识。

"诗三百"是否确指《诗经》的篇数,牵涉到《诗经》学史上争讼不已的诸多公案,如《诗经》的成书年代、《诗经》的成书过程、孔子是否曾有删"诗"之举及删诗的内容性质和程度等。洪湛侯《诗经学史》赞成删诗说,该书引宋人叶适的话:"《论语》称'诗三百',本谓古人已具之诗,不应指其自删者言之,然则诗不因孔子而后删矣。"④戴维《诗经研究史》认为孔子未曾删诗,认为古代虽曾有删诗之事,但删诗工作为周太师所作。该书在讨论《诗经》成书过程及孔子是否曾删诗时说:"当时古诗之数,像司马迁说的三千篇,殆不为过,周太师整理配乐,颁行于世,这种整理当然会包括'去其重'这一工作,如果有初步定本的话,其数大约三百多篇,否则《论语》中说'《诗》三百',墨子也说'诵诗三百',就不可解了。"⑤

上述论争的双方都将孔子所称"诗三百"作为自己的重要论据,引人注目的是,尽管他们观点迥异,但在对"诗三百"一语的理解方面却都采用传统的说法。这说明以"诗三百"为根据解释孔子时代的《诗经》篇数是学界普遍公认的学术前提。

仔细考察相关文献可以发现,以"诗三百"为《诗经》在先秦时期的一种称名,乃一种误解,以为孔子之前《诗经》已约三百篇之数的论断也大可怀疑。

我们首先看一下"诗三百"一语在先秦文献中出现时的具体含义。据现存文献,孔子一共三次提到"诗三百"。两次是在《论语》中,一次在《礼记》中。

---

① 洪湛侯《诗经学史》,中华书局2002年版,第38页。
② 洪湛侯《诗经学史》,中华书局2002年版,第39页。
③ 袁行霈主编《中国文学史》第一卷第60页,高等教育出版社1999年版。
④ 洪湛侯《诗经学史》,中华书局2002年版,第11页。
⑤ 戴维《诗经研究史》,湖南教育出版社2001年版,第37页。

在《论语》中，孔子除在前引《为政》篇提到"诗三百"外，还在《子路》篇中提及此语。在《子路》篇中，孔子说：

> 诵《诗》三百，授之以政，不达；使于四方，不能专对；虽多，亦奚以为？

上引文系采用杨伯峻先生《论语译注》的标点。① 杨先生在该书中两次皆未将"诗三百"标点为书名，是正确的。但该书认为"诗三百"一语系指《诗经》的"三百篇"之数，又将"诗"标点为书名。可见其仍持传统观点。

涵咏孔子话语的原文，可知其核心在于"虽多，亦奚以为"，论述的出发点在"虽多"二字上。意谓诵诗虽多，不能致用，则毫无意义。

《礼记·礼器》记载孔子论及"诗"与"礼"的关系说：

> 孔子曰："诵诗三百，不足以一献。一献之礼，不足以大飨。大飨之礼，不足以大旅。大旅具矣，不足以飨帝。"毋轻议礼！②

上引语中所提及的"一献"是一种规格较低的礼仪。《仪礼·士冠礼》：

> 乃醴宾以壹献之礼。

《郑注》：

> 壹献者，主人献宾而已。即燕无亚献者。献、酢、酬，宾主人各两爵而礼成。《特牲》《少牢馈食》之礼献尸，此其类也。士礼一献，卿大夫三献。③

---

① 杨伯峻《论语译注》，中华书局1980年版，第135页。
②《礼记正义》，中华书局《十三经注疏》本，第1443页。
③《仪礼注疏》，中华书局《十三经注疏》本，第953页。

《左传·昭公元年》载:

> 夏四月,赵孟、叔孙豹、曹大夫入于郑,郑伯兼享之。子皮戒赵孟,礼终,赵孟赋《瓠叶》。子皮遂戒穆叔,且告之。穆叔曰:"赵孟欲一献,子其从之!"子皮曰:"敢乎?"穆叔曰:"夫人之所欲也,又何不敢?"及享,具五献之笾豆于幕下。赵孟辞,私于子产曰:"武请于冢宰矣。"乃用一献。

上引《左传》中的赵孟即晋国执政大夫赵武。按当时的礼制当享用三献之礼,郑国国君因有求于晋国,所以宴享赵武时特备子男所用的五献之礼以表尊崇,而赵武本人却要求用一献之礼,以示自谦。这一情节所述礼的等级规模可以与诸礼书相互参证。

"大飨"是规格极高的宴飨礼仪。《周礼·大师》:

> 大飨亦如之。

《贾疏》:

> 此大飨,谓诸侯来朝,即《大行人》上公三飨、侯伯再飨、子男一飨之类。其在庙行飨之时,作乐与大祭祀同,亦如上大祭祀帅瞽登歌,下管播乐器令奏,皆同,故云"亦如之"。①

"大旅"是一种祭祀天地四望的重要祭礼。《周礼·典瑞》:

> 大祭祀,大旅,凡宾客之事,共其玉器而奉之。

---

① 《周礼正义》,中华书局《十三经注疏》本,第796页。

《贾疏》：

"大祭祀兼有天地宗庙，大旅中兼有上帝四望等。①

"禘帝"指的是郊祭之礼，这是周人以祖先配飨于昊天上帝的最为重大的礼典。较"大旅"为正式而隆重。《周礼·典瑞》：

四圭有邸，以祀天、旅上帝。

《贾疏》：

上帝五帝也。国有故而祭，故称旅也。

可见"大旅"虽然也祭天，但它不是一种常规祭典。故孔子说它"不足以禘帝"。

前述礼仪等级在性质及意义方面的区分，在《礼器》中讲得非常清楚。即：

一献质，三献文，五献察，七献神。大飨其王事与！
祀帝于郊，敬之至也。

《贾疏》说：一献，"谓祭群小祀也"。三献，"谓祭社祭五祀"。五献，"谓祭四望山川也"。七献，"谓祭先公"。②

我们现在回过头来看古注对前文引用孔子语的相关解释。对"诵诗三百"一语，郑玄《注》说：

---

① 《周礼正义》，中华书局《十三经注疏》本，第778页。
② 《礼记正义》，中华书局《十三经注疏》本，第1442页。

诵诗三百，喻习多言而不学礼也。大旅，祭五帝也。飨帝，祭天毋轻仪礼。谓若诵《诗》者，不可以强言礼。

孔颖达《正义》的疏解说：

"诵诗三百，不足以一献"者，假令习诵此《诗》，虽至三百篇之多，若不学礼，此诵诗之人，不足堪为一献之祭。言一献祭群小祀，不学礼则不能行也。

郑玄正确地指出了"诵诗三百"的核心是"喻习多言"，从而使我们理解"诗三百"一语时不再拘泥于《诗经》的具体篇数。但他将"诵诗"与"学礼"对立起来，没有能够给"诗三百"一语的正确解释提供一个完整的逻辑前提，所以才有孔颖达的错误疏解，而且将"诵诗"和"学礼"对立起来不符合先秦礼乐制度，与孔子的一贯思想也不相符合。

关于"诗"与"礼"及"礼"诸要素之间的关系，在《礼记·仲尼燕居》中，孔子有扼要的论述：

子曰："礼也者，理也；乐也者，节也。君子无礼不动，无节不作。不能诗，于礼缪；不能乐，于礼素；薄于德，于礼虚。"①

先秦时期，"礼""乐"具有互为表里的关系。《礼记·乐记》说："乐者为同，礼者为异。同则相亲，异则相敬。"同时，"诗"与"乐"也具有浑言则同、析言则异的关系。"诗"为"礼"的有机组成部分，诵诗亦为学礼的有机组成部分，二者不是对立关系。"不能《诗》，于礼缪"和孔子在《论语》中所言"不学诗，无以言"（《论语·季氏》）以及"兴于诗，立于礼。成于乐"（《论语·泰伯》）相对照，可以知道孔子从来不将"诗"与"礼"对立起来，

---

①《礼记正义》，中华书局《十三经注疏》本，第1614页。

相反，他所一贯强调的是"诗"与"礼"、诗"与"乐"的表里关系。

有学者指出，礼包括"具体的礼节仪式在内的一系列制度、规定及贯穿其间的思想观念"。①孔子《礼器》中所言及的礼，指的是礼的一种狭义形态，即祭礼。在前引《仲尼燕居》中所言及的"诗""乐""德"是对礼的普遍要求。孔子认为，只有这样才能避免礼的"缪""素"和"虚"。

在古代"礼"的操作过程中，"诗"是不可或缺的内容，但礼有不同的等级和性质。在祭礼中，"牺牲玉帛"等相关物质要求及特定仪节乃至礼的精神，共同构成礼所具有的复杂内容。"诵诗"虽然是学礼、行礼的重要内容，但仅有它，远不能满足不同等级不同性质的礼的全部要求。

这样，前引孔子语中"诵诗三百，不足以一献"这句话的内容就比较容易理解了。它们是说，"诗"虽然是"礼"的不可或缺的要素，但仅诵诗，即使诵读再多，对于礼的操作来说也是不够的，甚至连最低级的一献之礼的要求也不能满足，而从一献、三献、五献到飨帝所需的最高级的七献之礼，各有不同的内容和要求，极为复杂，所以不能对"礼"轻发议论。

人们在叙述先秦时期"礼"的多样和复杂时，还常常引用《礼记·礼器》的一段话。《礼器》引述孔子的相关言论后说："《经礼》三百，《曲礼》三千，其致一也。"②意思是说"礼"的样式和内容繁多，但其归结是一致的。大家可能会注意到，除"三百"一语的用法外，这段话和"'诗三百'一言以蔽之，曰'思无邪'"全句在表达方式上也有着惊人的相似之处。

除《论语》以外，"诗三百"联言还出现在《墨子》一书中。《墨子·公孟篇》：

> 子墨子谓公孟曰："丧礼，君与父、母、妻、后子死，三年丧服，伯父、叔父、兄弟期，族人五月，姑、姊、舅、甥皆有数月之丧。或以不丧之间，诵诗三百，弦诗三百，歌诗三百，舞诗三百。

---

① 李学勤：《古代的礼制和宗法》，见《中国古代文史讲座》，中央广播电视大学出版社1984年版，第123页。
②《礼记正义》，中华书局《十三经注疏》本，第1435页。

若用子之言，则君子何日以听治？庶人何日以从事？①

孙诒让《间诂》：

> 谓舞人歌诗以节舞。《左·襄十六年传》云："晋侯与诸侯宴于温，使诸大夫舞，曰：歌诗必类。"是舞有歌诗也。墨子意，谓不丧则又习乐，明其旷日废业也。《毛诗·郑风·子衿传》云："古者教以诗乐，诵之歌之、弦之舞之。"与此意同。

作为礼乐文化综合艺术的一般称谓，先秦时期的"诗"可以用来泛指我们今天所说的"歌""诗"甚至"舞"等各种艺术门类，而《诗经》只是一种有关"诗"的文学文本。《墨子》这里所说的"诗"不能理解为《诗经》，"诵""歌""弦""舞""三百"也非三百篇之数，仅言其大肆习乐而已。

我们发现，先秦文献中"三百"一语并非实指其数，而是极言其多的一种修辞手法。这一语言现象不只出现在"诗三百"这一语言组合中。

《论语·宪问》：

> 或问子产。子曰："惠人也。"问子西。曰："彼哉！彼哉！"问管仲。曰："人也。夺伯氏骈邑三百，饭疏食，没齿，无怨言。"②

何晏《集解》：

> 孔曰："伯氏，齐大夫。骈邑，地名。齿，年也。伯氏食邑三百家，管仲夺之，使至疏食，而没齿无怨言，以其当理故也。"

引文中管仲所夺的是"邑三百"，而《集解》释为"三百家"即"户

---

① 诸子集成本《墨子间诂》，上海书店1986年版，第275页。
②《论语注疏》，中华书局《十三经注疏》本，第2510页。

三百",其不合理是显见的。"骈"训"骈连"。《左传·僖公二十三年》:"曹共公闻其骈胁"。孔颖达《正义》:"骈训比也,骨相比迫若一骨然。"①"骈邑"一词的语言结构与"骈胁"相同,故"骈邑"即骈连在一起的邑。"骈邑三百"即连成一片的若干邑。《集解》增字解经,不足为法。究其原因就在于对"三百"一语的误读。

先秦文献中使用"三百"一语最为戏剧性的例子是《左传·僖公二十八年》所记晋军攻入曹国后晋文公与魏犨君臣的事迹:

> 三月丙午,入曹。数之,以其不用僖负羁而乘轩者三百人也。且曰:"献状。"令无入僖负羁之宫而免其族,报施也。魏犨、颠颉怒曰:"劳之不图,报于何有!"
> 爇僖负羁氏。魏犨伤于胸,公欲杀之而爱其材,使问,且视之。病,将杀之。魏犨束胸见使者曰:"以君之灵,不有宁也。"距跃三百,曲踊三百。乃舍之。杀颠颉以徇于师,立舟之侨以为戎右。②

晋文公攻打曹国的表面理由是"以其不用僖负羁而乘轩者三百人"。所谓"乘轩者三百人",《杜预注》正确地解释为"言其无德居位者多",而非实指其乘轩者的人数,而魏犨为显示身体无恙而"距跃三百,曲踊三百",若据字面理解,尤令人匪夷所思。关于此二句《杜预注》:"距跃,超越也。曲踊,跳踊也。百,犹励也。"孔颖达《正义》解释说:

> 则跃以疾生名,故以距跃为超越,言距地向前跳而越物过也。曲踊以曲为言,则谓向上跳而折复下,故以曲踊为跳踊耳,言直上向下而已。以伤病之人,而再言"三百",不可为六百跳也。杜言百犹励,亦不知励何所谓,盖复训励为勉,言每跳皆勉力为之。

---

① 《春秋左传正义》,中华书局《十三经注疏》本,第1815页。
② 《春秋左传正义》,中华书局《十三经注疏》本,第1824页。

受重伤者固"不可为六百跳",即使常人如此也不可能。故前人将这里的"三百"作"勉力"解,这是唯一可通的解释。这是表达"三百"在先秦时期意义的典型语料。

孔子所言"诗三百"既与《诗经》有关,在关于"三百"的语料中又以《诗经》为最早,下面我们就来看《诗经》中的有关例证。

《诗·曹风·候人》中有"三百赤芾"一语。《候人》篇说:

彼候人兮、何戈与祋。彼其之子、三百赤芾。
维鹈在梁、不濡其翼。彼其之子、不称其服。

"芾"是一种古人的衣饰,着于腰下膝上(后人以其穿着位置将它称为"蔽膝"),"赤芾"是红色或彩绘的"芾",是具有较高身份和地位的象征。[①] 候人是送往迎来的小官,而着此高级衣饰,故被讥刺为"不称其服"。就本文而言,值得注意的是"赤芾"每人每次只能穿着一件,诗称"三百赤芾"者,盖言其衣饰之盛而非实指穿着有"赤芾"三百件之多也。

《魏风·伐檀》中"三百"语三见,即:

胡取禾三百廛兮。
胡取禾三百亿兮。
胡取禾三百囷兮。

"胡取禾三百廛兮。"《毛传》:"一夫之居曰廛"。"胡取禾三百亿兮?"《毛传》:"万万曰亿"。《郑笺》:"十万曰亿。三百亿,禾秉之数。"按《郑笺》说是。《逸周书·世俘解》:"武王俘商旧宝玉亿有八万"即言武王一共缴获商人的旧宝玉十八万枚。[②] 又高亨先生以为"亿"可解为"庾",粮谷堆在场上

---

① 参见沈从文《中国古代服饰研究》,(香港)商务印书馆1981版,第34页。
② 参见黄怀信《逸周书校补注译》,西北大学出版社1996年版,第220—221页。

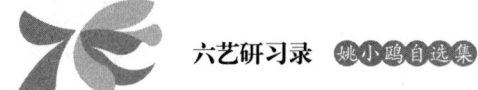

为庾。①"胡取禾三百囷兮。"《毛传》:"圆者为囷"。《毛诗正义》:"《月令》'修囷仓'方者为仓,故圆者为囷。《考工记·匠人》注云'囷,圆仓',是也。"结合前人解说,从该篇诗歌的内容来看,"三百"也者,皆言"不稼不穑"者获取之多,非实指其数。

《小雅·无羊》中有"三百维群"一语:

> 谁谓尔无羊、三百维群。谁谓尔无牛、九十其犉。

《郑笺》:"尔,女也;女,宣王也。宣王复古之牧法,汲汲于其数,故歌此诗以解之也。谁谓女无羊?今乃三百头为一群。谁谓女无牛?今乃犉者九十头,言其多矣。"郑玄解此诗意为"言其多矣",甚得诗旨,然以"三百头为一群"则系一明显误解。按"三百维群"即"三百其群"。"三百"群乃极言其畜牧之盛。以三百为一群实乃误解。《无羊》有"三十维物"一语。《毛传》释为"异毛色者三十"。非言同一毛色者有三十头牲畜。《周颂·噫嘻》有"十千维耦",即以万耦为耕,非言以万人为一耦也。《郑笺》误释之根源即在于以"三百"为实指,不明其为虚数之故。

从语言学理论的角度来说,"三百"与古人有关"数"的语言表达方式有关。清代著名学者汪中《释三九》一文对此有详细的解说。汪中说:

> 一奇二偶,一二不可以为数,二乘一则为三,故三者数之成也。积而至十,则复归于一,十不可以为数,故九者,数之终也。于是先王之制,礼凡一二之所不能尽者,则以三为之节,"三加""三推"之属是也。三之所不能尽者,则以九为之节,《九章》《九命》之属是也。此制度之实数也。因而生人之措辞,凡一二之所不能尽者,则约之三,以见其多。三之所不能尽者,则约之九,以见其极多。

---

① 高亨《诗经今注》,上海古籍出版社1980年版,第147页。

此言语之虚数也。实数可稽也，虚数不可执也。①

"虚数不可执"，即在阅读古代文献时不可拘泥于数字的表面，是解读相关古代文献的关键理论之一，这和孟子所言"说《诗》者，不以文害辞，以辞害志"②是一个道理。

对于"三百"作为先秦时期极言其多的"虚数"性质，还需作进一步的探讨。"三百"，由"三"与"百"构成。"三"既往往言多，"百"之为数更是如此。《诗经》中"百"字皆用为言其多。诸如，"百夫之特""人百其身"（《秦风·黄鸟》）、"以洽百礼""百礼既至"（《小雅·宾之初筵》）、"其始播百谷"（《豳风·七月》）、"凡百君子"（《小雅·雨无正》）、"逢此百忧"（《王风·兔爰》）、"播厥百谷"（《小雅·大田》《周颂·噫嘻》）、"百堵皆作"（《小雅·鸿雁》）、"百川沸腾"（《小雅·十月之交》）凡数十见，莫不作此解。

就"三百"在先秦文献中出现时意义的统计和分析表明，它是王国维先生所言的"成语"，而"成语"不能简单地从字面意义来解说。王国维先生在《与友人论〈诗〉〈书〉中成语书》中指出："古人颇用成语，其成语之意义，与其中单语分别之意义又不同。""若但合其中单语解之，未有不龃龉者。《诗》《书》中语此类者颇多。""知古代已有成语，则读古语者可无以文害辞，以辞害志之失矣。"③

如是，《为政》篇"'诗三百'一言以蔽之，曰'思无邪'"一语的正解当为："'诗'有很多篇，用一句话来概括它们，就是'思无邪'。"

---

① 汪中《述学》，辽宁教育出版社 2000 年版，第 2—3 页。
②《孟子注疏》，中华书局《十三经注疏》本，第 2735 页。
③ 王国维《与友人论〈诗〉〈书〉中成语书》，《观堂集林》卷二，中华书局 1959 年版，第 75—78 页。

《关雎》兴象及其文化内涵[*]

"关关雎鸠，在河之洲。窈窕淑女，君子好逑。"《关雎》一篇的开端，人们耳熟能详，然而，诗篇所言"雎鸠"为何鸟，它与全篇意义的内在关联如何？这种关联反映了什么样的文化内涵？众说纷纭，未有定论，值得进一步探讨。

最早提出"雎鸠"为《关雎》兴象的现存文献是《毛传》。《毛传》注"关关雎鸠，在河之洲"句："兴也。关关，和声也。雎鸠，王雎也，鸟挚而有别。水中可居者曰洲。"汉代学风质朴，故《毛传》注释甚为简略，什么是"王雎"？"挚而有别"所指谓何？给后人留下了解说的空间。

关于"雎鸠"之类属，孔颖达《毛诗正义》列有汉代以后的多种说法。其引《尔雅》郭璞注说是"雕类"，称"今江东呼之为鹗，好在江边沚中，亦食鱼"。又引陆机《毛诗鸟兽草木虫鱼疏》之说，以为"幽州人谓之鹫"。凡此，皆以"雎鸠"为猛禽，然而此说与"王雎"种属及诗篇的文化内涵不相符合。

宋人在这方面的认识较汉唐诸儒有所进步。郑樵考校物理，辨析名物，指出鸟类因种属不同而鸣声各异："凡雁鹜之类，其喙褊者，则其声关关；鸡雉之类，其喙锐者，则其声鷕鷕。"（《通志·昆虫草木略序》）现代鸟类学家指出，"雕""鹗"之类的猛禽一般不大声鸣叫，其求偶期间，鸣声凄厉尖锐，这与雎鸠所发出的雍雍和鸣之声相去甚远。由此可知，雎鸠绝不可能是雕、

---

[*] 本文原载于《光明日报》2021年8月16日第13版。

鹫之类的猛禽。《诗集传》说，"雎鸠，水鸟，一名王雎。状类凫鹥，今江淮间有之"，以为雎鸠系江淮间常见的小型水鸟，如野鸭、鸥鸟之类。朱子发挥《毛传》之说，点明"关关"是雎鸠"雌雄相应之和声"，对其文化内涵有所隐喻。综上所述，可知宋人对雎鸠的看法较汉人合理，细加推敲，则可知其认识尚未达一间。

宋人没有论及雎鸠的体型、体态和羽色，而这些对考察其种属，抑或探索其与诗篇比兴之义的关系都非常重要。雎鸠体型如何？《毛传》说，雎鸠为"王雎"。王通训"大"。由"王雎"之名，可知雎鸠必非凫鹥类。因其体型偏小，与诗篇所述不符。诗中言其所居"在河之洲"。大家知道，《诗经》中的"河"皆指黄河，而黄河自陕以下，水面极为宽阔。《庄子·秋水》言："秋水时至，百川灌河。泾流之大，两涘渚崖之间，不辩牛马。"人们能够在"两涘渚崖"间听闻河中沙洲上雎鸠之和鸣，目睹其雌雄相随的优游之态，则必为形体硕大、鸣声响亮的雁鹅类禽鸟。

具体来说，雎鸠属于雁鹅类中的什么种属呢？这就要结合其羽色及习性作进一步的考察。关于雎鸠的羽色，人们关注较少，其实，汉代文献中对此有明确记载。《说文》鸟部："鴷：白鴷。王雎也。从鸟厥声。"需要说明的是，《尔雅》郭璞注说，白鴷"尾上白"。这一说法是不可靠的。古人名鸟兽毛色、羽色时，言其为某色，意即通体为此色。若杂以他色，则有专文名之。《说文》马部字析之甚详。段玉裁在解释"鹭，白鹭也"一语时，指出许慎著《说文》之体例"多因《毛传》"，即"以人所知说其所不知"（《说文解字注》）。由上述可知，通名为"王雎"的"雎鸠"，又名为"鴷"或"白鴷"，是一种褊喙的大型水禽。其毛羽白色，所以不会是褐色的大雁。综合考量，非天鹅莫属。

应该指出，宫玉海先生多年前曾倡言"雎鸠原来是天鹅"，因论证颇有疏失，不为学界所取，然而其立意还是很有价值的。

下面，从"挚而有别"的习性进一步论证雎鸠种属所归，并由此探讨《关雎》的比兴之义。关于比兴，朱熹所言最为扼要。《诗集传》说："兴者，先言他物以引起所咏之辞也。""雎鸠"既为《关雎》一篇之兴象，作为"他物",与"所咏之辞",即诗篇下文所述必有内在的关联。

雎鸠作为《关雎》一篇的兴象,其所含之文化意蕴,前人皆未能参透,这集中表现在对《毛传》"挚而有别"的解说方面。《郑笺》说:"挚之言至也,谓王雎之鸟,雌雄情意至然而有别。"《郑笺》说"挚"本意不误。后人或因《经典释文》有"挚,本亦作鸷"之语,遂将其理解为猛鸷。清代治《诗经》之高明者,如马瑞辰《毛诗传笺通释》亦不免受其影响,而误说本篇诗义。更为重要的是,《郑笺》"雌雄情意至然而有别"句的后半"然而有别"绝误。因此才有了后人雎鸠"雌雄别居"习性的误说,并造成了历代对《关雎》全篇立意的错误理解。

孔颖达《毛诗正义》发挥《郑笺》之说:"此雎鸠之鸟,虽雌雄情至,犹能自别,退在河中之洲,不乘匹而相随也,以兴情至,性行和谐者,是后妃也。后妃虽说乐君子,犹能不淫其色,退在深宫之中,不亵渎而相慢也。后妃既有是德,又不妒忌,思得淑女以配君子,故窈窕然处幽闲贞专之善女,宜为君子之好匹也。"这段话,涵盖了传统上对《关雎》一篇的主要错误认识。这一错误基于对周代文化乃至整个传统文化的理解偏差。这一偏差,以对"窈窕"一语的解说为醒目的表现形式。

《毛诗正义》以为"窈窕""谓淑女所居之宫形",并由此生造出"后妃""退在深宫之中"的情节。我们现在已经知道,"窈窕"是《诗经》中形容人体高大健美的联绵词。诗人以"窈窕淑女"一语描述一位美、善兼备的女子,诗篇下文以"君子好逑"承之。全句言"淑女"真堪为"君子"的理想配偶。

对文献的理解有歧义时,人们采用某一种说法,与对其所含文化意义的理解有关。古代文献中的"夫妇有别"一语,说的是"夫妇"在婚姻定约中包含各自与别个异性的疏离关系。由此才能确定婚生子女的父系归属。这是男权社会得以建立的基石。古人云,"男女居室,人之大伦"(《孟子·万章上》)。《礼记·昏义》说:"敬慎、重正,而后亲之,礼之大体,而所以成男女之别,而立夫妇之义也。男女有别,而后有夫妇之义;夫妇有义,而后父子有亲;父子有亲,而后君臣有正。故曰昏礼者礼之本也。"将"夫妇有别"一语中的"别"字理解为夫妇之间的疏离，不但是对诗意的曲解，而且完全不符合古代社会的基本家庭伦理。

《毛诗序》把《关雎》篇提到"风天下而正夫妇"的政治伦理的高度，乃由毛公所传之学说中，保存了先秦《诗》说的旧文。汉代以后，女性地位降低，儒生识见鄙下，故有前述陋说。正如李学勤先生所指出，宋儒对先秦思想的理解和接受，往往超出汉儒，能够直击先秦典籍真意。前面梳理《关雎》篇的说解时，指出宋人的相关认识较汉人更接近于诗篇本意，就是一个例证。至于宋人受到的时代局限，是另外的问题。

这里，我们从生物习性方面补充说明雎鸠必为天鹅，从而进一步揭示《毛传》"挚而有别"的文化内涵。朱熹已经指出雎鸠"生有定偶而不相乱"的习性（《诗集传》），而鸟类中，天鹅最具这一生物学特征（郑作新等：《中国动物志·鸟纲·第二卷·雁形目》）。郑樵在《通志·昆虫草木略序》中说："鸟兽草木乃发兴之本""不识雎鸠，则安知河洲之趣与关关之声乎？"

《文心雕龙·比兴》篇以《关雎》为例说比兴之意："义取其贞，无疑于夷禽；德贵其别，不嫌于鸷鸟；明而未融，故发注而后见也。"由于在《关雎》的名物阐释方面采用旧说，致使刘勰在理解《关雎》大意方面感到困难。这说明，名物辨析不明，即使"发注"，对诗篇的意义亦未必能够理解畅达；若名物辨析明了，诗人之意千载之下亦不难发覆。

总之，《诗经·关雎》篇以雎鸠之雌雄和鸣，触物起兴，歌颂了"淑女"与"君子"的美好感情，描述了一个周代贵族社会理想的婚姻模式。雎鸠作为诗篇的兴象，外在感观与内在意义，都具有强烈的象征和譬喻作用，用孔子的话来说，诗篇的意境与形象，达到了尽善尽美。尽善尽美是先秦时期贵族社会最高的审美标准，这是《关雎》经典意义的根本所在。

《关雎》《泽陂》与周代礼乐文化的传播*

《关雎》篇系于《诗经·周南》之冠，《诗大序》由对它的阐释而生发。无论《诗经》的编排，抑或《诗》教之传统，皆以其为首，决定了它在中国文学批评史上的地位。从文化史的角度来看，《关雎》则堪称周代礼乐文化传播的经典，值得专门予以研究。

如所周知，在《仪礼》的《乡饮酒礼》《乡射礼》及《燕礼》中，都有演唱《关雎》的仪节。将歌诗纳入礼仪之中，是重要的、有效的文化传播手段，历来礼学家们对此颇有论述。本文从对《诗经》内部诸篇比较的角度切入，探究该篇的地域传播形态，从而进一步探讨周代礼乐文化传播的方式与途径。

我们发现，《陈风》中的《泽陂》一篇，其形式和内容都对《关雎》有着浓重的模仿之迹。《关雎》篇以雎鸠和鸣起兴，以采摘荇菜为比，以琴瑟钟鼓作结，叙述了"君子"对"淑女"的追求及其婚姻的完满，以此构筑了周代礼乐文化氛围中一个理想的婚姻模式。诗篇婚恋情节描写生动优美，吸引了历代读者，人们耳熟能详，文不具引。为便于讨论，兹引《陈风·泽陂》全篇如下：

  彼泽之陂，有蒲与荷。有美一人，伤如之何？寤寐无为，涕泗滂沱。

  彼泽之陂，有蒲与蕳。有美一人，硕大且卷。寤寐无为，中心

---

* 本文原载于《光明日报》2022年9月19日第13版。

悁悁。

　　彼泽之陂，有蒲菡萏。有美一人，硕大且俨。寤寐无为，辗转伏枕。

《毛诗序》说《泽陂》所述，乃"男女相说（悦），忧思感伤"。它与《关雎》篇一样，都涉及男女之间的爱情。孔颖达《正义》说："彼泽之陂障之中，有蒲与荷之二草。蒲之为草甚柔弱，荷之为叶极美好。以兴陈国之中，有男悦女云：汝体之柔弱如蒲然，颜色之美如荷然。男女淫泆，相悦如此。"诗篇以生于泽陂的香蒲、荷花起兴，与《关雎》篇中以荇菜为兴象类似。如果去除经学家"男女淫泆"的负面评价，可知该篇的写法与《关雎》一样，皆由兴象而引出男女相思之情。《泽陂》"寤寐无为，辗转伏枕"句，与《关雎》"悠哉悠哉，辗转反侧"之间的关联，古人曾有注目。孔颖达《正义》在解释《关雎》"辗转反侧"一语时，引《泽陂》与之比附说："《泽陂》云'辗转伏枕'，伏枕，据身伏而不周，则辗转同为不周，明矣。反侧犹反覆，辗转犹婉转，俱是回动，大同小异。"

细心考较，可以发现两篇在感情内涵的描写方面尚有其他雷同，如前文所述，《泽陂》一篇的基调是"忧思感伤"，但人们很少注意到，《关雎》一篇的相关情节与之极为相似。《关雎》三章："求之不得，寤寐思服。悠哉悠哉、辗转反侧。"《毛传》说："悠，思也。"《郑笺》言其意为"思之哉，思之哉，言已诚思之。"学者对此皆无异议，然而，《传》《笺》的这一解释其实很不到位。此处之"悠"，不仅有"思"，更有"忧"在其中。按"悠"字的本意就是忧愁。《说文》："悠，忧也。"《段注》："《小雅》'悠悠我里'，《传》曰：'悠悠，忧也。'按此《传》乃悠之本意。"考察《邶风》的《终风》《雄雉》，《郑风》的《子衿》，《秦风》的《渭阳》诸篇，以及《段注》所引《小雅》的《十月之交》，其中"悠悠"一语，皆当释为"忧伤"，《关雎》自不例外。况诗篇此处言男主人公求女不得的感伤，从情节上来讲，也完全符合叙事的逻辑。由此可见，《关雎》"悠哉悠哉，辗转反侧"与《泽陂》之"寤寐无为，涕泗滂沱"，及"寤寐无为，辗转伏枕"所述，如出一辙。

除兴象和情节的相似外，细察可知，《泽陂》所反映的审美观念与《关雎》一致。具体来说，篇中"有美一人、硕大且卷""有美一人、硕大且俨"，与《关雎》篇之"窈窕淑女"，在人体审美与道德评价两个维度的内涵表达上均极为相似。

《关雎》首章"窈窕淑女，君子好逑"句，历来引人注目，多有歧说。《毛传》说："窈窕，幽闲也。淑，善。逑，匹也。言后妃有关雎之德，是幽闲贞专之善女，宜为君子之好匹。"此说大有可商。现在我们已经知道，"窈窕"为表示长大的联绵词。这一词语在《诗经》中有多种变体，如《陈风·月出》的"窈纠""懮受""夭绍"等，均为与"窈窕"同一词族的联绵词。这一词族在《诗经》中出现的频次很高。由《诗经》多篇互证，可知该族词语用于描述人体形貌时，含有壮硕健美之意，《卫风·硕人》篇之首句"硕人其颀"即为显例，其他例证尚多。

《唐风·椒聊》言主人公"硕大无朋""硕大且笃"，即高大丰满，而诗篇下文以"椒聊且，远条且"，即细长的花椒树枝条为喻。古人质朴，诗句简洁，须以互文理解。以是可知，"窈窕淑女，君子好逑"句，乃言体态高大壮健之"淑女"，宜为君子匹偶。

将《泽陂》对女主人公的其他描述用语与《关雎》比较，是饶有兴味的。《泽陂》中"硕大且卷"之"卷"，《毛传》释为"好貌"。"硕大且俨"之"俨"，《毛传》释为"矜庄貌"。综而观之，诗篇的女主人公，乃美貌且矜庄之女子。这不正是周代理想的贵族女子风貌吗？两篇用语虽有小异，其实质何其相似！

从周代礼乐制度来看，上述《关雎》与《泽陂》之间的相似不是偶然的，而是周代礼乐文化传播的结果。《关雎》属于《周南》，而《周南》之诗，传统上被认为是文王化行南国所用歌诗。《诗大序》说："《关雎》《麟趾》之化，王者之风，故系之周公。南，言化自北而南也。"《周南》之"南"是否解为"自北而南"，另当别论，但《毛传》所说"文王之化"，即周文化自周而南播江汉，则反映了武王克商之后，随着统治区域的扩展，周文化向江、汉、汝、淮地区传播的历史事实。具体到《关雎》所代表的《周南》之诗向陈国的传播，还基于陈国与周王朝的密切关系。

周人取得天下之后，大举分封诸侯，即《左传·僖公二十四年》所说"封建亲戚，以蕃屏周"。周初，武王、周公封建子弟及姻亲，包括一些异姓诸侯国，陈国为其中之一。郑玄《诗谱》说："帝舜之胄有虞阏父者，为周武王陶正。武王赖其利器用，与其神明之后，封其子妫满于陈，都于宛丘之侧，是曰陈胡公，以备三恪。妻以元女太姬。"《诗谱》之说有《左传》及《礼记·乐记》等为依据，诚为信史。周初，经营南国，劲敌是淮夷。故汝、淮地区的经略，与江、汉地区同样重要。武王以"元女太姬"妻陈胡公，即出于此种考量。

大家都知道，周代天子的权威，可以用"礼乐征伐"四字来概括。周人经营南国的策略，甚至以天子亲征的形式贯彻。昭王南征而不复，是西周著名的历史事件。昭王南征荆楚时，曾得到汝、淮流域异姓诸侯的积极襄助。《商周青铜器铭文暨图像集成续编》中收录的西周《胡应姬鼎》铭文，记述昭王南征时，胡国国君的夫人、姬姓应国公族之女胡应姬曾谒见昭王，"辞皇"而受到王的赏赐。李学勤先生的《胡应姬鼎再释》(《武汉大学学报》2017年第4期) 一文通过研究提出，该鼎铭显示胡国公族"公叔乙"其间随昭王征伐，并以身殉。据裘锡圭先生研究，胡国汉代为汝阴县，汝阴近世为郾城县，位于今漯河市境。陈国位于今周口市淮阳县境，两国相去不远，皆为周人所封建之汝、淮流域的异姓诸侯，同在周人经营南国的布局中。

与征伐并行的是礼乐的传播。文献记载，周代有王室向诸侯国赐以礼乐的制度。《左传·定公四年》记周初分封时，赐鲁、卫、唐等礼乐："分之土田陪敦，祝、宗、卜、史，备物、典策，官司、彝器。因商奄之民，命以伯禽，而封于少皞之虚。""分康叔以大路、少帛、綪茷、旃旌、大吕，殷民七族""命以《康诰》，而封于殷虚。""分唐叔以大路，密须之鼓，阙巩，沽洗，怀姓九宗，职官五正。命以《唐诰》，而封于夏虚"。《礼记·王制》记述有天子赐乐的具体程序："天子赐诸侯乐，则以柷将之，赐伯、子、男乐，则以鼗将之。"以《周南》为代表的周人的礼乐向陈国的传播，即伴随着这一历史进程。

作为礼乐文化的产物和有机组成部分，《诗》的语言构成也是周文化传播的重要内容。我们知道，周代有雅言与俗语的区分，而《诗》是使用雅言的文体。《周礼》中，记载有雅言推广的具体规定。《周礼·秋官·大行人》："王之所以抚邦国诸侯者，岁遍存，三岁遍眺，五岁遍省；七岁，属象胥、谕言语、协辞命；九岁，属瞽史、谕书名、听声音。"以天子之命定期校正字体书法和语音，是王权得以畅行天下的必要条件，即使到了被称为"礼崩乐坏"的春秋晚期，这一传统依然存在。《论语·述而》说："子所雅言，《诗》《书》执礼，皆雅言也。"《邢昺疏》："此三者，先王典法，临文教学，读之必正言其音，然后义全。"孔子"临文教学"以雅言，所依据的正是"先王典法"，何况周王朝鼎盛时期呢。《关雎》与《泽陂》皆以雅言创作，其在语言构成上的相似，即出于这一缘故。

本文旨在以《关雎》与《泽陂》的关系为例，阐释周代礼乐文化地域间的传播方式，且主要观点为周文化向周边的传播。由于文化传播具有双向性，我们在此略述《关雎》与《泽陂》二者之间孰为主导的问题。以《关雎》为首的《周南》诸篇，在时代上早于《陈风》，为不争的事实。故二者之间的传播关系，必以《关雎》为主导。

传统《诗学》皆以《周南》系之于周公。从《周南》的命名来看，此说不中亦必不远。盖"周南"者，"成周"以南之谓，有《〈诗经·周南〉的时代与地域》一文为证，此处暂不详述。东周以后，"周南"逐步为楚所蚕食，即《左传》所言"汉阳诸姬，楚实尽之"。周文化的影响在东周以后，在"周南"地区逐渐衰弱。所以《周南》必为西周时期的诗篇，而《陈风》颇有时代较晚者，为治《诗》者所共知。

从《关雎》与《泽陂》的内容来看，前者内容极为丰富。除前部"忧思感伤"与《泽陂》相似外，诗篇后半所述，颇为喜庆祥和。其"琴瑟友之""钟鼓乐之"诸句，尤为人们所乐道。"左右芼之"句，以主司祭祀之事，显示婚后的"淑女"堪称"君子"之佳偶。诗篇的丰富内涵及文本的书写典范，决非《泽陂》所能比拟。文化先进地区向后进地区的传播，是一种文化史上的共通现象。若以《陈风》在前，周人采而仿之作《周南》，则不仅于史无征，于理也完全不合了。

试论清华简《周公之琴舞》的文本性质*

《清华大学藏战国竹简（叁）》中的《周公之琴舞》，在体制和结构上与今本《诗经》有异，引起了学者对其文本性质的关注。

李学勤先生最先将这篇文献介绍给学术界，他说："《周公之琴舞》的性质是一种乐章，堪与备受学者重视的《大武》乐章相比……《周公之琴舞》乃是与之结构相仿的乐诗，以周公还政、成王嗣位为其内容，这不仅是佚诗的发现，也是佚乐的发现。"① 李守奎认为，《周公之琴舞》中成王所作的九章使我们得见周颂演奏完整篇章的全貌。② 吴万钟认为"依王国维证实的传《诗》体系看，《周公之琴舞》应该属于乐家传的一种乐歌文本"③。总之，多数学者认为应将《周公之琴舞》定为"乐家"之诗。

从《周公之琴舞》的篇名即可推测所涉伴奏乐器、舞容等若干先秦诗乐要素。《周公之琴舞》又名《周公之颂诗》。整理者说："篇题'周公之琴舞'写在首简背面上端，字迹清晰。值得注意的是本篇与《芮良夫毖》形制、字迹相同，内容也都是诗，当为同时书写。《芮良夫毖》首简背面有篇题'周公之颂志（诗）'，曾被刮削，字迹模糊。该篇题与其正面内容毫无联系，疑是书手或书籍管理者据《周公之琴舞》的内容概括为题，误写在'芮良夫毖'

---

* 本文原载于《文艺研究》2014年第6期，第43—54页，与孟祥笑合作。
① 李学勤：《新整理清华简六种概述》，《文物》，2012年第8期。
② 李守奎：《清华简〈周公之琴舞〉与周颂》，《文物》，2012年第8期。
③ 吴万钟：《〈清华简·周公之琴舞〉之启示》，《中国诗歌研究》，第十辑。

的简背，发现错误后刮削未尽……《周公之琴舞》又称'周公之颂志（诗）'的可能性很大。"① 由此可知，书手曾对《周公之琴舞》篇名的选择产生犹疑，其实二者反映了该篇的部分特征：称其为"琴舞"，着重表明它的伴奏乐器为"琴"；称其为"颂诗"，重在言其舞容。"颂"谓之舞容，"颂诗"除文辞外，还包括乐、舞等艺术形式。②

判断《周公之琴舞》是否为乐家之诗，除篇名外，还须从文本的形式和内容入手，对它进行具体分析。《周公之琴舞》包括周公和成王所作两组诗篇。其开篇曰：

> 周公作多士儆毖，琴舞九絉。元纳启曰：无悔享君，罔墜其孝，享惟慆帀，孝惟型帀。
>
> 成王作儆毖，琴舞九絉。元纳启曰：敬之敬之，天惟显帀，文非易帀。毋曰高高在上，陟降其事，卑监在兹。乱曰：遹我夙夜不逸，儆之，日就月将，教其光明。弼持其有肩，示告余显德之行。（下略）③

周公和成王所作"儆毖"前之小序皆有"琴舞九絉"字样，正文并以"元纳启曰"开篇。周公所作仅存"元纳启"以下四句。成王所作"琴舞"九启皆存，篇中有"再启""三启"等语，每"启"中都有"乱曰"。《周公之琴舞》与今本《诗经》的差异，从成王所作"元纳启"与今本《周颂·敬之》的比较来看，尤为明显。《敬之》文辞如下：

> 敬之敬之，天维显思，命不易哉。无曰高高在上，陟降厥士，日监在兹。维予小子，不聪敬止。日就月将，学有缉熙于光明。佛时仔

---

① 李学勤主编：《清华大学藏战国竹简（叁）》第132页，中西书局，2012.
② 参见姚小鸥、杨晓丽：《〈周公之琴舞·孝享〉篇研究》，《中州学刊》，2013年第7期。
③ 李学勤主编：《清华大学藏战国竹简（叁）》第133页，中西书局，2012.引文尽量采用通行字体。本文重新进行了分段。

肩，示我显德行。①

与《敬之》对勘，可以使人们更深刻地认识到简文所保存的战国传本的文本全貌。"琴舞九絉""启曰""乱曰"等乐舞术语，显示了《周公之琴舞》具有的乐歌特征。简文整理者说：

> 絉，字见《玉篇》："绳也。"简文中读为"卒"或"遂"。《尔雅·释诂》："卒，终也。""九絉"义同"九终""九奏"等，指行礼奏乐九曲。《逸周书·世俘》"籥人九终"，朱右曾《逸周书集训校释》："九终，九成也。"
>
> 元，始。内，读为"纳"，进献。元纳，首献之曲。启，乐奏九曲，每曲分为两部分，开始部分称"启"，终结部分称"乱"。篇中成王所作共九章，每章都有"启"与"乱"两部分。"元内启"义为首章之启。②

整理者的上述解释得到了多数学者的赞同，但有些问题仍需进一步讨论。③将"琴舞九絉"之"絉"释为"终""成"，似有不妥。我们曾经指出："在先秦礼乐制度中，'成'与'终'是所示内容区别很大的两个术语。'成'表示某一完整的'乐'的演出的完成；而术语'终'则表示'乐'中某些较小的单位的演出完成。"④尽管有此类疑问，《周公之琴舞》和乐歌的联系不容否认。

《周公之琴舞》中成王所作"琴舞九絉"的每"启"都有"乱曰"一语。"乱曰"后面的文辞即为传统诗学所称"乱辞"。今本《诗经》无"乱辞"，但从文献记载来看，春秋及其以前所传"诗"之文本中多有"乱辞"。

---

① 《毛诗正义》，阮刻《十三经注疏》第598—599页，中华书局，1980.
② 李学勤主编：《清华大学藏战国竹简（叁）》，第134—135页，中西书局，2012.
③ 参见赵敏俐：《〈周公之琴舞〉的组成、命名及表演方式蠡测》，《文艺研究》，2013年第8期。
④ 姚小鸥：《诗经三颂与先秦礼乐文化》第53页，北京广播学院出版社，2000.

《国语·鲁语下》载闵马父答景伯问曰:"昔正考父校商之名《颂》十二篇于周太师,以《那》为首,其辑之乱曰:'自古在昔,先民有作。温恭朝夕,执事有恪。'"韦昭注:"辑,成也。凡作篇章,义既成,撮其大要以为乱辞。诗者,歌也,所以节儛者也。如今三节儛矣,曲终乃更,变章乱节,故谓之乱也。"① "商之名《颂》十二篇"既校之于周太师,其为乐歌文本无疑。

从文辞的角度来说,"乱"起到收束全篇的作用。从乐曲的角度来看,"乱"为曲终部分,是乐歌演奏的高潮。《论语·泰伯》:"子曰:'师挚之始,《关雎》之乱,洋洋乎!盈耳哉。'"郑玄注:"师挚,鲁太师之名……鲁太师挚识《关雎》之声,而首理其乱,有洋洋盈耳,听而美之。"② 《史记·孔子世家》:"《关雎》之乱以为《风》始。"③ 从以上记载来看,《关雎》篇原亦有"乱"。

"乱"是乐舞的重要组成部分。《礼记·乐记》载孔子与宾牟贾论《大武》舞:

子曰:"居,吾语汝。夫乐者,象成者也。总干而山立,武王之事也。发扬蹈厉,大公之志也。《武》乱皆坐,周、召之治也。"④

魏文侯与子夏论古乐也涉及到舞之"乱":

子夏对曰:"今夫古乐,进旅退旅,和正以广。弦匏笙簧,会守拊鼓。始奏以文,复乱以武。治乱以相,讯疾以雅。君子于是语,于是道古。修身及家,平均天下。此古乐之发也。"⑤

---

① 徐元诰撰,王树民、沈长云点校:《国语集解》第205页,中华书局,2002。
② 《论语注疏》:阮刻《十三经注疏》第2487页,中华书局,1980。
③ 司马迁:《史记·孔子世家》第1936页,中华书局,1959。
④ 《礼记正义》:阮刻《十三经注疏》第1542页,中华书局,1980。
⑤ 《礼记正义》:阮刻《十三经注疏》第1538页,中华书局,1980。

《乐记》又载：

> 乐者，心之动也；声者，乐之象也。文采节奏，声之饰也。君子动其本，乐其象，然后治其饰。是故先鼓以警戒，三步以见方，再始以著往，复乱以饬归，奋疾而不拔，极幽而不隐，独乐其志，不厌其道，备举其道，不私其欲。①

"乱"是乐舞的高潮，《大武》舞之"乱"象征周、召之治。由子夏所言可知，古乐舞以多种乐器伴奏，舞"乱"尤重节奏。《乐记》"复乱以饬归"，《正义》曰："乱，治也。复谓舞曲终，舞者复其行位而整治，象武王伐纣既毕，整饬师旅而还归也。"②显见"乱"乃用于收束全舞。

据《文心雕龙·辨骚》篇，《楚辞》对《诗经》多有承继。从篇章结构来看，"乱辞"是一个重要方面。《离骚》《涉江》《哀郢》《抽思》《怀沙》《招魂》六篇有"乱曰"。王逸以"总撮其要"来解释《离骚》中的"乱"。③后世学者指出《楚辞》中的"乱"系继承诗乐而来。朱熹《楚辞集注》说："乱者，乐节之名。"并引《国语》《史记》《仪礼》相关资料以为佐证。④吴仁杰言："诗乐所以节舞者也，故其诗辞之终，《商颂》辑之乱是已；乐曲之终，《关雎》之乱是已。《离骚》有乱辞，实本之诗乐。"⑤蒋骥《山带阁注楚辞》说："余意乱者，盖乐之将终，众音毕会，而诗歌之节，亦与相赴，繁音促节，交错纷乱，故有是名耳。孔子曰，'洋洋盈耳'，大旨可见。"⑥

"乱曰"等术语的存在，可证《周公之琴舞》确具有某些乐歌文本特征。

---

① 《礼记正义》：阮刻《十三经注疏》第 1536—1537 页，中华书局，1980.
② 《礼记正义》：阮刻《十三经注疏》第 1537 页，中华书局，1980.
③ 洪兴祖撰，白化文等点校：《楚辞补注》第 47 页，中华书局，1983.
④ 朱熹：《楚辞集注》第 26 页，上海古籍出版社，1979.
⑤ 游国恩主编，金开诚补辑，董洪利、高路明参校：《离骚纂义》第 496 页，中华书局，1980.
⑥ 蒋骥：《山带阁注楚辞·楚辞余论》第 192 页，上海古籍出版社，1984.

尽管如此，将其定为乐家之诗，理由尚不充分。

乐家之诗承自先秦乐官系统。《仪礼》《礼记》等载有诸仪典演奏篇目，然传世文献皆未见先秦乐歌具体形态，出土文献可稍补不足。《上海博物馆藏战国楚竹书（四）》中的《采风曲目》，载有标明宫调等音乐要素的乐歌篇目。与《采风曲目》相对照，同书所载《多薪》《交交鸣乌》的文本形态类似今本《诗经》，整理者将其定名为《逸诗》。《采风曲目》和《逸诗》为同出文献，抄写时间当大致相同。二者和《诗经》都有某种关联，从命名来看，整理者已经注意到它们之间的差异。《采风曲目》的第一简和第二简为：

【第一简】又䜊》■，《子奴思我》■。宫穆：《硕人》，《又文又䜊》■。宫䇒（巷）：《丧之末》■。宫讦：《疋坙月》，《埜又菉》■，《出门己（以）东》■。宫祝：《君寿》

【第二简】□》■，《栖㷟（嫩）人》，《毋迣（过）虐（吾）门》■，《不寅之婂》■。慫商：《婴（要）丘又（有）䜊》■，《奚言不从》■，《丰又酉（酒）》■。趄商：《高木》■。讦商：《锥①

整理者说，《采风曲目》"记载的内容是五声中宫、商、嗇（徵）、羽各声名所属歌曲的篇目，没有发现角音的声名。这些歌曲的篇目除《硕人》见于《诗·卫风》外，其余皆查不到文献记录。声名所附的前、后缀词，也不见有先秦史料可资稽核。"②方建军对《采风曲目》作了进一步的整理和解释。他指出，"又䜊""又文又䜊"等语应是独立于篇名之外和音乐有关的术语。方建军说：

《采风曲目》还有一些文字可能也与音乐有关，如简文中出现的

---

① 马承源主编：《上海博物馆藏战国楚竹书（四）》第164—165页，上海古籍出版社，2004.
② 马承源主编：《上海博物馆藏战国楚竹书（四）》第161页，上海古籍出版社，2004.

"又骹""又文又骹"即是。"又"通"有","又文"即"有文"。这里的"文",可能指"乐文"……可引申为记录音乐作品的乐谱。"又骹"即"有骹"。《广韵》:"骹,指声。"《集韵》:"骱,《说文》:'手足指节鸣也。'或作骹、䠔,通作肐。"以此推之,"骹"或为手指磨擦发出的声响,引申为节奏或节拍。"①

无论是将"文"理解为"文辞",抑或如方建军所言为"乐谱",《采风曲目》含有宫调等各类音乐术语是可以确定无疑的。这些事实说明所载相关篇目必为可配乐演唱的乐家传本。下面,我们结合文献对此做进一步探讨。

《大戴礼记·投壶》篇记载了先秦乐歌在汉代的流传情况:

> 凡《雅》二十六篇。其八篇可歌——歌《鹿鸣》《狸首》《鹊巢》《采蘩》《采蘋》《伐檀》《白驹》《驺虞》;八篇废,不可歌;七篇《商》《齐》,可歌也;三篇间歌。《史辟》《史义》《史见》《史童》《史谤》《史宾》《拾声》《睿挟》。②

王国维指出,"《投壶》所纪诗之部居次第,均与四家诗不同,盖出先秦以后乐家之所传"③。王氏又根据《乐记》所载师乙关于声歌的分类和汉代杜夔所传雅乐,考证《投壶》所存古乐十八篇为周秦之间乐家旧第。王国维说:

> 诗乐二家,春秋之季,已自分途。诗家习其义,出于古师儒。孔子所云言诗、诵诗、学诗者,皆就其义言之,其流为齐鲁韩毛四

---

① 方建军:《楚简〈采风曲目〉释义》,《音乐艺术》,2010年第2期。
② 王聘珍撰:《大戴礼记解诂》第244页,中华书局,1983. 王国维说,"《史辟》以下八篇孔氏广森补注以为即废不可歌之八篇。"参见王国维:《汉以后所传周乐考》,《观堂集林》第118页,中华书局,1959.
③ 王国维:《汉以后所传周乐考》,《观堂集林》第118页,中华书局,1959.

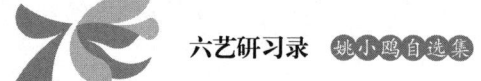

家。乐家传其声,出于古太师氏。子贡所问于师乙者,专以其声言之,其流为制氏诸家。诗家之诗,士大夫习之,故诗三百篇至秦汉具存。乐家之诗,惟伶人世守之,故子贡时尚有《风》《雅》《颂》《商》《齐》诸声……迄永嘉之乱而三代之乐遂全亡矣。二家本自殊途,不能相通,世或有以此绳彼者,均未可谓为笃论也。①

汉代所存先秦乐歌曲目,不限《投壶》所载诸篇。《毛诗》中的"笙诗"亦属此类。今本《诗经·小雅》中的《南陔》《白华》《华黍》《由庚》《崇丘》《由仪》六篇有目无辞,被称为"笙诗"。据前代学者的研究,"笙诗"实为流传至汉代的乐家歌诗传本。朱熹《诗集传》说:

> 《乡饮酒礼》,鼓瑟而歌《鹿鸣》《四牡》《皇皇者华》,然后笙入堂下,磬南北面立,乐《南陔》《白华》《华黍》。《燕礼》亦鼓瑟歌《鹿鸣》《四牡》《皇华》,然后笙入立于县中,奏《南陔》《白华》《华黍》。《南陔》以下,今无以考其名篇之义,然曰笙、曰乐、曰奏,而不言歌,则有声而无词明矣。所以知其篇第在此者,意古经篇题之下必有谱焉,如《投壶》鲁、薛鼓之节而亡之耳。②

《诗集传》于《鱼丽》篇下注:

> 按《仪礼·乡饮酒》及《燕礼》,前乐既毕,皆间歌《鱼丽》,笙《由庚》;歌《南有嘉鱼》,笙《崇丘》;歌《南山有台》,笙《由仪》。间,代也。言一歌一吹也。然则此六者,盖一时之诗,而皆为燕飨宾客上下通用之乐。③

---

① 王国维:《汉以后所传周乐考》,《观堂集林》第121—122页,中华书局,1959.
② 朱熹:《诗集传》第109页,上海古籍出版社,1980.
③ 朱熹:《诗集传》第110页,上海古籍出版社,1980.

朱熹意识到"笙诗"和乐家的种种关联。他说，"笙诗"既"曰笙、曰乐、曰奏，而不言歌，则有声而无词明矣"。关于"笙诗"有无文辞的论争，自《毛传》"有其义而亡其辞"起。①朱熹《诗序辨说》："所谓有其义者，非真有。所谓亡其辞者，乃本无也。"②朱熹所说"笙诗"非真有其义，指无文辞所显示的具体思想内涵，说明其为乐家所传。朱熹指出，古经篇题之下必有谱。其具体形态，朱熹认为，如《投壶》鲁、薛鼓之节。

《礼记·投壶》所载鲁、薛鼓谱为：

鼓○□○○□□○□○○□半○□○□○○○□□○□○鲁鼓
○□○○□○□○□□○□○□○□○□○半○□○○○□□
薛鼓

取半以下为投壶礼，尽用之为射礼。③

关于上述鼓谱，郑玄注："此鲁、薛击鼓之节也。圜者击鼙，方者击鼓。古者举事，鼓各有节。闻其节，则知其事矣。"④鼓谱为古乐谱之一种。⑤由此，可推知乐歌文本中节奏的呈现方式为特定符号记录，与《采风曲目》所示可互为补充。

如《礼记》所言，上谱尽用之为射礼，对射礼仪节进行的讨论，可揭示鲁、薛鼓之节在射礼中的重要作用。射礼的主要程序是"三番射"，第三番射要求按鼓音的节奏来发射，是"射"的最高要求。杨宽先生对其仪程有如下描述：

当一切"射"的准备工作做好后，司射就升堂"请以乐（音乐）

---

① 《毛诗正义》：阮刻《十三经注疏》第418、419页，中华书局，1980.
② 朱熹：《诗序辨说》第277页，影印复旦大学图书馆藏明崇祯毛氏汲古阁刻本.
③ 《礼记正义》：阮刻《十三经注疏》第1667页，中华书局，1980.
④ 《礼记正义》：阮刻《十三经注疏》第1667页，中华书局，1980.
⑤ 参见王德埙：《中国乐曲考古学理论与实践》第12—17页，贵州人民出版社，1998.

乐（欢乐）于宾"，并对乐正发出命令，随即到堂下发布发射命令说："不鼓不释。"就是说：如果不按鼓的节奏发射，不能"释算"计数。接着退回原位，命令大师（乐师）说："奏《驺虞》，间若一。"就是说：奏《驺虞》这首歌曲，节奏的间隙要均匀一律。于是乐工便奏《驺虞》，三耦、宾和主人、大夫、众宾依次听从鼓音的指挥而发射。①

由上引文可知，节奏为乐歌的重要组成部分。前引《大武》舞"先鼓以警戒"，是节奏在乐舞中具有重要地位的例证。

朱熹虽然认识到"笙诗"的乐歌文本性质，但他未注意到春秋之后"诗乐二家"殊途传承，所传篇目和次第相异。他按照《乡饮酒礼》《燕礼》所载乐歌次第，将"笙诗"置于《毛诗》中重新编排。姚际恒《诗经通论》则明确指出，"笙诗"为汉代所存乐歌文本，系误编入《毛诗》中。他说："六笙诗本不在《三百篇》中，系作序者所妄入；既无其诗，第存其篇名于诗中。"②姚氏对《毛诗》所存"笙诗"之序进行驳斥，说其"既不见笙诗之辞，第据其名妄解其义，以示《序》存而诗亡"。③

"笙诗"原不在《毛诗》中，可从多种文献推知。《汉书·艺文志》曰："孔子纯取周诗，上采殷，下取鲁，凡三百五篇，遭秦而全者，以其讽诵，不独在竹帛故也。"④《诗经》既由"讽诵"而得存，则其中不应存在无文辞的篇目。汉代《齐》《鲁》《韩》三家诗中皆未见"笙诗"。从《毛诗》本身编排来

---

① 杨宽：《西周史》第720—721页，上海人民出版社，1999.射礼分乡射礼和大射礼，"两种礼在第三番中奏的乐，有些不同。乡射礼用鼓来节奏，大射礼用乐器有钟、镈、磬、鼓、应鼙、朔鼙、簜、虡等。乡射礼奏的乐章是《驺虞》，大射礼则奏《狸首》。"参见杨宽：《西周史》第724页，上海人民出版社，1999.
② 姚际恒：《诗经通论》第258页，中华书局，1958.
③ 姚际恒：《诗经通论》第258页，中华书局，1958.
④ （汉）班固撰，（唐）颜师古注：《汉书》第1708页，中华书局，1962.

看,《小雅》中亦原无"笙诗"。①

朱熹对古乐的认识,远不止于对"笙诗"的讨论。朱熹《仪礼经传通解》对赵彦肃所传"《风》《雅》十二诗谱"进行讨论时说:

> 《大戴礼》颇有阙误,其篇目都数皆不可考。至汉末年止存三篇,而加《文王》,又不知其何自来也。其后改作新辞,旧曲遂废。至唐开元,《乡饮酒礼》其所奏乐乃有此十二篇之目,而其声今亦莫得闻矣。此谱乃赵彦肃所传,云即开元遗声也。古声亡灭已久,不知当时工师何所考而为此也。窃疑古乐有唱有叹,唱者发歌句也,和者继其声也。诗词之外,应更有叠字散声以叹发其趣,故汉、晋之间,旧曲既失其传,则其词虽存而世莫能补,为此故也。若但如此谱直以一声协一字,则古《诗》篇篇可歌,无复乐崩之叹矣,夫岂然哉!又其以清声为调,似亦非古法。然古声既不可考,则姑存此以见声歌之彷佛,俟知乐者考其得失云。②

朱熹对古乐形态的推测合于事理,惜未举文本佐证。汉代保存了大量先秦礼乐制度。六朝承汉余绪。汉魏六朝歌诗与先秦乐舞有着承继关系。③相关研究对讨论先秦歌诗的文本形态具有重要参考意义。

《汉书·艺文志》载:"《河南周歌诗》七篇。《河南周歌声曲折》七篇。《周谣歌诗》七十五篇。《周谣歌诗声曲折》七十五篇。"④沈钦韩《汉书艺文志疏证》:"曲折者,若投壶礼记鲁鼓、薛鼓之节。"⑤"曲折"为乐谱之一种。王先谦《汉书补注》曰:"此上诗声篇数并同,声曲折,即歌声之谱,唐云乐句,

---

① 参见赵茂林:《由"笙诗"看〈毛诗序〉完成时间》,《南京师范大学文学院学报》,2011年第1期。
② 朱熹:《仪礼经传通解》第516—527页,上海古籍出版社,安徽教育出版社,2002.
③ 参见张永鑫《汉乐府研究》第35页,江苏古籍出版社,1992.
④ (汉)班固撰,(唐)颜师古注:《汉书》第1755页,中华书局,1962.
⑤ (清)沈钦韩撰:《汉书艺文志疏证》,《二十五史艺文经籍考补萃编》第122页,清华大学出版社,2011.

今曰板眼。"① 杨荫浏《中国古代音乐史稿》说:"若说前者为歌曲的词,则后者的所谓'声曲折',有极大的可能,就是乐谱。"② 研究者对"声曲折"的具体形态有不同的看法,除上述"乐谱"说以外,还有"曲线说""曲谱说""旋律谱本说"等。③ 可以肯定的是,从文本类型来说"声曲折"属于与文学文本相对应的乐家歌诗传本。

因文献体例的关系,《汉书·艺文志》未能尽显汉代所存乐家歌诗传本的具体形态。《宋书·乐志》载有若干汉魏六朝乐府歌诗,其文本形态可以分为三种。下面,对此逐一进行分析,以见诗、乐两家文本之异同。

第一种是文学文本。《汉鼓吹铙歌十八曲》中的《上邪曲》即为其例:

> 上邪,我欲与君相知。长命无绝衰。山无陵,江水为竭,冬雷震震夏雨雪,天地合,乃敢与君绝。④

此种文本为公众所熟知,其性质与今传本《诗经》诸篇相类,兹不赘述。

第二种为戏剧歌舞科仪本。这类文本中含有科范字和舞台指示字等。《宋书》《乐府诗集》所载《公莫巾舞歌行》为此类文本的代表。《公莫巾舞歌行》自晋代以后即无人知晓其义,杨公骥先生首先将其破译,指出它是"我们今天所能见到的我国最早的一出有角色、有情节、有科白的歌舞剧。尽管剧情比较简单,但它却是我国戏剧的祖型"。⑤《公莫巾舞歌行》中的唱词,显示了古乐演唱方式的特点。

值得注意的是,今传乐府歌诗中的有些篇章可见到古代乐舞术语"乱曰"的遗留,如《妇病行》等。《妇病行》中除"乱曰"这一和乐舞有关的术语

---

① 班固撰,王先谦补注:《汉书补注》第3023页(395),上海古籍出版社,2008.
② 杨荫浏:《中国古代音乐史稿》第134页,人民音乐出版社,1981.
③ 李娜:《"声曲折"研究综述》,《音乐研究》,2002年第1期。关于汉以后历代乐谱种类及其存佚情况,可参看王德埙《中国乐曲考古学理论与实践》,贵州人民出版社,1998.
④ 沈约撰:《宋书》第643页,中华书局,1974.
⑤ 杨公骥:《西汉歌舞剧巾舞〈公莫舞〉的句读和研究》,《中华文史论丛》,1986年第1辑.

外,还有对白、科范字等指示表演的成分。① 有些汉乐府文本中虽也有"乱曰",但已经看不出指示表演的痕迹了,如《孤儿行》:

> 孤儿生,孤子遇生,命独当苦!父母在时,乘坚车,驾驷马。父母已去,兄嫂令我行贾。南到九江,东到齐与鲁。腊月来归,不敢自言苦。
> ……
> 乱曰:里中一何譊譊,愿欲寄尺书,将与地下父母,兄嫂难与久居。②

《孤儿行》的"乱曰"位于篇尾,作用类似《楚辞》中的"乱曰"。它虽然继承了古代乐歌形式的某些方面,但从总体上来说,其文本形态与前文所述第一类文学文本相类。

第三种为乐人所传乐府歌诗曲唱本。《乐府诗集》卷一九《宋鼓吹铙歌三首》解题引《古今乐录》说:"凡古乐录,皆大字是辞,细字是声"。③ 据《古今乐录》所言可知,乐人历来传本称"古乐录",其文本特征为"大字是辞,细字是声"。这类文本往往难以读通,被认为是"声辞杂写"造成的。刘宋"今鼓吹铙歌"和《汉鼓吹铙歌十八曲》中的《石留》篇是典型代表。

对乐府歌诗曲唱文本的解读历来是公认的学术难题,虽经明清诸儒着力笺释,近人诂训考论,问题仍未全部解决。孙楷第独辟蹊径,他在对《宋书·乐志》所载"今鼓吹铙歌"及"铎舞歌诗"进行研究时,发现了乐府歌诗曲唱文本解读的一些规律。他指出,刘宋"今鼓吹铙歌"《上邪曲》实际上是晋代傅玄所造鼓吹曲《大晋承运期》的曲唱本。现将《大晋承运期》和

---

① 参见王克家:《汉代戏剧研究》,中国传媒大学2013届博士论文。
② 郭茂倩:《乐府诗集》第567页,中华书局,1979.
③ 郭茂倩:《乐府诗集》第285页,中华书局,1979.

《上邪曲》对比如下：①

傅玄《大晋承运期》：

大晋承运期，德隆圣皇。时清宴，白日垂光。应录图，陟帝位，继天正玉衡，化行象神明。至哉，道隆虞与唐。元首敷洪化，百寮股肱并忠良，民大康。隆隆赫赫，福祚盈无疆。

刘宋"今鼓吹铙歌"《上邪曲》：

大竭（大晋）夜乌自（承）云（运）何来堂（德）吾来（隆）声（圣）乌奚姑悟姑尊庐圣（圣）子黄（皇）尊来（时）清（清）婴（宴）乌白（白）日为随（垂）来郭（光）吾微令吾

应龙（应录）夜乌由道何来直子为（陟帝位）乌奚如悟姑尊庐鸡（继）子听（天）乌虎行为（化行象）来明（明）吾微令吾

诗则（至哉）夜乌道禄（道隆）何来黑洛道（虞与唐）乌奚悟如尊尔尊庐起黄华（敷洪化）乌伯辽（百寮）为国日忠雨（曰忠良）令吾

伯辽（百寮）夜乌若（为）国何来日忠雨（曰忠良）乌奚如悟姑尊庐面道康（民大康）尊录龙（隆隆）永乌赫赫（赫赫）福祚夜音（福祚盈）微令吾

从篇名来看，乐府歌诗曲唱文本往往以"声"命名。上引傅玄《大晋承运期》的刘宋曲唱本《上邪曲》即以汉代旧曲命名。傅玄《征辽东》的曲唱

---

① 按，孙楷第先生说明，傅曲中凡字下加圈的，是与"今鼓吹铙歌"《上邪曲》相当的字。在"今鼓吹铙歌"《上邪曲》中，凡括号的字，是傅曲中的本词本字。参见孙楷第《沧州集》第321–322页，中华书局，2009。本文将孙楷第加圈的字改为加点，是在孙氏校本基础上的改进本。参见姚小鸥：《关于刘宋"今鼓吹铙歌"〈上邪曲〉的研究》，《北方论丛》，2005年第1期。

本即刘宋"今鼓吹铙歌"中的《艾如张曲》，亦为此类。① 从文本内容来说，刘宋"今鼓吹铙歌"《上邪曲》中有些字采用与《大晋承运期》音同或音近的字，另加有衬字若干。其中的讹变，当为传抄所致。这是乐人对所歌依声录入，不计其义的结果。② 凡此，皆反映了汉魏六朝时期歌诗的乐家传本与通常人们所知乐府诗的区别。

我们受孙楷第先生的启发，对《汉鼓吹铙歌十八曲·石留》篇进行解读，揭示了《石留》篇的原本面貌。《宋书》所载《石留曲》全篇如下：

石留凉阳凉石水流为沙锡以微河为香向始䎩泠将风阳北逝肯无敢与于杨心邪怀兰志金安薄北方开留离兰③

《石留》篇与刘宋"今鼓吹铙歌"《上邪曲》的文本类型相同，皆为"声辞杂写"的曲唱本。我们解读《石留》篇时，先剥离其乐工标记语"开留离兰"四字，再依韵脚断句。最后，参照曲唱文本规律，对各句加以校正。

以"石水流为沙锡以微河为香向"句为例。"水流为沙"的"沙"字当为"何"字之讹。系由"何"记为"河"，又由"河"字误传抄为"沙"。"锡以"为唱句中的衬字，由"兮"拖腔而分记为两字，"以"为"锡"字的曼声余韵。"微"在六朝曲唱文本中常用作衬字，这里用作"为"的复唱记音字。"河"即"何"之讹。"香""向"两字同为"向"的记音字。记为两字，也是由于演唱中受唱腔影响而发生语音变化所造成䎩。该句校为"'石水流为（沙）[何]锡以[兮]（微）[为]（河）[何]为（香）向？'其中'石'字涉上句而衍，全句读为'水流为何兮为何向？'"④ 经整理后的《石留》全篇文

---

① 孙楷第：《沧州集》第322页，中华书局，2009.
② 姚小鸥：《关于刘宋"今鼓吹铙歌"〈上邪曲〉的研究》，《北方论丛》，2005年第1期。
③ 沈约撰：《宋书》第643—644页，中华书局，1974. 按：《乐府诗集》"杨"作"扬"，作"扬"是。
④ 姚小鸥：《〈汉鼓吹铙歌十八曲〉的文本类型与解读方法》，《复旦学报》（社会科学版），2005年第1期。

辞如下：

石［上］流凉阳凉，
（石）水流为何兮为何向？
始兮何冷，
将风扬。
北逝肯无？
敢与于扬。
心邪怀兰志，
今安薄北方。
——开留离兰

以上整理本的文本形态和风格与传世汉乐府诗相近。对它的解读说明了对"声"辞演唱方式和记录方法的把握是认识曲唱文本的关键。①

上引《上邪曲》中的"如悟姑尊""吾微令吾"，《石留》篇中的"锡以"，以及《巾舞歌诗》中的"吾何婴，海何来婴，海何来婴，四海吾"等，分别为前引朱熹所言古乐演唱中的"叠字"或"散声"。②

《汉书·礼乐志》载："汉兴，乐家有制氏，以雅乐声律世世在大乐官，但能纪其铿锵鼓舞，而不能言其义。"③汉代乐家承自先秦乐官系统，对古乐"但能纪其铿锵鼓舞，而不能言其义"，说明了其传承有所缺失。关于汉魏六朝乐家传承诗乐的情况，《宋书·乐志》言："今鼓吹铙歌，虽有章曲，乐人传习，口相师祖，所务者声，不先训以义。今乐府铙歌，校汉、魏旧曲，曲名时同，文字永异，寻文求义，无一可了。"④汉魏六朝乐府中的曲唱文本系由乐

---

① 姚小鸥：《关于刘宋"今鼓吹铙歌"〈上邪曲〉的研究》，《北方论丛》，2005年第1期。
② 《巾舞歌辞》以"大字书辞，细字写声"。参见姚小鸥：《〈巾舞歌辞〉校释》，《文献》，1988年第4期。
③ 班固撰，颜师古注：《汉书》第1043页，中华书局，1962.
④ 沈约撰：《宋书》第204页，中华书局，1974.

工所记行内传本，声辞杂写，记音之字或发生讹变，或一字多音，或有复唱记音，造成这些文本内容不为后人知悉。凡此，皆可见乐家歌诗传本的复杂性和研究的难度。

结合学者对《采风曲目》的研究成果，参之朱熹对"笙诗"和"古乐"的讨论，对照汉魏六朝乐府歌诗文本形态，可知《周公之琴舞》中虽然存在若干乐舞术语，但不宜遽判为乐家传本。综合来看，《周公之琴舞》与汉乐府《孤儿行》的文本形态最为相类，它们虽继承了古代诗乐的某些形式，但称其为文学文本最为相宜。

《周公之琴舞》的主体部分呈现的是诗家所重之"义"，而非乐家所传之"声"。篇中小序交代诗篇的创作背景，明确诗篇性质。这与《毛诗序》十分相似。①

《周公之琴舞》中，周公所作《孝享》篇虽仅存四句，却较完整地表达了"享"先祖、"孝"父母的思想内容，体现了先秦礼乐文化的基本精神。②成王所作各启具体内容有别，或为自儆之言，或为告诫臣下之语。彰显礼乐文化基本精神的话语在诗篇中贯穿始终。③

如上所述，《周公之琴舞》中周公和成王所作两组诗篇从内容讲，与今本《诗经》之"颂"诗并无本质区别。至于篇中"乱曰"等乐舞术语的存留，是先秦诗家未将乐工标记语全部剥离所致，究其原委，与诗家和乐家共同的渊源相关。

诗家与乐家皆可追溯到先秦乐官系统。文献记载有先秦乐官系统的传诗情况。《周礼·大司乐》：

> 以乐德教国子：中、和、只、庸、孝、友。以乐语教国子：兴、道、讽、诵、言、语。以乐舞教国子：舞《云门》《大卷》《大咸》

---

① 参见姚小鸥，杨晓丽：《〈周公之琴舞·孝享〉篇研究》，《中州学刊》，2013年第7期。
② 姚小鸥，杨晓丽：《〈周公之琴舞·孝享〉篇研究》，《中州学刊》，2013年第7期。
③ 姚小鸥，李文慧：《〈周公之琴舞〉诸篇释名》，《中国诗歌研究》第十辑。

《大韶》《大夏》《大濩》《大武》。①

《周礼·春官宗伯》：

大师……教六诗，曰风，曰赋，曰比，曰兴，曰雅，曰颂；以六德为之本，以六律为之音。②

《礼记·王制》：

乐正崇四术，立四教，顺先王《诗》《书》《礼》《乐》以造士。春、秋教以《礼》《乐》，冬、夏教以《诗》《书》。王大子、王子、群后之大子、卿大夫、元士之适子、国之俊选，皆造焉。③

古人习"诗"，不是一般地学习知识和技能，更重要的是将其作为人的思想和行为规范来学习的。④先秦时期"诗"广泛应用于社会生活，是邦国间交往的重要工具。《左传》赋诗只是春秋时期人们用"诗"进行政治和外交活动的一个侧影。

春秋末期，礼崩乐坏，乐官系统受到严重破坏。《论语·微子》："大师挚适齐，亚饭干适楚，三饭缭适蔡，四饭缺适秦。鼓方叔入于河，播鼗武入于汉，少师阳、击磬襄，入于海。"⑤天子失官，私学兴起，从乐官系统所传诗乐衍生出诗家之诗和乐家之诗。

春秋末期诗家自乐官系统的传诗体系中分离出来，这从学理上来说有其必然性。春秋及其以前所传"诗"中，以文辞为载体的诗之"义"本具有相

---

① 《周礼注疏》：阮刻《十三经注疏》第787页，中华书局，1980.
② 《周礼注疏》：阮刻《十三经注疏》第795—796页，中华书局，1980.
③ 《礼记正义》：阮刻《十三经注疏》第1342页，中华书局，1980.
④ 参见姚小鸥：《诗经译注·前言》第2页，当代世界出版社，2009.
⑤ 《论语注疏》：阮刻《十三经注疏》第2530页，中华书局，1980.

对独立性。《左传·襄公十四年》载:

> 公(卫献公)饮之酒,使大师歌《巧言》之卒章。大师辞,师曹请为之。初,公有嬖妾,使师曹诲之琴,师曹鞭之。公怒,鞭师曹三百。故师曹欲歌之,以怒孙子以报公。公使歌之,遂诵之。①

师曹吟诵诗篇,彰明诗意,是"诗"之文辞独立于乐而存在的著名例证。《国语·周语》:"故天子听政,使公卿至于列士献诗,瞽献曲,史献书,师箴,瞍赋,矇诵,百工谏,庶人传语,近臣尽规,亲戚补察,瞽、史教诲……"②公卿列士所献之"诗"与"曲""书"并论,皆用于对王的讽谏,成为历代论诗的重要典故。③

孔子是诗家第一人。④孔子最先开办私学,"诗"是孔门传习的重要内容。《论语》载孔子论"诗"甚夥。《为政》:"诗三百,一言以蔽之,曰'思无邪'。"《八佾》:"《关雎》乐而不淫,哀而不伤。"《泰伯》:"兴于诗,立于礼,成于乐。"《子路》:"诵诗三百,授之以政,不达;使于四方,不能专对;虽多,亦奚以为?"《阳货》:"小子何莫学夫诗?诗,可以兴,可以观,可以群,可以怨。迩之事父,远之事君,多识于鸟兽草木之名。"⑤孔子重视"诗"中所蕴含的道德与政治伦理,强调"诗"的应用功能。这些,都须从"诗"之义出发。

早期诗家对乐的具体操作程序十分熟悉。孔子对与"诗"相关的用乐情况非常关注。《论语·子罕》载孔子曰:"吾自卫反鲁,然后乐正,《雅》《颂》各得其所。"⑥《史记·孔子世家》:"三百五篇孔子皆弦歌之,以求合《韶》

---

① 《春秋左传正义》:阮刻《十三经注疏》第1957页,中华书局,1980.
② 徐元诰撰,王树民,沈长云点校:《国语集解》第11—12页,中华书局,2002.
③ 参见姚小鸥:《"成相"杂辞考》,《文艺研究》,2000年第1期。
④ 姚小鸥,任黎明:《关于〈孔子诗论〉与〈毛诗序〉关系研究的若干问题》,《中州学刊》,2005年第3期。
⑤ 以上引文皆出自:《论语注疏》,阮刻《十三经注疏》,中华书局,1980.
⑥ 《论语注疏》:阮刻《十三经注疏》第2491页,中华书局,1980.

《武》《雅》《颂》之音。礼乐自此可得而述,以备王道,成六艺。"① 我们曾指出:"先秦君子风范的体现之一就是六艺皆通……孔子谦称仅能'执御'(驾车),但其无疑同样精于他业,包括'乐'在内。据《庄子·天运》篇载,孔子曾对老子说:'丘治《诗》《书》《礼》《乐》《易》《春秋》六经,自以为久矣,孰知其故矣。'孔子不但熟悉乐经,而且对乐的操作层面也不生疏,故三百五篇皆能弦歌。"②《论语·八佾》:"子语鲁大师乐。曰:'乐其可知也:始作,翕如也;从之,纯如也,皦如也,绎如也,以成。'"③ 据此:"能够与一国最高级别的乐官进行深层次的艺术交流,显见孔子对'乐'的知识与能力是毋庸置疑的。"④ 与诗、乐的关系,反映出孔子在礼乐文化传承中的关键地位。

孔子删诗是"诗家"成立过程中的重要事件。《史记·孔子世家》:"古者《诗》三千余篇,及至孔子,去其重,取可施于礼义,上采契后稷,中述殷周之盛,至幽厉之缺,始于衽席,故曰'《关雎》之乱以为《风》始,《鹿鸣》为《小雅》始,《文王》为《大雅》始,《清庙》为《颂》始。'"⑤ 孔子删诗,确定了《诗经》的篇目。其后,学者得以据此发明章句,延续不衰。"从统计学的角度来说,《周公之琴舞》中的诗篇数与今本《诗经·周颂》所存相关诗的篇数对比为十比一,恰恰是司马迁所言古诗与孔子删定之比。"⑥ 这为孔子删诗说增添了有力的论据。

孔门弟子传"诗"是早期"诗家"传承的重要阶段。七十子对"诗"的演奏层面亦未尝忽视。《论语·先进》"子曰:'由之瑟,奚为于丘之门?'"《邢昺疏》:"子路性刚,鼓瑟不合《雅》《颂》,故孔子非之云:'由之鼓瑟,何为于丘之门乎?'所以抑其刚也。"⑦ 七十子虽皆受学于孔子,但所习不同,各

---

① 司马迁:《史记·孔子世家》第 1936—1937 页,中华书局,1959.
② 姚小鸥:《〈清华大学藏战国竹简〉与〈诗经〉学史的若干问题》,《文艺研究》,2013 年第 8 期.
③ 《论语注疏》:阮刻《十三经注疏》第 2468 页,中华书局,1980.
④ 姚小鸥:《〈清华大学藏战国竹简〉与〈诗经〉学史的若干问题》,《文艺研究》,2013 年第 8 期.
⑤ 司马迁:《史记·孔子世家》第 1936 页,中华书局,1959.
⑥ 姚小鸥:《〈清华大学藏战国竹简〉与〈诗经〉学史的若干问题》,《文艺研究》,2013 年第 8 期.
⑦ 《论语注疏》:阮刻《十三经注疏》第 2499 页,中华书局,1980.

有专长，唯子夏兼通"六艺"。《论语·先进》载："德行：颜渊，闵子骞，冉伯牛，仲弓。言语：宰我，子贡。政事：冉有，季路。文学：子游，子夏。"①清代朱彝尊《经义考》曰：

> 孔门自子夏兼通"六艺"而外，若子木之受《易》，子开之习《书》，子舆之述《孝经》，子贡之问《乐》，有若、仲弓、闵子骞、言游之撰《论语》，而传《士丧礼》者，实孺悲之功也。②

由文献记载来看，子夏习"诗"重其文辞。《汉书·艺文志》载："毛公之学，自谓子夏所传。"③《后汉书·邓张徐张胡列传》载徐防上疏曰："《诗》《书》《礼》《乐》，定自孔子；发明章句，始于子夏。"④诗家传至汉代产生了齐、鲁、韩、毛等流派。

孔门的"诗"学传承，显示了诗、乐两家的关联及分途之枢机。姚际恒《诗经通论》说："三百篇经圣人手定，褎然巨帙，传之于学士大夫，朝夕弦诵，宜乎其独存也。"⑤乐家传承则仅限于行业内部，有特定的传播对象。

由对诗、乐二家的源流考辨可知，春秋之后二家殊途传承，所重有别。《周公之琴舞》产生于诗、乐二家分流之际，向人们展示了诗家的早期文本形态。

诗家早期传本之所以保存了"乱曰"等乐舞术语，从外部要素来说，因其传承有自；从内部要素来说，是由于这些术语在篇章文辞上起到了划分结构、显其要旨的重要作用，有其保留的内在必然性。⑥

考"乱曰"有三层含义：其一，标志乐舞的转换，如"《武》乱皆坐"。其二，乐奏之义，如"治乱以相"。其三，收束全篇，即韦昭所言"撮其大要

---

① 《论语注疏》：阮刻《十三经注疏》第2498页，中华书局，1980.
② 朱彝尊：《经义考》卷二八一，文物出版社，1992.
③ （汉）班固撰，（唐）颜师古注：《汉书》第1708页，中华书局，1962.
④ 范晔撰，李贤等注：《后汉书》第1500页，中华书局，1965.
⑤ 姚际恒：《诗经通论》第259页，中华书局，1958.
⑥ 参见李颖：《清华简〈周公之琴舞〉与楚辞"九体"》，《中国诗歌研究》第十辑。

以为乱辞",这种形式为《楚辞》及汉乐府所继承。①《周公之琴舞》中"乱曰"的用法即为最后一种。

《周公之琴舞》保存了部分乐舞术语,这在出土文献中并非孤例。《清华大学藏战国竹简(壹)》中的《耆夜》载歌诗五篇:

> 王夜爵酬毕公,作歌一终曰《乐乐旨酒》……王夜爵酬周公,作歌一终曰《輶乘》……周公夜爵酬毕公,作歌一终曰《赑赑》……周公夜举爵酬王,作祝诵一终曰《明明上帝》……周公秉爵未饮,蟋蟀降于堂,(周)公作歌一终曰《蟋蟀》……②

《耆夜》所载五篇歌诗皆称"终",学者未因此而对其文本性质有所怀疑。

综上所述,《周公之琴舞》系未经汉儒整理的诗家传本早期形态,故保存有若干关于乐舞的术语。在诗家的传承历史中,这些乐舞术语逐渐剥离,最终在汉代定型为今本《诗经》。《周公之琴舞》的文本特征及其性质,决定了它在《诗经》学史上具有重要意义。

---

① 关于"乱"的乐奏之义,参见何涛:《"乱"为乐奏考》,《乐府学会成立大会暨第四届乐府歌诗国际学术研讨会论文集》,北京,2013。
② 李学勤主编:《清华大学藏战国竹简(壹)》第150页,中西书局,2010.

《周公之琴舞》诸篇释名*

《清华大学藏战国竹简（三）·周公之琴舞》包括"周公作多士敬毖"和"成王作敬毖"两部分。① 其中，周公所作"多士敬毖"仅存"元纳启"以下四句；成王所作敬毖"琴舞九絉（卒）"完整保留下来，系以九启的形式连缀而成。学者多认为，这种结篇方式与先秦典籍所载《大武》构成相类。②《大武》多以独立篇章的形式散见于今本《诗经》，各有篇名。周公与成王所作敬毖各启与今本《诗经·周颂》诸篇相当，依例应冠名。我们曾将周公所作敬毖之"元纳启"命名为《孝享》，③ 这里不再述及。本文讨论成王所作敬毖"琴舞九絉（卒）"，试为命名。

一 《敬之》

元纳启曰：

敬之敬之，天惟显帀，文非易帀。毋曰高高在上，陟降其事，卑监在兹。乱曰：遹我夙夜不逸，敬之，日就月将，教其光明。弼

---

* 本文原载于《中国诗歌研究》第十辑，第1—18页，与李文慧合作。
① 清华大学出土文献研究与保护中心编，李学勤主编.清华大学藏战国竹简（三）[M].上海：中西书局，2012：133.
② 李学勤.新整理清华简六种概述[J]，文物，2012，675（8）：66-77.
③ 姚小鸥、杨晓丽.《周公之琴舞·孝享》篇研究[J]，中州学刊，2013，199（7）：148-152.

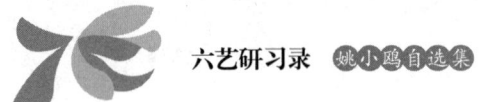

持其有肩，示告余显德之行。①

本启与今本《诗经·周颂·敬之》基本内容一致，言上天无所不察，为人君者当恪敬天命，日就月将，奋进不止。②今本《诗经》以《敬之》名篇，与其思想内涵相符。

二《思慎》

再启曰：

假哉，古之人，夫明思慎，用仇其有辟，允丕承丕显，思攸亡斁。乱曰：已，不造哉！思型之，思巽彊之，用求其定，裕彼熙不落，思慎。

本篇为成王诫群臣之语，希望群臣追法古之贤者，勤勉王事，以使天下安定兴旺。开篇"假哉古之人，夫明思慎"，赞美"古之人"品行高尚，戒惧敬慎。"假"，《尔雅·释诂》解释为"嘉也"。③《大雅·假乐》："假乐君子、显显令德。"《毛传》："假，嘉也。"④《礼记·中庸》引作"嘉乐君子"。⑤"古之人"，谓古之贤者。"明"，《大雅·皇矣》："其德克明"。《毛传》："照临四方曰明"。⑥

---

① 清华大学出土文献研究与保护中心编，李学勤主编.清华大学藏战国竹简（三）[M].上海：中西书局，2012：133.本文所引成王之"琴舞九絉（卒）"全部出自《清华大学藏战国竹简（三）》，并根据整理者所作相关文字的隶定，诗篇采用通行字体，下文不再另外说明。
② 王克家.《周颂·敬之》与周礼核心精神的构成[J]，文艺评论，2013，184（4）：37-39.
③ 郭璞注、邢昺疏.尔雅注疏[M]//阮元.十三经注疏.北京：中华书局，1980：2576.
④ 毛亨传、郑玄笺、孔颖达正义.毛诗正义[M]//阮元.十三经注疏.北京：中华书局，1980：540.
⑤ 郑玄注、孔颖达正义.礼记正义[M]//阮元.十三经注疏.北京：中华书局，1980：1628.
⑥ 毛亨传、郑玄笺、孔颖达正义.毛诗正义[M]//阮元.十三经注疏.北京：中华书局，1980：520.

"思慎"是本篇的核心。"慎",《尔雅》释为"诚也"。①《说文》释为"谨也。"《段注》:"未有不诚而能谨者。"②"慎"是君子言行举止的重要准则,承载着周代礼乐文化的道德伦理与审美要求。古人将其视为君主治国的必备条件。《国语·周语下》:"慎,德之守也。"③《尚书·微子之命》:"恪慎克孝,肃恭神人。"④《邶风·燕燕》:"淑慎其身。"⑤《诗经》中常"敬慎"连用,如《大雅·民劳》:"敬慎威仪,以近有德。"《大雅·抑》:"敬慎威仪,维民之则。"⑥"敬"重于肃,"慎"重于谨,二者浑言则同,析言则异。《仪礼·聘礼》:"入门主敬,升堂主慎。"可见"敬""慎"二者之间的联系与区别。⑦

"用仇其有辟,允丕承丕显,思攸亡斁",言古之人"思慎"而能够匹配辅佐君主,很好地继承并光大先人之志。"仇",当依《尔雅·释诂》释为"匹也"。⑧《兔罝》:"赳赳武夫,公侯好仇。"孔颖达《正义》:"赳赳然有威武之夫,有文有武,能匹耦于公侯之志,为公侯之好匹。"⑨"仇"或写作"逑",《周南·关雎》:"君子好逑。"《毛传》:"逑,匹也。"孔颖达《正义》:"《诗》本作逑,《尔雅》多作仇,字异音义同也。"⑩

"允丕承丕显,思攸亡斁",与《周颂·清庙》"不显不承,无射于人斯"

---

① 郭璞注、邢昺疏.尔雅注疏[M]//阮元.十三经注疏.北京:中华书局,1980:2569.
② 许慎撰、段玉裁注.说文解字注[M].上海:上海古籍出版社,1988:502.
③ 上海师范大学古籍整理组校点.国语[M].上海:上海古籍出版社,1978:98.
④ 孔安国传、孔颖达正义.尚书正义[M]//阮元.十三经注疏.北京:中华书局,1980:200.
⑤ 毛亨传、郑玄笺、孔颖达正义.毛诗正义[M]//阮元.十三经注疏.北京:中华书局,1980:298.
⑥ 毛亨传、郑玄笺、孔颖达正义.毛诗正义[M]//阮元.十三经注疏.北京:中华书局,1980:548、554.
⑦ 郑玄注、贾公彦疏.仪礼注疏[M]//阮元.十三经注疏.北京:中华书局,1980:1073.
⑧ 郭璞注、邢昺疏.尔雅注疏[M]//阮元.十三经注疏.北京:中华书局,1980:2569.
⑨ 毛亨传、郑玄笺、孔颖达正义.毛诗正义[M]//阮元.十三经注疏.北京:中华书局,1980:281.
⑩ 毛亨传、郑玄笺、孔颖达正义.毛诗正义[M]//阮元.十三经注疏.北京:中华书局,1980:273.

略同。①"亡斁"又作"无斁""无射",是古之"成语"。"成语"指《诗》《书》中所习用的,在一定的历史语境中形成的具有特定内涵和固定搭配的词语。它们承载着古人关于社会、历史、文化、自然等方面的基本观念。"无斁"于《诗经》中凡五见,"无射"于《诗经》中凡三见。《诗经》诸篇所言"无斁（无射）",是对人们"无怠于事"之美德的赞语。"无斁（无射）"在金文中多作"亡䇫",多为子孙所陈先祖之德。有学者指出,"无斁"乃"贵族阶级歌颂其德行隽美、承业事君无怠及上天无怠其国祚福禄之常命之专用成词。乃统治阶级之雅言。"②其说是。

"乱曰"部分是王对群臣的共勉之语。

"已,不造哉",整理者指出,此句意略同《闵予小子》"遭家不造",《郑笺》："造,犹成也。……遭武王崩,家道未成。"③

"思型之,思氓彊之",二句勉励群臣追法古之人,黾勉从事。"型",效法之意。"氓",整理者读为"懋",劝勉之意。"彊",整理者指出,典籍多作"强",《尔雅·释诂》释为"勤也"。④

"用求其定,裕彼熙不落,思慎",言思慎以致天下安定兴旺。"裕",句首语气词。"熙",《尔雅·释诂》释为"光"也。光大、兴旺之意。⑤"落",《国语·吴语》："民人离落。"韦昭注："落,殒也。"⑥

末句"思慎"重言前文"夫明思慎"。《诗经》中有以二字作为诗篇结句

---

① 毛亨传、郑玄笺、孔颖达正义.毛诗正义[M]//阮元.十三经注疏.北京：中华书局,1980：583.
② 姜昆武.诗书成词考释[M].济南：齐鲁书社,1989：79."无斁"的详细解释,可参看姚小鸥、李文慧.《诗》《书》成语与《周颂·振鹭》篇的文化解读[J],中州学刊,2011,186(6)：197-200.
③ 毛亨传、郑玄笺、孔颖达正义.毛诗正义[M]//阮元.十三经注疏.北京：中华书局,1980：598.
④ 郭璞注、邢昺疏.尔雅注疏[M]//阮元.十三经注疏.北京：中华书局,1980：2574.参见清华大学出土文献研究与保护中心编,李学勤主编.清华大学藏战国竹简（三）[M].上海：中西书局,2012：137.
⑤ 郭璞注、邢昺疏.尔雅注疏[M]//阮元.十三经注疏.北京：中华书局,1980：2573.
⑥ 上海师范大学古籍整理组校点.国语[M].上海：上海古籍出版社,1978：595-596.

的情况。《周颂·赉》:"文王既勤止,我应受之。敷时绎思,我徂维求定。时周之命,於!绎思。"① "於"是感叹词。末句"绎思",以二字为结句,重文"敷时绎思"。

本篇反映周人戒惧敬慎的思想观念,言思慎守德,事君无斁,方能致天下兴旺。篇中两次出现"思慎"一语,前后呼应,突出主题。故此本篇当命名为《思慎》。

三 《渊》

三启曰:

德元惟何?曰渊亦抑,严余不懈,业业畏忌,不易威仪,在言惟克,敬之!乱曰:非天諲德,緊莫肯造之,夙夜不懈,懋敷其有悦,裕其文人,不逸监余。

本篇言德之首在于内心笃诚,威仪抑抑,言语谨慎。

开篇明义,曰:"德元惟何?曰渊亦抑。""德元",即德之首。"渊",整理者解释为"深邃、深沉"。②《邶风·燕燕》:"仲氏任只,其心塞渊。"孔颖达《正义》:"言仲氏有大德行也,其心诚实而深远也。"③ "渊"是君子的至高品德。《礼记·中庸》:"唯天下至诚,为能经纶天下之大经,立天下之大本,知天地之化育。夫焉有所倚?肫肫其仁!渊渊其渊!浩浩其天!苟不固聪明圣知达天德者,其孰能知之?"④ 君子常因具有"渊"的品德,而见载于史

---

① 毛亨传、郑玄笺、孔颖达正义.毛诗正义[M]//阮元.十三经注疏.北京:中华书局,1980:605.
② 清华大学出土文献研究与保护中心编,李学勤主编.清华大学藏战国竹简(三)[M].上海:中西书局,2012:137.
③ 毛亨传、郑玄笺、孔颖达正义.毛诗正义[M]//阮元.十三经注疏.北京:中华书局,1980:298.
④ 郑玄注、孔颖达正义.礼记正义[M]//阮元.十三经注疏.北京:中华书局,1980:1635.

册。《尚书·微子之命》:"乃祖成汤克齐圣广渊,皇天眷佑,诞受厥命。"①《左传·文公十八年》:"昔高阳氏有才子八人,苍舒、隤敳、梼戭、大临、尨降、庭坚、仲容、叔达,齐圣广渊,明允笃诚,天下之民,谓之八恺。"②

"抑",《诗经》中常用来形容威仪之美,《大雅·抑》:"抑抑威仪,维德之隅。"《郑笺》:"人密审于威仪抑抑然,是其德必严正也。古之贤者,道行心平,可外占而知内。如宫室之制,内有绳直,则外有廉隅。"③

"渊"和"抑"分别指德的内外表现。"德元惟何?曰渊亦抑",言君子当内心笃诚,思虑深远且有美好的威仪。

"严余不懈,业业畏忌,不易威仪,在言惟克",叙述"渊"和"抑"的具体内涵。

"严余不懈,业业畏忌"言"渊"所反映的心理状态和行为准则,即时刻敬慎而不懈怠。"严",《商颂·殷武》:"天命降监,下民有严。"《毛传》:"严,敬也。"④ "业业",《大雅·云汉》:"兢兢业业。"《毛传》:"兢兢,恐也。业业,危也。"⑤"畏忌",整理者解为"谨慎"。⑥《仪礼·士虞礼》:"小心畏忌,不惰其身。"⑦

"不易威仪,在言惟克",从威仪和言语两方面反映了"抑"的内涵。整理者指出,"不易"为古习语,屡见于《诗》《书》及金文。⑧《大雅·文王》:

---

① 孔安国传、孔颖达正义.尚书正义[M]//阮元.十三经注疏.北京:中华书局,1980:200.

② 杜预注、孔颖达正义.春秋左传正义[M]//阮元.十三经注疏.北京:中华书局,1980:1861–1862.

③ 毛亨传、郑玄笺、孔颖达正义.毛诗正义[M]//阮元.十三经注疏.北京:中华书局,1980:554.

④ 毛亨传、郑玄笺、孔颖达正义.毛诗正义[M]//阮元.十三经注疏.北京:中华书局,1980:628.

⑤ 毛亨传、郑玄笺、孔颖达正义.毛诗正义[M]//阮元.十三经注疏.北京:中华书局,1980:562.

⑥ 清华大学出土文献研究与保护中心编,李学勤主编.清华大学藏战国竹简(三)[M].上海:中西书局,2012:138.

⑦ 郑玄注、贾公彦疏.仪礼注疏[M]//阮元.十三经注疏.北京:中华书局,1980:1176.

⑧ 清华大学出土文献研究与保护中心编,李学勤主编.清华大学藏战国竹简(三)[M].上海:中西书局,2012:138.

"命之不易。"① "不易"，言不可怠慢。② "在言惟克"，整理者认为，此句意近《大雅·抑》"慎尔出话，敬尔威仪。"③ "克"，《春秋左传·宣公八年》："雨，不克葬。"杜预注："克，成也。"④

说明"渊"和"抑"的具体内涵后，诗人以"敬之"一句作为总结。成王所作敬毖"琴舞九絉（卒）"首篇亦言"敬之"，今本《诗经·周颂》并以之名篇，由此用语可见成王所作敬毖"琴舞九絉（卒）"各启之间的联系。

"乱曰"部分为诗人自我勉励之语。

"非天諲德，緊莫肯造之"，这两句是说上天并非禁止德行，而是没有人能成就它。⑤ "諲"，整理者读为"廞"，《尔雅·释诂》解释为："廞，熙兴也。"⑥ 有学者认为"諲"当读为"禁"，楚简从"金"声之字有用为"禁"之例。⑦ "緊"，语助词。"造"，成也，参见《思慎》"不造哉"的解释。

"夙夜不懈，懋敷其有悦"，言当敬慎勉励而又乐于播布美德。"夙夜"为古之"成语"，字面意思是指早和晚，核心内涵是"敬"。"夙夜"一词见于《诗经》十二篇中，凡十六例。除《召南·行露》之"岂不夙夜，谓行多露"疑为断简，义不能明外，其他皆指敬慎于事。⑧ "夙夜不懈"意同《大雅·韩

---

① 清华大学出土文献研究与保护中心编，李学勤主编.清华大学藏战国竹简（三）[M].上海：中西书局，2012：505.
② 王克家.清华简《敬之》篇与《周颂·敬之》的比较研究[C]//姚小鸥主编.清华简与先秦经学文献研究，北京：生活·读书·新知三联书店，2016：162.
③ 清华大学出土文献研究与保护中心编，李学勤主编.清华大学藏战国竹简（三）[M].上海：中西书局，2012：138.
④ 杜预注、孔颖达正义.春秋左传正义[M]//阮元.十三经注疏.北京：中华书局，1980：1873.
⑤ 黄杰.再读清华简（三）《周公之琴舞》笔记.[EB/OL].[2013-01-14].http://www.bsm.org.cn/?chujian/5990.html.
⑥ 郭璞注、邢昺疏.尔雅注疏[M]//阮元.十三经注疏.北京：中华书局，1980：2576.
⑦ 黄杰.再读清华简（三）《周公之琴舞》笔记.[EB/OL].[2013-01-14].http://www.bsm.org.cn/?chujian/5990.html.
⑧ 姚小鸥、李文慧.《诗》《书》成语与《周颂·振鹭》篇的文化解读[J]，中州学刊，2011，186（6）：197-200.

奕》"夙夜匪解"，敬慎之意。① "懋"，勉也。"敷"，训为"布"。《小雅·小旻》："旻天疾威，敷于下土。"《毛传》："敷，布也。"②

"裕其文人，不逸监余"，言先祖时刻瞻视垂顾。"裕"，句首语气词。"文人"，整理者解释为"古称先祖之有文德者"。③《大雅·江汉》："告于文人。"《毛传》："文人，文德之人也。"孔颖达《正义》："谓先祖有文德者，故云文德之人。"④

本篇反映了周代人们对"德元"的认识。君子修德，首要做到内善而外美，外在的威仪是内在品质的表现。诗句"夙夜不懈，懋敷其有悦"言发自内心地播布美德。可见周人更看重内心的敬畏，即在德元"渊"和"抑"中，更偏重"渊"。与《大雅·抑》相参照，将此篇命名为《渊》。

四《文》

四启曰：

文文其有家，保监其有后，孺子王矣，丕宁其有心。懋懋其在位，显于上下。乱曰：通其显思，皇天之功，昼之在视日，夜之在视辰。日入罪举不宁，是惟宅。

本篇言为君者当黾勉于事，敬慎其位，依天时而行政令，从而使天下安宁。

"文文其有家，保监其有后"，言黾勉为政，方可得以世享。有学者将

---

① 毛亨传、郑玄笺、孔颖达正义.毛诗正义［M］//阮元.十三经注疏.北京：中华书局，1980：570.
② 毛亨传、郑玄笺、孔颖达正义.毛诗正义［M］//阮元.十三经注疏.北京：中华书局，1980：448.
③ 清华大学出土文献研究与保护中心编，李学勤主编.清华大学藏战国竹简（三）［M］.上海：中西书局，2012：138.
④ 毛亨传、郑玄笺、孔颖达正义.毛诗正义［M］//阮元.十三经注疏.北京：中华书局，1980：574.

"文文"释为"亹亹"。① 按，马瑞辰《毛诗传笺通释》:"《说文》无亹字，釁者釁之省，隶变为亹，或作斖。釁从爨省，从酉，分声；斖从爨省，从酉，文声；分、文古音同部，故字同音亦同也。古音微与文通，故《周官》郑司农《注》曰：'釁读为徽。'徽从微省声，音近眉，故古钟鼎文眉寿字多作釁，又作亹。"② 由此可知，"文"与"亹"音同义同。马瑞辰指出亹亹、娓娓、勉勉、明明、没没、勿勿、穆穆、旼旼，皆以声近互转，字当以忞忞为正。③《尔雅·释诂》:"亹亹，蠠没……勉也。"郭璞注:"蠠没犹黾勉。"邢昺疏:"云'蠠没犹黾勉'者，以其声相近，方俗语有轻重耳。《邶风·谷风》云：'黾勉同心。'"④ 故，亹亹当为黾勉之意。《论语》"文莫吾犹人也"，马瑞辰引刘台拱曰："文莫即勉强。"⑤《广雅·释诂》:"文，勉也。"⑥ 由以上论述可知，"文文"与"亹亹"同为黾勉之义。"文文其有家"，意略同《大雅·棫朴》"勉勉我王，纲纪四方"。⑦

黾勉于事是君子行为处事的基本准则。《礼记·礼器》:"是故昔先王之制礼也，因其财物而致其义焉尔。故作大事必顺天时，为朝夕必放于日月，为高必因丘陵，为下必因川泽。是故天时雨泽，君子达亹亹焉。"孔颖达《正义》:"天以高圆为质，地以下方为体，天子爱物为用，故天地感祭而降雨泽，天子皆爱物生而勉勉劝乐，所以与天地合德也。"⑧《诗经》中常用亹亹、明明等词赞美君子勤勉于事。《大雅·文王》:"亹亹文王，令闻不已。"《大雅·大

---

① 香港浸会大学陈致教授释"文文"为"亹亹"。参见李学勤. 论清华简《周公之琴舞》的结构 [J], 深圳大学学报（人文社会科学版），2013, 139（1）: 58-59.
② 马瑞辰. 毛诗传笺通释 [M]. 北京：中华书局，1989: 794-796.
③ 马瑞辰. 毛诗传笺通释 [M]. 北京：中华书局，1989: 796.
④ 郭璞注、邢昺疏. 尔雅注疏 [M] // 阮元. 十三经注疏. 北京：中华书局，1980: 2570.
⑤ 马瑞辰. 毛诗传笺通释 [M]. 北京：中华书局，1989: 795-796.
⑥ 王念孙. 广雅疏证 [M]. 北京：中华书局，2004: 84.
⑦ 毛亨传、郑玄笺、孔颖达正义. 毛诗正义 [M] // 阮元. 十三经注疏. 北京：中华书局，1980: 515.
⑧ 郑玄注、孔颖达正义. 礼记正义 [M] // 阮元. 十三经注疏. 北京：中华书局，1980: 1440.

明》:"明明在下,赫赫在上。"《鲁颂·有駜》:"夙夜在公,在公明明。"①

"孺子王矣,丕宁其有心",意思是今稚子承袭王位,应心态安定。"孺子王矣",《尚书·立政》载周公语:"呜呼!孺子王矣!继自今,我其立政、立事、准人、牧夫,我其克灼知厥若,丕乃俾乱;相我受民,和我庶狱庶慎。时则勿有间之,自一话一言。我则末惟成德之彦,以乂我受民。"孔颖达《正义》:"既正位为王,事不可不慎。"②

"慈慈其在位,显于上下","慈",《说文》解释说:"楚颍之间谓忧曰慈。"③"上下",整理者以为,指天神和人间。④《国语·周语上》:"夫王人者,将导利而布之上下者也,使神人百物无不得其极",韦昭注:"上谓天神,下谓人物也。"⑤这两句诗言在位心怀忧惧,恭敬祗畏,以得显于神人百物间。

"乱曰"部分言当勤勉于事,时刻查举不宁,使天下得安。

"逷其显思,皇天之功",可译为"多么光明显著啊,上天的功德!""逷",句首语气词。"思",语气词,用于句末。⑥"显",光明,显著。"皇天之功",即上天的功业,《尚书·梓材》:"皇天既付中国民,越厥疆土,于先王肆。"⑦

"昼之在视日,夜之在视辰",整理者指出,清华简《说命下》作"昼女(如)视日,夜女(如)视辰,时罔非乃载。"⑧整理者将"女"读为"如"。

---

① 毛亨传、郑玄笺、孔颖达正义.毛诗正义[M]//阮元.十三经注疏.北京:中华书局,1980:504、506、610.
② 孔安国传、孔颖达正义.尚书正义[M]//阮元.十三经注疏.北京:中华书局,1980:232.
③ 许慎撰、段玉裁注.说文解字注[M].上海:上海古籍出版社,1988:513.
④ 清华大学出土文献研究与保护中心编,李学勤主编.清华大学藏战国竹简(三)[M].上海:中西书局,2012:139.
⑤ 上海师范大学古籍整理组校点.国语[M].上海:上海古籍出版社,1978:12-13.
⑥ 清华大学出土文献研究与保护中心编,李学勤主编.清华大学藏战国竹简(三)[M].上海:中西书局,2012:139.
⑦ 孔安国传、孔颖达正义.尚书正义[M]//阮元.十三经注疏.北京:中华书局,1980:208.
⑧ 清华大学出土文献研究与保护中心编,李学勤主编.清华大学藏战国竹简(三)[M].上海:中西书局,2012:139.

按,"女"应读为"汝",这两句的字面意思是你要在白天观察太阳,在夜晚观察星辰,其中蕴含着深刻的天文学和政治学意义。古人常"察日、月之行以揆岁星顺逆""察日辰之会,以治星辰之位",① 依天时而行政令。《周易·系辞下》:"古者包牺氏之王天下也,仰则观象于天,俯则观法于地。"②《淮南子·时则训》:"孟春之月,招摇指寅,昏参中,旦尾中。……布德施惠,行庆赏,省徭赋。立春之日,天子亲率三公、九卿、大夫以迎岁于东郊,修除祠位。"若不依时令为政,则国不宁,"孟春行夏令,则风雨不时,草木早落,国乃有恐。行秋令,则其民大疫,飘风暴雨总至,黎莠蓬蒿并兴。行冬令,则水潦为败,雨霜大雹,首稼不入。"③ 故,太史公曰:"自初生民以来,世主曷尝不历日月星辰?及至五家、三代,绍而明之,内冠带,外夷狄,分中国为十有二州,仰则观象于天,俯则法类于地。天则有日月,地则有阴阳。天有五星,地有五行。天则有列宿,地则有州域。三光者,阴阳之精,气本在地,而圣人统理之。"④

本篇"昼之在视日,夜之在视辰"意与清华简《说命下》"昼女(汝)视日,夜女(汝)视辰"相同,但其语气及句式有所不同。这是由于文体不同而造成的。清华简《说命下》"昼女(汝)视日,夜女(汝)视辰",是君主对傅说的命辞,采用了倒装句式,原句应作"女(汝)昼视日,女(汝)夜视辰"。本篇"昼之在视日,夜之在视辰"是诗的语言,乃成王之自勉。其中,"之"为介词,"在"为审视之意,较"昼女(汝)视日,夜女(汝)视辰"显礼敬之意。

"日入罪举不宁,是惟宅",这两句诗的意思是当时刻查举不宁,使天下得安。"入",《广雅》释为"得也。"⑤ "举",意同《周礼·司门》:"凡财物犯禁

---

① 司马迁. 史记[M]. 北京:中华书局,1959:1312,1327.
② 王弼注、孔颖达正义. 周易正义[M]//阮元. 十三经注疏. 北京:中华书局,1980:86.
③ 诸子集成本《淮南子注》第69—70页,上海书店,1986.
④ 司马迁. 史记[M]. 北京:中华书局,1959:1342.
⑤ 王念孙. 广雅疏证[M]. 北京:中华书局,1983:96.

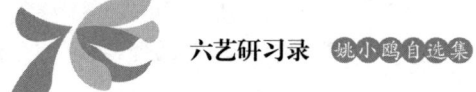

者举之"之"举",郑玄注:"犯禁,谓商所不资者,举之没入官。"①"宅"②,《说文》释为:"人所托居也。"段注:"引伸之凡物所安皆曰宅。"③宅,即安定之意。

本启言君子当勤勉于事,纲纪天下。"文文"为本启核心内涵,故本启当命名为《文》。按,《周颂·雍》:"有来雍雍,至止肃肃。"④诗篇取"雍雍"中的"雍"字为名,本启命名依循其例。

五《思忱》

五启曰:

呜呼!天多降德,滂滂在下,攸自求悦,诸尔多子,逐思忱之。

乱曰:桓称其有若,曰亨答余一人,思辅余于艰,乃禔惟民,亦思不忘。

本篇为成王勉励众公卿大夫之语,言天既降德,众人需笃诚修德,辅助王室,以安万民。

"天多降德,滂滂在下",言天降大德,广被四方。"滂滂",《广雅·释训》释为"流也。"⑤《陈风·泽陂》:"涕泗滂沱"。整理者认为,此以水流喻降德之广被。⑥

---

① 郑玄注、贾公彦疏.周礼注疏[M]//阮元.十三经注疏.北京:中华书局,1980:738.
② "宅",整理者指出,一说或读为"度",法度;或疑字当释为"引",义为延续久长。《礼记·王制》孔颖达《正义》:"郑注云'宅读曰咤,惩刈之器',谓五刑之流皆有器。"此处,"宅"释为"安"较好。
③ 许慎撰、段玉裁注.说文解字注[M].上海:上海古籍出版社,1988:338.
④ 毛亨传、郑玄笺、孔颖达正义.毛诗正义[M]//阮元.十三经注疏.北京:中华书局,1980:596.
⑤ 王念孙.广雅疏证[M].北京:中华书局,1983:184.
⑥ 清华大学出土文献研究与保护中心编,李学勤主编.清华大学藏战国竹简(三)[M].上海:中西书局,2012:139.

"攸自求悦"，整理者以为，此句言人各自求德而乐之。①"攸"，裴学海《古书虚字集释》训为"所以"。②《尚书·大诰》："予惟往求朕攸济。"《尚书正义》："往求我所以济渡。"③

"诸尔多子，逐思忱之"，"多子"，《尚书·洛诰》："予旦以多子，越御事，笃前人成烈，答其师，作周孚先。"孔颖达《正义》："'子'者，有德之称，大夫皆称'子'，故以'多子'为众卿大夫。"④"逐"，整理者读为"笃"，当依《尔雅·释诂》解释为"厚也"。⑤"忱"，《说文》释为"诚也。"⑥古人关于"诚"的思想观念可为"忱"之观念的相关注脚。《礼记·中庸》："诚者，天之道也；诚之者，人之道也。诚者，不勉而中，不思而得，从容中道，圣人也。诚之者，择善而固执之者也。""至诚之道，可以前知。国家将兴，必有祯祥；国家将亡，必有妖孽。见乎蓍龟，动乎四体。祸福将至：善，必先知之；不善；必先知之。故至诚如神。""诚者，物之终始，不诚无物。是故君子诚之为贵。诚者，非自成己而已也，所以成物也。成己，仁也；成物，知也。性之德也，合外内之道也。"⑦《孟子·离娄章句上》："思诚者，人之道也。"⑧诗言"逐思忱之"，蕴含了君王对公卿大夫的勉励和期许。

"乱曰"部分言笃诚修德者能辅佐君主，安定天下。

"桓称其有若，曰享答余一人，思辅余于艰"，言笃诚修德者能够享答君王。"桓"，《尔雅·释训》："桓桓，威也。""称"，《尔雅·释言》释为"好

---

① 清华大学出土文献研究与保护中心编，李学勤主编.清华大学藏战国竹简（三）[M].上海：中西书局，2012：139.
② 裴学海.古书虚字集释[M].上海：上海书店，1935：67.
③ 孔安国传、孔颖达正义.尚书正义[M]//阮元.十三经注疏.北京：中华书局，1980：198.
④ 孔安国传、孔颖达正义.尚书正义[M]//阮元.十三经注疏.北京：中华书局，1980：216.
⑤ 郭璞注、邢昺疏.尔雅注疏[M]//阮元.十三经注疏.北京：中华书局，1980：257.
⑥ 许慎撰、段玉裁注.说文解字注[M].上海：上海古籍出版社，1988：505.
⑦ 郑玄注、孔颖达正义.礼记正义[M]//阮元.十三经注疏.北京：中华书局，1980：1632-1633.
⑧ 赵岐注、孙奭疏.孟子注疏[M]//阮元.十三经注疏.北京：中华书局，1980：2721.

也。"① "若"，审慎郑重之意。② "有若"指贤者，这里指笃诚修德者。《尚书·君奭》："君奭！我闻在昔成汤既受命，时则有若伊尹，格于皇天。在太甲，时则有若保衡。在太戊，时则有若伊陟、臣扈，格于上帝；巫咸乂王家。"③ "余一人"，为君王自称。

"乃禔惟民，亦思不忘"，言使民众安康。"禔"，《说文》释为"安福也。"④ "忘"，整理者读为"荒"。《大雅·桑柔》："哀恫中国，具赘卒荒。"《郑笺》："哀痛乎，中国之人，皆见系属于兵役，家家空虚。"⑤

"思忱"是本启的核心内容，反映了周人对君子的品行要求及先秦人笃诚修德的观念，故本篇当命名为《思忱》。

六 《辑余》

六启曰：

其余冲人，服在清庙，惟克小心，命不夷歇，对天之不易。乱曰：弼敢荒在位，宠威在上，警显在下。於呼！式克其有辟，用容辑余，用小心，持惟文人之若。

本篇是成王祭祀先王时的自誓之词，言年幼而承大命，当敬慎于位，使天下辑睦。

"余冲人"，为成王自称。整理者指出，"余冲人"即《尚书》"予冲人"，

---

① 郭璞注、邢昺疏.尔雅注疏[M]//阮元.十三经注疏.北京：中华书局，1980：2589、2582.
② 参见姚小鸥：《"王若曰"与周公称王问题》(待刊)。
③ 孔安国传、孔颖达正义.尚书正义[M]//阮元.十三经注疏.北京：中华书局，1980：223.
④ 许慎撰、段玉裁注.说文解字注[M].上海：上海古籍出版社，1988：3.《说文》："禔，安也。"《段注》："本安下有福。"
⑤ 毛亨传、郑玄笺、孔颖达正义.毛诗正义[M]//阮元.十三经注疏.北京：中华书局，1980：559.

见《盘庚》《金縢》《大诰》等。① "冲人"，《尚书·盘庚》："肆予冲人，非废厥谋。"《尚书正义》解释说："冲，童。童人，谦也。"孔颖达《正义》："'冲'、'童'声相近，皆是幼小之名。自称'童人'，言己幼小无知，故为'谦也'。"②

"服在清庙，惟克小心"，言祭祀于清庙，恭敬谨慎。"服"，整理者训为"事"。③ "清庙"，《周颂·清庙》之《郑笺》："清庙者，祭有清明之德者之宫也，谓祭文王也。"④ "克"，能也，言承大命。

"命不夷歇，对天之不易"，"命"，整理者认为指天命。⑤ "夷"，杨树达释为语中助词。⑥ "歇"，《尔雅·释诂》释为"竭也。"⑦ "对"，意同《大雅·江汉》"对扬王休"之"对"，《郑笺》："对，答。"⑧ 又，《井侯簋》："追考（孝）对，不敢墬。"王辉先生指出，"对，报答，称颂，常与扬连用。"⑨ "对扬"是臣下对天子的敬答之语，有承袭发扬先祖或天子美德之意。⑩ "命不夷歇，对天之不易"言天命不尽，当发扬天之大德而不懈怠。

"乱曰"部分言慎乃有位，以致天下和睦安宁。

"弼敢荒在位，宠威在上，警显在下"，这三句是成王自勉之语，言不敢不敬慎于位。"弼"，整理者读为"弗"。"荒"，《国语·吴语》："荒成不盟。"

---

① 清华大学出土文献研究与保护中心编，李学勤主编.清华大学藏战国竹简（三）[M].上海：中西书局，2012：140.
② 孔安国传、孔颖达正义.尚书正义[M]//阮元.十三经注疏.北京：中华书局，1980：172.
③ 清华大学出土文献研究与保护中心编，李学勤主编.清华大学藏战国竹简（三）[M].上海：中西书局，2012：140.
④ 毛亨传、郑玄笺、孔颖达正义.毛诗正义[M]//阮元.十三经注疏.北京：中华书局，1980：583.
⑤ 清华大学出土文献研究与保护中心编，李学勤主编.清华大学藏战国竹简（三）[M].上海：中西书局，2012：140.
⑥ 杨树达.词诠[M].北京：中华书局，2006：348.
⑦ 郭璞注、邢昺疏.尔雅注疏[M]//阮元.十三经注疏.北京：中华书局，1980：2576.
⑧ 毛亨传、郑玄笺、孔颖达正义.毛诗正义[M]//阮元.十三经注疏.北京：中华书局，1980：574.
⑨ 王辉.商周金文[M].北京：文物出版社，2006：62.
⑩ 姚小鸥、李文慧.《周颂·载见》与西周朝觐礼[J].中国诗歌研究，2012，9：49-56.

韦昭注："荒，空也。"① "宠威在上，警显在下"，意略同《大雅·大明》"明明在下，赫赫在上。"

"式克其有辟"，"式"，句首语助词。"克"，《尔雅·释言》释为"能也"，②整理者以为是"肩任"之意。"有辟"，整理者以为指国君。此句言承担天子的重任。

"用容辑余，用小心"，"用容辑余"即"余辑用容"。"余"，即"予"，指成王。"辑"，《尔雅·释诂》释为"和也"。③《左传·僖公十五年》："群臣辑睦"是其例。④ "辑"字蕴含了成王纲纪天下的理想。古有用"辑"表示天下得治者，如《尚书·汤诰》："俾予一人，辑宁尔邦家。"《尚书正义》："言天使我辑安汝国家。"⑤《诗经·公刘》："笃公刘，匪居匪康，乃埸乃疆，乃积乃仓。乃裹餱粮，于橐于囊，思辑用光。"毛《传》："思辑用光，言民相与和睦，以显于时也。"郑玄《笺》："厚乎，公刘之为君也。……思在和其民人，用光大其道，为今子孙之基。"⑥

"容"和"小心"乃成王致天下辑睦的方式。"容"，《左传·昭公九年》："服以旌礼，礼以行事，事有其物，物有其容。"杜预注："容，貌也。"⑦"容"，当指威仪。威仪是君主治国的必备条件。《左传·襄公三十一年》："有威而可畏，谓之威，有仪而可象，谓之仪。君有君之威仪，其臣畏而爱之，则而象之，故能有其国家，令闻长世。臣有臣之威仪，其下畏而爱之，故能守其

---

① 上海师范大学古籍整理组校点.国语［M］.上海：上海古籍出版社，1978：596.
② 郭璞注、邢昺疏.尔雅注疏［M］//阮元.十三经注疏.北京：中华书局，1980：2584.
③ 郭璞注、邢昺疏.尔雅注疏［M］//阮元.十三经注疏.北京：中华书局，1980：2573.
④ 杜预注、孔颖达正义.春秋左传正义［M］//阮元.十三经注疏.北京：中华书局，1980：1807.
⑤ 孔安国传、孔颖达正义.尚书正义［M］//阮元.十三经注疏.北京：中华书局，1980：162.
⑥ 毛亨传、郑玄笺、孔颖达正义.毛诗正义［M］//阮元.十三经注疏.北京：中华书局，1980：541.
⑦ 杜预注、孔颖达正义.春秋左传正义［M］//阮元.十三经注疏.北京：中华书局，1980：2057.

官职，保族宜家。顺是以下，皆如是，是以上下能相固也。"① "小心"，《大雅·大明》："维此文王，小心翼翼"，郑玄《笺》："小心翼翼，恭慎貌。"② "容"和"小心"与三启《渊》篇"德元"内涵亦复相关。

"持惟文人之若"，言承继先人审慎敬重的品德，有追法先人之意。"若"，意同《思忱》"桓称其有若"之"若"，审慎郑重之意。①"文人"，即文德之人，这里指先王，详见《渊》篇。

诗篇语言庄重谨慎而满怀抱负，显示出成王纲纪天下的志向。"辑余"为本篇核心词，言成王承担天子重任，欲致天下和睦，故将本篇命名为《辑余》。《周颂》中有与"辑余"结构相同的篇名，如《闵予小子》，"闵"，《郑笺》："悼伤之言也。""予小子"，是成王告先王宗庙时的自称。

七 《有息》

七启曰：

思有息，思憙在上，丕显其有位，右帝在落，不失惟同。乱曰：
通余恭害息，孝敬非息荒。咨尔多子，笃其谏劢，余彖（逯）思念，畏天之载，勿请福之愆。

本篇言欲求天下繁盛、上天得悦，当恭敬从事，同时勉励公卿大夫笃于建言。

"思有息"，言欲天下繁盛。"思"，通"斯"，句首语气词。"息"，《说文》释为"喘也。"段注："此云息者喘也，浑言之。人之气急曰喘，舒曰息，引伸

---

① 杜预注、孔颖达正义.春秋左传正义［M］//阮元.十三经注疏.北京：中华书局，1980：2016.
② 毛亨传、郑玄笺、孔颖达正义.毛诗正义［M］//阮元.十三经注疏.北京：中华书局，1980：507.
① 参见姚小鸥：《"王若曰"与周公称王问题》（待刊）。

为休息之称。"①《广雅·释诂一》："息，安也。"②按，"息"可引申为安定使之繁盛之意。《周礼·大司徒》："以保息六养万民：一曰慈幼，二曰养老，三曰振穷，四曰恤贫，五曰宽疾，六曰安富。"郑注："保息，谓安之使蕃息也。"③

"有息"，意同《左传·隐公十年》"继好息民"。武王克商后，使天下民人休养生息成为周人敬守天下的主要任务，故周代初期及以后的一段时期内，周人的主流思想由崇尚武力衍变为保安民人。《左传·宣公十二年》记载楚庄王语："夫文，止戈为武。……夫武，禁暴、戢兵、保大、定功、安民、和众、丰财者也。"④诸侯邦国往往息民而致国家繁盛。《左传·襄公九年》："晋侯归，谋所以息民。魏绛请施舍，输积聚以贷。自公以下，苟有积者，尽出之。国无滞积，亦无困人。公无禁利，亦无贪民。祈以币更，宾以特牲，器用不作，车服从给。行之期年，国乃有节。三驾而楚不能与争。"⑤

"思憙在上"，言悦于上天。"憙"，《说文》："说也。"段注："说者，今之悦字。……古有通用喜者，如《封禅书》：'天子心独喜其事。'"并引颜师古曰："喜下施心是好憙之意。"⑥整理者认为，"思憙在上"意与铭文"喜侃前文人"类同。⑦

"丕显其有位，右帝在落，不失惟同"，意略同《大雅·文王》"文王陟降，在帝左右"，言前文人在上帝左右，庇佑瞻视天下。"有位"，整理者疑指前文人

---

① 许慎撰、段玉裁注．说文解字注［M］．上海：上海古籍出版社，1988：502．
② 王念孙．广雅疏证［M］．北京：中华书局，1983：13．
③ 郑玄注、贾公彦疏．周礼注疏［M］//阮元．十三经注疏．北京：中华书局，1980：706．
④ 杜预注、孔颖达正义．春秋左传正义［M］//阮元．十三经注疏．北京：中华书局，1980：1882．
⑤ 杜预注、孔颖达正义．春秋左传正义［M］//阮元．十三经注疏．北京：中华书局，1980：1944．
⑥ 许慎撰、段玉裁注．说文解字注［M］．上海：上海古籍出版社，1988：205．
⑦ 清华大学出土文献研究与保护中心编，李学勤主编．清华大学藏战国竹简（三）［M］．上海：中西书局，2012：141．宋华强《新蔡简"百之""赣之"解》："钟铭'昭各'、'喜侃乐'这一类话总是连在一起出现，而且总是出现在表示祭祷的'追孝''敦祀'后面，和新蔡简'乐之''百之''赣'的情况如出一辙，都是古人在祭祷仪式后要举行娱神降神仪式的反映。"参见宋华强．新蔡简"百之""赣之"解［EB/OL］．[2006-08-13].http://www.bsm.org.cn/？chujian/4611.html.

在帝侧之位。"不失",整理者读为"不佚",与三启《渊》之"不逸"同义。①

"乱曰"部分言欲天下"有息",当恭慎、孝敬,公卿大夫则当多建言。

"遹余恭害怠,孝敬非怠荒",言当恭慎孝敬而不懈怠。"害",整理者训为"何"。《周南·葛覃》:"害浣害否。"《毛传》:"害,何也。"② 恭、孝是周代礼法的重要内容。《尚书·太甲中》:"奉先思孝,接下思恭。"③ 恭是君子待人接物必备的美好品德。《大雅·抑》:"温温恭人,维德之基。"④ 先秦时期,孝是维系宗法社会稳定的基本伦理观念,含有追法先人之意。《论语·学而》:"孝弟也者,其为仁之本欤!"⑤ 清华简《孝享》篇:"孝惟型币。"⑥

"咨尔多子,笃其谏勖",这两句的大意是勉励群臣黾勉王事,多多建言。"咨",《大雅·荡》:"文王曰咨、咨女殷商。"《毛传》:"咨,嗟也。"⑦ "多子",这里指公卿大夫,参见五启《思忱》"多子"解释。"勖",《尔雅·释诂》释为"勉也",意同"亹亹"。

"余彔（逯）思念",彔,字见甲骨文,是一个夜间的时称。⑧ 这里整理者疑读为"逯",《广韵》:"逯,谨也。""思念",《国语·楚语下》:"吾闻君子唯独居思念前世之崇替,与哀殡丧,于是有叹,其余则否。"⑨

"畏天之载",指敬畏天事。《大雅·文王》:"上天之载,无声无臭。"《毛

---

① 清华大学出土文献研究与保护中心编,李学勤主编.清华大学藏战国竹简（三）[M].上海：中西书局,2012：141.
② 毛亨传、郑玄笺、孔颖达正义.毛诗正义[M]//阮元.十三经注疏.北京：中华书局,1980：277.
③ 孔安国传、孔颖达正义.尚书正义[M]//阮元.十三经注疏.北京：中华书局,1980：165.
④ 毛亨传、郑玄笺、孔颖达正义.毛诗正义[M]//阮元.十三经注疏.北京：中华书局,1980：556.
⑤ 何晏注、邢昺疏.论语注疏[M]//阮元.十三经注疏.北京：中华书局,1980：2457.
⑥ 姚小鸥、杨晓丽.《周公之琴舞·孝享》篇研究[J].中州学刊,2013,199（7）：148-152.
⑦ 毛亨传、郑玄笺、孔颖达正义.毛诗正义[M]//阮元.十三经注疏.北京：中华书局,1980：553.
⑧ 黄天树.黄天树古文字论集[M],北京：学苑出版社,2006：185-188.
⑨ 上海师范大学古籍整理组校点.国语[M].上海：上海古籍出版社,1978：578.

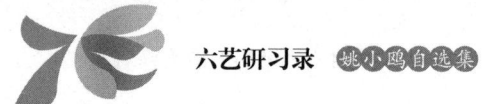

传》:"载,事。"《郑笺》:"天之道,难知也。耳不闻声音,鼻不闻香臭。"①

"勿请福之愆","愆",过也。此句是乞福之意。

"有息"一词显示出诗人心怀天下的理想抱负。按照颂诗命名多取句首词语的原则,将本篇命名为《有息》。

八 《谟》

八启曰:

佐事王聪明,其有心不易,威仪諡諡,大其有谟,匀泽恃德,不畀用非雍。乱曰:良德其如台?曰享人大……罔克用之,是坠于若。

本启简文有缺,但诗篇大意尚可知,言当勉力辅佐王室,光大先人功业。

"佐事王聪明,其有心不易",言作王之耳目,不懈怠于王事。"佐事",整理者理解为辅佐之意。"聪明",《尚书·尧典》:"昔在帝尧,聪明文思,光宅天下。"孔颖达《正义》:"言聪明者,据人近验,则听远为聪,见微为明,若离娄之视明也,师旷之听聪也;以耳目之闻见,喻圣人之智慧,兼知天下之事,故在于闻见而已,故以'聪明'言之。"②《尚书·皋陶谟》:"天聪明,自我民聪明。"《孔传》:"言天因民而降之福,民所归者天命之。天视听人君之行,用民为聪明。"③

"威仪諡諡",意略同"威仪棣棣"。《邶风·柏舟》:"威仪棣棣,不可选也。"《毛传》:"君子望之俨然可畏,礼容俯仰各有威仪耳。棣棣,富而闲习

---

① 毛亨传、郑玄笺、孔颖达正义.毛诗正义[M]//阮元.十三经注疏.北京:中华书局,1980:505.

② 孔安国传、孔颖达正义.尚书正义[M]//阮元.十三经注疏.北京:中华书局,1980:118.

③ 孔安国传、孔颖达正义.尚书正义[M]//阮元.十三经注疏.北京:中华书局,1980:139.

也。"① "謐",《玉篇》释为"静也"。②

"大其有谟",意略同《周颂·清庙》"秉文之德",言光大先人之功业。"谟",《尔雅·释诂》释为"谋",功业之意。《大禹谟》《皋陶谟》皆以"谟"名篇,以叙述前文人功业。《大禹谟》孔颖达《正义》:"典是常行,谟是言语,故传于典云'行之',于谟云'言之',皆是顺考古道也。"③《皋陶谟》之《孔传》:"夫典、谟,圣帝所以立治之本,皆师法古道以成不易之则。"④

"有谟",当指"文王谟",意同"文王之典""文王之德",指文王灭商而抚有天下的整体战略构想和军事武功。⑤《尚书·君牙》:"丕显哉,文王谟!丕承哉,武王烈!启佑我后人,咸以正罔缺。尔惟敬明乃训,用奉若于先王,对扬文武之光命,追配于前人。"⑥

"佐事王聪明,其有心不易,威仪謐謐"皆是"大其有谟"的表现。

"匄泽寺德",言依凭文王之德。"匄",《汉书·文帝纪》:"匄以启告朕。"颜师古注:"匄,亦乞也。"⑦

"不畀用非雍",言若不和顺,则天不畀之。有学者指出,"不畀"为《诗》《书》成语,"《尚书》凡用畀字,皆专以言天赐与之意。……否定曰'不畀',则正言曰'畀'。"⑧"雍",意同《周颂·雍》:"有来雍雍"之"雍雍",《郑笺》解释为"和也"。⑨

本启"乱曰"部分有缺文,从残存的简文来看,大意是说若不具良德,则对先祖有失于敬。

---

① 毛亨传、郑玄笺、孔颖达正义.毛诗正义［M］//阮元.十三经注疏.北京：中华书局,1980：297.
② 顾野王.大广益会玉篇［M］.北京：中华书局,1987：43.
③ 孔安国传、孔颖达正义.尚书正义［M］//阮元.十三经注疏.北京：中华书局,1980：134.
④ 孔安国传、孔颖达正义.尚书正义［M］//阮元.十三经注疏.北京：中华书局,1980：138.
⑤ 姚小鸥.诗经三颂与先秦礼乐文化［M］.北京：北京广播学院出版社,2000：75-82.
⑥ 孔安国传、孔颖达正义.尚书正义［M］//阮元.十三经注疏.北京：中华书局,1980：246.
⑦ 班固撰,颜师古注.汉书［M］.北京：中华书局,1962：116.
⑧ 姜昆武.诗书成词考释［M］.济南：齐鲁社,1989：72-73.
⑨ 毛亨传、郑玄笺、孔颖达正义.毛诗正义［M］//阮元.十三经注疏.北京：中华书局,1980：596.

"良德其如台，曰享人大……罔克用之，是坠于若"，整理者指出，"如台"多见于《尚书》《史记》训为"奈何"。①"享"，孝也。马瑞辰《毛诗传笺通释》："享祀亦曰孝祀，《楚茨》诗'苾芬孝祀'是也；致享亦曰致孝，《论语》'而致孝乎鬼神'是也。"②"若"，审慎敬重之意，与《思忧》"桓称其有若"和《辑余》"持惟文人之若"二句之"若"意同。

周人认为，文王之德启佑后人，多士须秉承之而不懈怠。"谟"为众公卿大夫所承继光大的对象，也道出了本篇主旨，故命名为《谟》。

九《庸》

九启曰：

于呼！弼敢荒德，德非堕帀，纯惟敬帀，文非动帀，不坠修彦。

乱曰：逿我敬之，弗其坠哉，思丰其复，惟福思庸，黄耇惟盈。

本篇大意是成王表示要勤于修德，自求多福。

"弼敢荒德"，言不敢荒废德行。"弼敢"，整理者读为"弗敢"。

"德非堕帀，纯惟敬帀，文非动帀"，言"弼敢荒德"的具体表现。

"德非堕帀"，言敬慎修德。"堕"，整理者读为"惰"，不敬之意。"帀"，《诗经》通作"思"，语气词。

"纯惟敬帀"，言敬于事才能拥有"纯"的美德。"纯"，《周颂·维天之命》："文王之德之纯。"《毛传》："纯，大。"《郑笺》："纯亦不已也。"③ 马瑞辰《毛诗传笺通释》："《说文》：'焞，明也。'引《春秋传》曰'焞耀天地'。纯与焞通用，《汉书·扬雄传》'光纯天地'，纯亦明也。此承上'於乎不显'言

---

① 清华大学出土文献研究与保护中心编，李学勤主编.清华大学藏战国竹简（三）[M].上海：中西书局，2012：142.
② 马瑞辰.毛诗传笺通释[M].北京：中华书局，1989：1086.
③ 毛亨传、郑玄笺、孔颖达正义.毛诗正义[M]//阮元.十三经注疏.北京：中华书局，1980：584.

之，不显，显也；显，明也；纯亦明也。文与明义相引伸。《方言》《广雅》并曰：'纯，文也。'《中庸》引此诗而释之曰：'盖曰文王之所以为文也，纯亦不已。'正训纯为文。《说文》：'纯，丝也。'崔观说《易》曰：'不襮曰纯。'纯本美丝之称，假以状德之明而不襮，故义为明，为文，又为大耳。"①

"文非动帀"，"文"，文德。《国语·周语下》："夫敬，文之恭也。"韦昭注："文者，德之总名也。"②"动"，整理者以为是变化之意，这里应理解为怠慢。"文非动帀"意同《敬之》"文非易帀"，言敬修文德。

"不坠修彦"，整理者解释为不失善美之人。"修"，整理者训为"善"，与"彦"义近。"彦"，《尔雅·释训》："美士为彦。"③《郑风·羔裘》："彼其之子，邦之彦兮。"④

本启"乱曰"部分承前文不敢荒于修德，言敬慎于事，自求多福。

"遹我敬之，弗其坠哉"，言勤勉修德而不懈怠。整理者认为，这两句可与《尚书·金縢》："无坠天之降宝命，我先王亦永有依归"相参看。⑤

"思丰其复，惟福思庸，黄耈惟盈"，言丰大其庇护，光大福祉。"丰"，《说文》："艸盛丰丰也。"《段注》："引伸为凡丰盛之偁。"⑥《郑风·丰》："子之丰兮"《毛传》："丰，丰满也。"⑦"复"，庇护。《小雅·蓼莪》："顾我复我，出入腹我。"高亨《诗经今注》："复借为覆，庇护之意。"⑧

诗言"惟福思庸"，意在自勉，正是前句"遹我敬之"的注解。"庸"，整

---

① 马瑞辰.毛诗传笺通释［M］.北京：中华书局，1989：1044.
② 清华大学出土文献研究与保护中心编，李学勤主编.清华大学藏战国竹简（三）［M］.上海：中西书局，2012：96.
③ 郭璞注、邢昺疏.尔雅注疏［M］//阮元.十三经注疏.北京：中华书局，1980：2591.
④ 毛亨传、郑玄笺、孔颖达正义.毛诗正义［M］//阮元.十三经注疏.北京：中华书局，1980：340.
⑤ 清华大学出土文献研究与保护中心编，李学勤主编.清华大学藏战国竹简（三）［M］.上海：中西书局，2012：142.
⑥ 许慎撰、段玉裁注.说文解字注［M］.上海：上海古籍出版社，1988：274.
⑦ 毛亨传、郑玄笺、孔颖达正义.毛诗正义［M］//阮元.十三经注疏.北京：中华书局，1980：344.
⑧ 高亨.诗经今注［M］.上海：上海古籍出版社，1980：308.

理者训为大。"惟福思庸"意略同《大雅·文王》"自求多福"，《郑笺》："常言当配天命而行，则福禄自来。"① 在周人的思想观念中，天命靡常，需勤勉于事才能保有大福。《礼记·礼器》："祭祀不祈"《郑注》："祭祀不为求福也。《诗》云'自求多福'，福由己耳。"②《孟子·公孙丑上》："国家闲暇，及是时，明其政刑。虽大国，必畏之矣……今国家闲暇，及是时，般乐怠敖，是自求祸也。祸福无不自己求之者。《诗》云：'永言配命，自求多福。'"③

"黄耇惟盈"，"盈"，满也。《召南·鹊巢》："维鹊有巢，维鸠盈之。"《毛传》："盈，满也。"《郑笺》："满者，言众媵侄娣之多。"④

诗篇末三句用"丰""庸""盈"三个词语表明了诗人的志向，即勤于修德，惠于民人。"庸"为本篇的核心内涵，在后世儒家思想体系中得以发扬光大。故将本篇命名为《庸》。

为成王所作敬毖"琴舞九絉（卒）"之各启命名，是《诗经》学史的重要工作，若能得体，将对研究颂诗的结构形式及其性质有所助益。《周公之琴舞》中，成王所作敬毖"琴舞九絉（卒）"是一个有机结合的整体，在很大程度上反映了周人道德体系的建立。侯外庐在《中国思想通史》中指出，"有孝有德"是贯通周代文明社会的道德纲领。"在这纲领之下，周初新的道德概念出现甚多，如敬、穆、恭、懿等。"⑤ 这种系统的道德观念，使周人抚有天下，正如王国维先生所言，周之制度典礼实为道德而设，欲知周公之圣，与周之所以王，必于是乎观之矣！⑥

---

① 毛亨传、郑玄笺、孔颖达正义.毛诗正义［M］//阮元.十三经注疏.北京：中华书局，1980：505.
② 郑玄注、孔颖达正义.礼记正义［M］//阮元.十三经注疏.北京：中华书局，1980：1434.
③ 赵岐注、孙奭疏.孟子注疏［M］//阮元.十三经注疏.北京：中华书局，1980：2690.
④ 毛亨传、郑玄笺、孔颖达正义.毛诗正义［M］//阮元.十三经注疏.北京：中华书局，1980：284.
⑤ 侯外庐.中国思想通史［M］.北京：人民出版社，1967：93.
⑥ 王国维.殷周制度论［M］//王国维.观堂集林.北京：中华书局，1959：477、480.

楚辞研究

《招魂》赋体文学说[*]

　　《招魂》是《楚辞》重要的篇章之一，也是《楚辞》研究中历来争议较多的篇章之一。学术史上关于《招魂》的各种问题，如其作者、所招魂主乃至创作动机，写作时地等，聚讼纷纭，但对《招魂》的文体性质却很少有人深入讨论，而这一问题却是《招魂》研究的重要突破口。我近来重读斯篇，细绎文意，从文本结构入手，探索其文体性质，发现《招魂》的篇章结构与古人关于赋体文学的定义密合，是一篇经典的早期赋作。

　　关于《招魂》应属赋类文学作品的观点，可追溯到《汉书·艺文志》。《汉书·艺文志·诗赋略》："屈原赋二十五篇。"自注："楚怀王大夫，有列传。"《汉书·艺文志》系班固据刘向父子的《七略》删节而成，将"屈原赋"列于《诗赋略》之首，不但表达了《七略》作者刘氏父子的学术识断，也表达了《汉书》作者班固的学术倾向。[①]刘向是已知《楚辞》的最早整理者，班固是著名的楚辞早期研究者，由于他们的学术地位及对于《楚辞》研究的贡献，这一论断成为学术史上判定屈原作品文体性质的重要依据。[②]《招魂》既为屈原代表作品之一，理应属于赋体。

　　上述说法可能在两个方面受到一些《楚辞》研究者的质疑。其一，自王逸《楚辞章句》以下，关于《招魂》的作者，历来有较大争议。包括王逸在

---

[*] 本文原载于《文艺研究》2006年第7期，第54—60页。
[①]《汉书·艺文志》颜师古注。《汉书》第1747页，中华书局，1962。
[②] 王逸：《楚辞章句·离骚经章句第一·后叙》。洪兴祖：《楚辞补注》第47—50页，中华书局，1983。

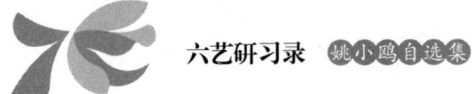

内的一些研究者不认为它是屈原的作品,而将之判为宋玉所作。以属于屈原作品为前提来判断《招魂》的文体属性,似无的放矢。其二,《汉书·艺文志》所言"屈原赋二十五篇"的文体属性,固然是汉代学者的学术共识,有一定权威性,但二十五篇中,文体形式复杂,多数篇章与近代的赋体文学观念有较大差距,因此一般地以汉代学者的判断为依据确定屈原作品诸篇的文体性质,难为定论。

上述第一个问题不难回答,因为《招魂》确为屈原所作,关于这一问题,我们将以另文专述,即使说将《招魂》归于宋玉名下,也不会在实质上影响这一论断。因为《汉书·艺文志·诗赋略》"屈原赋之属"著录有"宋玉赋十六篇"。《史记·屈原贾生列传》已指出宋玉之徒所作"皆祖屈原之从容辞令",据此,可知宋玉赋在文体方面皆为摹仿屈骚之作。宋玉赋与屈赋的主要区别在内容方面,即《史记》所说的"终莫敢直谏"及《诗赋略》所说的"没其讽谕之义"。关键之点在第二个问题,即须以近代以来形成共识的文体观念来判定《招魂》的文体性质。本文的论证即围绕这一点来展开。

关于赋的文体特征,《汉书·艺文志》和《文心雕龙·诠赋篇》的有关论述是公认的研究出发点。《汉书·艺文志·诗赋略》说:"不歌而诵谓之赋,登高能赋可以为大夫。"《文心雕龙·诠赋篇》说:"赋者,铺也;铺采摛文,体物写志也。"上引文中,前者从"与诗画境"的角度出发,强调赋的诵读方式;后者以"诗"之"六义"为视角,从诗、赋之间的承继关系入手,强调赋的写作手法。两者视角不同,但核心都是为了说明赋是"古诗之流"。历来的研究者以此为出发点,对赋的起源及特征作了很多深入的研究和探索。一些研究者从楚辞的声韵和句式入手,探讨屈骚作为辞赋之宗的根据,颇有收获。① 这些研究对于人们认识赋体文学包括屈原作品的文体属性很有帮助。但是探究屈赋的文体属性,从文章学的角度,分析其篇章结构同样重要,甚至可以说更为重要。

---

① 参见马积高:《赋史》,上海古籍出版社,1987;姜书阁:《汉赋通义》,齐鲁书社,1989;简宗梧:《赋与骈文》,台湾出版社,1998;黄凤显:《屈辞体研究》,湖南人民出版社,2002;朱晓海:《汉赋史略新证》,陕西人民出版社,2004。

大家都知道，赋学家们在讨论汉赋的结构特点时往往追溯到宋玉的《高唐》《神女》等篇，但似乎没有人注意到一个明显的事实，即《招魂》在篇章结构方面有着与上述赋作相类的文体特征。要说明这一点，必须从公认的权威定义出发，否则将可能陷入各说各话的无规则论争。我选定的权威定义采自《文心雕龙·诠赋篇》。

《文心雕龙·诠赋篇》是我国古代文论著作中最早专门论述赋体文学特征的权威文献，它述及赋体文学由"六义附庸，蔚成大国"的历史时说："述客主以首引，极声貌以穷文，斯盖别诗之原始，命赋之厥初也。"在叙述到"信兴楚而盛汉"的全盛亦即经典时代之赋作时，《诠赋篇》又有这样一些扼要的论述："既履端于倡序，亦归余于总乱。序以建言，首引情本，乱以理篇，写送文势。"《诠赋篇》的上述论断对赋体文学作品的文体特征作出了高度概括。下面我们以此为准，分析《招魂》的篇章结构。

从篇章结构来看，《招魂》由四个部分组成。开篇六句为第一部分，即

朕幼清以廉洁兮，身服义而未沫。主此盛德兮，牵于俗而芜秽。
上无所考此盛德兮，长离殃而愁苦。

这一部分叙述了《招魂》的写作背景，系全篇的前言部分，用《诠赋篇》的术语来说，当属"履端于倡序"。所以我称之为"序辞"。

紧接"序辞"的文辞为第二部分，其内容是：

帝告巫阳曰："有人在下，我欲辅之。魂魄离散，汝筮予之。"
巫阳对曰："掌梦，上帝其难从。若必筮予之，恐后之谢，不能复用。"[①]

---

① 此处断句从王念孙说。参见王念孙：《读书杂志·余编下》，第1040页，江苏古籍出版社，1985。

上引文中，"掌梦"数语历来疑有脱误，①但文中所叙述的"帝"（或"上帝"）与"巫阳之间的对话，叙述"帝"要求巫阳通过卜筮之辞招抚离散之魂，其基本内容是清楚的。从文章的功能结构来说，这一部分的作用系引入"招魂辞"，用《诠赋篇》的话来说，属于"述客主以首引"，可以称之为"引辞"。

第三部分从紧接"引辞"的"巫阳焉乃下招曰"始，至"魂兮归来，反故居些"止。这一部分的内容用王逸的话来说是："外陈四方之恶，内崇楚国之美"。它占据了《招魂》的大部分篇幅，铺张扬厉，确实如《诠赋篇》所说，是"极声貌以穷文"。我从其内容出发，称之为"招辞"。

第四部分自"乱曰"至篇尾。它点明了《招魂》"哀江南"的主题，提升了《招魂》的审美层次：进一步证明《招魂》具有"悲其志"的屈骚基本美学特征，而非实用于"招魂"的巫祝性的文字，从而间接地说明了屈原对《招魂》这篇奇文的著作权。从文章学的角度来说，这一部分与《诠赋篇》所言"乱以理篇，写送文势"的功用相侔，是名副其实的"乱辞"。

上述《招魂》篇章结构形式的四部分法，与学术界通常对赋体文学经典形式的认识有所不同，下面对此予以分析和说明。

姜书阁先生的《汉赋通义》从结构形式方面概括了赋体文学的基本文体特征，这一概括反映了目前学术界的共识。②他指出，自宋玉的《高唐》《神女》到汉代大赋，经典的赋作通常分为"前、中、后三大段"。他以《高唐赋》为例分析说：其"首为问答首引，中间大段赋写高唐景物，末则以讽谏淫惑为结。"或有人问，既然赋的经典形式被认为皆是三分，《招魂》四分的结构形式划分有何根据呢？这种结构形式与《高唐》《神女》以下赋作的三段式文章结构有什么联系和区别呢？

首先，这种四分法源于对《招魂》篇章结构的实际分析，并非我的主观臆断，事实如此，只能如此划分。其次，从文章结构情节内容方面来说，姜

---

① 参见蒋骥:《山带阁注楚辞》第158页，上海古籍出版社，1984.
② 姜书阁:《汉赋通义》下卷《结构形式第二》第306—321页，齐鲁书社，1989.

书阁所言三分法中的"前"一部分,往往由两半部组成。前半部是一些背景材料,交代"客""主"双方论对的时间、地点、论对事由等。但这些背景性的叙述与客主之间的对答密切相联,浑为一体,故一般来说人们不在文章的形式结构上将其割离为两部。如《高唐赋》开篇言:

> 昔者楚襄王与宋玉游于云梦之台,望高唐之观,其上独有云气,崪兮直上,忽兮改容,须臾之间,变化无穷。王问玉曰:"此何气也?"玉对曰:"所谓朝云者也。"王曰:"何谓朝云?"玉曰:"昔者,先王尝游高唐,怠而昼寝,梦见一妇人,曰:'妾,巫山之女也,闻君游高唐,愿荐枕席。'王因幸之。去而辞曰……"①

篇中自"昔者"至"变化无穷"系客主答问的背景,"王问玉曰"以下才是正式的"述客主以首引"之辞,但二者内容紧密相联,文章一气贯通,不可中断。从整篇文章的结构上来说,《高唐赋》及其以下的历代"客主赋",首引部分的作用,都只是引出姜书阁先生所说的"中"即《诠赋篇》所言"极声貌以穷文"的铺排部分。《高唐赋》的"后"一部分,姜书阁说它"无端赘以'思万方,忧国害,开贤圣,辅不逮,九窍通郁,精神察滞。延年益寿千万岁'而止"。这一部分与"中"在内容上互补,在文章结构上充当"曲终奏雅"的"乱辞"之数。该赋全篇的三个部分通过这种关联构成一个整体,而《招魂》则与之有异。

构成《招魂》"前"一部分的"序辞"和"引辞"各自具有不同的意义内涵,在篇章结构上充当不同的功能成分。"序辞"交代了《招魂》的写作背景,暗示了《招魂》写作的动机。"引辞"假借"帝"与"巫阳"的对话,引出"招辞"。"序辞"和"引辞"两者之间没有承上启下的关联词语,从形式上难以强划为一个结构单位。另一方面,尽管从篇章结构的形式上来看,《招魂》的"序辞"似与其他部分游离,但仔细分析其内容可知,它不但交代了

---

① 《文选》卷十九第 165—264 页,中华书局影印胡克家刻本,1977.

文章的写作背景，指出自己因世俗之累而"长离殃而愁苦"，暗示了"魂魄离散"之意，为"招魂"之题立由，且与"乱辞"遥相呼应，起到了统领全篇的作用。这些都是与通常赋体文的"前"一部分相同的地方。至于《招魂》中的大段"招辞"，由"引辞"引出，又极尽铺陈之能事，从形式和内容两个方面来看，皆与通常赋作无异。

《招魂》的"乱辞"与"招辞"无字面联系，引起历代学者对其所招魂主的多种猜测。实际该"乱辞"与"序辞"遥相呼应，表明《招魂》乃屈原借自招其魂以抒情达意。这一事实说明《招魂》是高度文学自觉的产物。[①] 从形式和功能两方面来说，《招魂》"乱辞"与"序辞"的上述呼应关系，进一步表明《招魂》在文体形式方面与学术界公认的赋体文学特征并无二致。

上文我们初步论述了《招魂》在结构方面与学术界公认的赋体文学形式的异同。下面我们讨论《招魂》四分的文章结构由何而形成，换言之，这种结构形式是否有其来源。

《文心雕龙·祝盟篇》早已指出《招魂》属于"祝辞"之类，其文体结构与此有关。《祝盟篇》关于《招魂》系"祝辞"的判断，在历史上虽然曾经有人反对，[②] 但确为不易之论。我们下面围绕它展开讨论。

《招魂》主体部分所借用的文体形式是卜筮类的巫祝文，这在其"引辞"中有明确的记述。"引辞"先借"上帝"之口言："魂魄离散，汝筮予之"。再借"巫阳"之口言："若必筮予之，恐后之谢，不能复用。""巫阳"是古代著名的大巫，与在屈骚中享有盛名的"巫咸"齐名。《周礼·春官·筮人》："筮人：掌三《易》，以辨九筮之名，一曰《连山》，二曰《归藏》，三曰《周易》。九筮之名，一曰巫更，二曰巫咸，三曰巫式，四曰巫目，五曰巫易，六曰巫比，七曰巫祠，八曰巫参，九曰巫环，以辨吉凶。"郑玄注以为此"九巫读皆当为筮，字之误也"，并认为此"九筮"乃九种占筮种类。孙诒让《周礼正义》虽然同意郑说，但指出郑玄对所言"九筮"作出的一些解释"并无正

[①] 关于这一点，我们将以《〈招魂〉与屈骚的基本美学特征》专文另述。
[②] 参见《纪晓岚评文心雕龙》第96页，江苏广陵古籍刻印社，1997年影印。

文",乃"以意说之"。如此,这一解释从训诂上来说,有严重的缺陷。《周礼正义》附著了刘敞、陈祥道、薛季宣等人的意见。他们认为:"九巫如字,谓巫更等为古精筮者九人,巫咸即世本作筮之巫咸,巫易,易当为易,即《楚辞·招魂》之巫阳。"①按:"九巫"为"九筮"说虽出自汉代大儒郑玄之口,清代朴学大师段玉裁等并以"坏字"为由证成其说,然而实际上并非的论。其一,正如孙诒让所言,郑玄此论乃"以意说之",并无文献根据,与他一贯以诸经互证的注经原则有违。其二,段氏"坏字"说也难成立。试问一字二字泯坏,乃古书常见现象,此九字同坏,古文献中可有他例?况且以《周礼》书法,若此九巫为九筮,则"筮"字当在"更、咸、式、目、易、比、祠、参、环"等九字后面组词,不当在前。②我认为刘敞等人将"九巫"读如字是正确的。当然,郑玄以"九筮"为九种占筮种类也并不为错,只是"九筮"乃以"九巫"之名命名的九种筮类而已。换言之,即"九巫"之名后略去了"筮"字。九筮当为:一曰"巫更筮",二曰"巫咸筮",三曰"巫式筮",四曰"巫目筮",五曰"巫易筮",六曰"巫比筮",七曰"巫祠筮",八曰"巫参筮",九曰"巫环筮"。

当代学者的战国楚简研究,对我们认识和理解巫、筮之间的关系有所帮助。于茀将新蔡葛陵楚墓竹简中甲三15号简、甲三60号简、甲三31号简和零232号简缀合,得到如下一段卜筮之辞:

　　□佳濑(战)栗恐惧,用受繇元龟,巫筮曰:□其繇曰:是日未兑,大言绝绝,小言愗愗,若组若结,终以口□□口是以谓之有言。其兆亡咎□(口代表无法辨认的字,□表示竹简残断)

于茀指出,"巫筮曰"云云,证明"'巫'与'筮'确有某种联系"③他还

---

① 孙诒让:《周礼正义》卷48第1964页,中华书局《十三经清人注疏本》,1987.
② 如《周礼·卜师》:"卜师掌开龟之四兆,一曰方兆,二曰功兆,三曰义兆,四曰弓兆。"《周礼正义》,《十三经注疏》第804页,中华书局,1980.此类例子甚多,不能备举。总之,类似复合词的中心词素都在后部,不能如郑玄所言在前。
③ 于茀:《新蔡葛陵楚墓竹简中的繇辞》,《文物》2005年第1期。

指出，上述卜筮之辞为韵语，并与《庄子·齐物论》的某些论述在思想内容和语言形式上都颇为一致。于茀认为这可能是由于卜人吸收了庄子的思想，我则以为两者可能有着共同的来源。无论如何，于茀的这个发现对我们认识"巫""筮"关系与卜筮之辞的文体性质是有所启发的。

"巫""筮"之间的密切关系，巫阳与巫咸同为古代传说中大巫的事实，更进一步地证明了《招魂》与《离骚》一样，是屈原有意识地借用古代神话传说来进行艺术创造的产物。

解决了《招魂》文体的文化性质，我们再回到《招魂》的文章结构上来。如果留心观察，可以发现先秦巫祝卜筮之辞多由类似《招魂》的四部分组成。甲骨卜辞就属于这种文体。陈梦家先生在《殷虚卜辞综述》中指出：一片完整的甲骨卜辞包含四个部分，这就是所谓"前辞""命辞""占辞"和"验辞"。"前辞"记卜之日及卜人名字。"命辞"即命龟之辞，其所记为问卜之内容。"占辞"即因兆而定吉凶。"验辞"即既卜之后记录应验的事实。陈梦家举《菁华》（《殷虚书契菁华》）为例对此加以说明。其辞为：

［1］癸巳卜殻贞［2］旬无祸［3］王占曰有祟其有来艰［4］迄至五日丁酉允有来艰自西沚戛告曰土方征于我东鄙田

上引文中的数字符号系陈梦家用于指明一片卜辞的四个部分所加。该卜辞的第一部分说明占卜的日子为癸巳日，占卜的人为殻。第二部分说明命龟之由：卜问一旬之内是否有祸患。第三部分记"王"因"兆"即灼龟所成裂纹作出的判断：有祸患。第四部分记卜后第五日丁酉果然有祸患：受到土方的侵扰。①

卜辞是一种特殊的经过高度压缩的简略文辞，和《招魂》的文辞差别较大。出土战国文献中的筮策文字，与甲骨卜辞在性质上相似，而其各部分的文辞较甲骨卜辞要丰赡得多，更便于说明问题。下面我们迻录《包山楚简》

---

① 《殷虚卜辞综述》第43页，中华书局，1988。本文在引用该卜辞时尽量改用通行字体。

中的一条卜筮之辞，以作对比：

[1]东周之客无理归胙于栽郢之岁，夏柰之月，乙丑之日，苛嘉以长恻为左尹𧊒贞，[2]出内（入）侍王自夏柰之月以庚集岁之夏柰之月，尽集岁躬身尚有咎。占之，恒贞吉，少（小）有忧于躬身，且外有不顺，以其故说之。举祷楚先老僮、祝融、鬻熊各一牂，斯攻解于不辜。[3]苛嘉占之曰：吉。①

这条卜筮之辞中的数字符号系我们仿照陈梦家的办法所加。文字尽量采用通行字体，"鬻熊"等字采用李学勤释文。第一部分是"前辞"，它记载了占卜的时间，即"东周之客无理归胙于栽郢之岁，夏柰之月，乙丑之日"，说明了占卜的执行者即"苛嘉"。值得注意的是，它还说明了卜问的主体"左尹𧊒"，这在甲骨卜辞中也是有先例的。②第二部分是命辞，它带有祷告辞的性质，除说明要卜问左尹𧊒的身体状况以外，还祝告说卜问主体已经向楚人的多位祖先祷告，并分别向各位祖先贡献了一只牂羊作为牺牲，其文辞的繁复较甲骨文不可同日而语。第三部分为占辞，记录占卜的结果。这条筮策中的占辞比较简单，《包山楚简》中同类其他卜筮辞的占辞比它要复杂些。比如208号简所记载的占辞为"五生占之曰：吉。三岁无咎，将有大喜，邦知之。"这些卜筮辞没有"验辞"，因为它所记录的这些卜筮主要是为了预测病人即卜问主体的未来病况发展，兼向祖灵祝告，没有甲骨文辞留档的性质。

总的来说，楚简所载卜筮之辞较甲骨卜辞要铺排繁复。除了载体、时代与卜筮种类的不同等因素以外，楚地的地域文化因素也起到了一定的作用。这些卜筮之辞没有"验辞"部分并不影响它们的文体性质。因为正如上文引用陈梦家之言，四分乃指卜筮之辞的完备形态而言。

---

① 《包山楚简》第216—217简，第34页，文物出版社，1991。
② 参见李学勤：《周公庙卜甲四片试释》，《西北大学学报》2005年第2期。

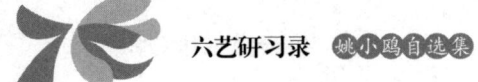

从形式和内容两个方面来看，现存汉代辞赋中最堪与《招魂》比较的是贾谊的《鵩鸟赋》。《鵩鸟赋》是汉初楚地的骚体赋，其创作时间与屈赋的时代相近，作者贾谊对屈原及其作品又极为熟悉和喜爱，这使得这部作品和其他汉代辞赋相比，与屈赋有更多的相似之处。《鵩鸟赋》的开篇说：

> 单阏之岁兮，四月孟夏，庚子日斜兮，鵩集予舍。止于坐隅兮，貌甚闲暇。异物来萃兮，私怪其故。发书占之兮，谶言其度，曰："野鸟入室兮，主人将去。"请问于鵩兮："予去何之？吉乎告我，凶言其灾。淹速之度兮，语予其期。"鵩乃叹息，举首奋翼；口不能言，请对以臆。①

《文选》将《鵩鸟赋》归入"鸟兽赋类"，但如果从另一个角度看，可以发现它的主体部分实际是一篇"鸟占"文。也就是说，就文化性质而言，它和《招魂》一样，都是借用卜筮巫祝文体形式的抒情文学作品。

从辞赋结构的角度来说，如果联系对前引楚简筮辞进行分析，可以将《鵩鸟赋》的开篇之辞分为两部分。"主人将去"以上为"前辞"，"请问于鵩兮"以下为"命辞"。当然这两部分和《高唐赋》一样，不宜割裂开来。如果从"客主答问"的赋体套数来说，《鵩鸟赋》中的"予"和"鵩"可以分别看作"主"和"客"。上引该赋的开篇语可以说是"述客主以首引"与"既履端于倡序"的结合体。用姜书阁先生的说法，它们共同属于赋的"前"一部分。"请对以臆"以后则为"占辞"，它和《招魂》的"招辞"在性质和功能上非常接近。由其内容决定，这篇赋不可能有"验辞"部分，而以"细故蒂芥，何足以疑"为结，类似《高唐赋》收束全篇的方式。正如前引楚简的卜筮之辞没有"验辞"一样，形式上的这一欠缺是不足为怪的。

众所周知，《鵩鸟赋》创作的原因是作者政治上的失意，后遇有鸮入舍，俗以为不祥。贾谊"既以谪居长沙，长沙卑湿，自以为寿不得长，伤悼之，

---

① 《文选》卷十三第 198—200 页，中华书局影印胡克家刻本，1977.

乃为赋以自广。"① 该赋结篇用语凸显了其"占辞"的虚拟性质，提示了它与《招魂》相类的自解、自慰的创作动机。另一方面，由于该赋带有浓厚的寓言性质，所以不能在篇首安排类似《招魂》的"序辞"的部分，而"序辞"的影子是显然存在的。这一事实提示我们，本文所讨论的三分、四分仅仅是赋体文内部的分歧，不影响对其共同文体特征的判定。

以上的分析主要着眼于《招魂》的文章结构，因为一事物赖其形式而保持存在。对于赋这种特殊文体的判定来说，篇章结构与语言句式是其形式分析的两个主要的切入点，而前者实际上更为重要。由于历史上相关研究的缺失，故对于《招魂》来说尤其如此，本文对《招魂》形式的分析仅着重其外在形式，而内在形式包括其与屈原其他作品尤其是《离骚》的内在关联，在本文中没有涉及，拟以他文另述。

其实，即使从语言方面来看，认定《招魂》之为赋亦有可说。汉代以后经典的赋作通常是韵文与散文的结合。散文叙事，韵文铺排，汉代大赋，如《子虚》《上林》之属皆为此类。回头来看《招魂》"引辞"中"帝告巫阳曰"与"巫阳对曰"等语，和全篇其他部分风格差别相当大，具有通常赋体文学作品首引部分散体句式的特征。在这一点上，它和韵散结合的《高唐》《神女》乃至《子虚》《上林》的"前"一部分都很接近。《招魂》作为经典骚体文学作品具有的特殊个性，在此可见一斑，而宋玉以下诸如贾谊等赋家各得其一体，由此更可加深我们对屈骚历史地位的认识。

综上所述，从《招魂》的文本形式来分析，它具有典型赋体文学作品的一般特征，也就是说，《招魂》系我国目前已知最早的完整的赋体文学作品。相信这一结论的意义不限于《招魂》本篇的研究，它对于屈骚整体文学价值的认识，对中国古代辞赋起源与发展历史的研究都是有意义的。由于《招魂》为赋体文这一问题是初次提出讨论，受本人学识水平的限制，论述肯定是不完善的，希望能够得到学界同仁的批评指正。

---

① 《史记·屈原贾生列传》,《史记》第 2496 页，中华书局，1982.

"文义次序"与《天问》中的禹[*]

《天问》"文义不次序"的问题首先由王逸提出。《〈天问〉章句》序曰："屈原放逐，忧心愁悴。彷徨山泽，经历陵陆。嗟号昊旻，仰天叹息。见楚有先王之庙及公卿祠堂，图画天地山川神灵，琦玮僪佹，及古贤圣怪物行事。周流罢倦，休息其下，仰见图画，因书其壁，何（呵）而问之，以泄愤懑，舒泻愁思。楚人哀惜屈原，因共论述，故其文义不次序云尔。"[①] 由上述引文可知，王逸认为《天问》"文义不次序"是楚人哀辑屈原题壁诗句的过程中造成的。

自宋代洪兴祖以降，许多学者认为《天问》中并不存在"文义不次序"的问题。洪兴祖《楚辞补注》曰："王逸以为文义不次序，夫天地之间，千变万化，岂可以次序陈哉。"[②] 黄文焕《楚辞听直》云："王逸谓属屈子之题壁、楚人之所共述，故其文义多不次序。此论殊谬。……首末中间，作法井井，可谓不次序乎？"[③] 王夫之《楚辞通释》说："篇内事虽杂举，而自天地山川，次及人事，追述往古，终之以楚先，未尝无次序存焉。"[④] 明代汪瑗，清代蒋骥、夏大霖、屈复等则认同王逸之论，并以"错简"来解释篇中的"文义不

---

[*] 本文原载于《山西大学学报》2013年第6期，第40—45页，与孟祥笑合作。
[①] （宋）洪兴祖撰，白化文等点校：《楚辞补注》第85页，中华书局，1983. 如无特殊说明，本文关于屈赋引文皆出自此书。
[②] （宋）洪兴祖撰，白化文等点校：《楚辞补注》第85页，中华书局，1983.
[③] （明）黄文焕：《楚辞听直》，明崇祯十六年刻本。
[④] 王夫之：《楚辞通释》第46页，中华书局，1959.

次序"之处。明末清初,《天问》错简说曾成为风气。① 屈复《天问校正》首先对《天问》"错简"进行了较大规模的整理,《四库全书总目提要》批评他的整理"以意为之,无所依据"。② 在乾嘉朴学之风的影响下,屈复对《天问》的这种整理不被嘉许,其后清代几乎无人认定《天问》中有错简。20 世纪,《天问》错简问题重新被学者重视,游国恩先生肯定了屈复对《天问》错简的整理,他也对《天问》最后一段进行了调整。此后,唐兰、郭沫若、苏雪林、林庚、孙作云、金开诚、郭世谦等楚辞学者,都做过《天问》错简的校正工作。③

错简现象与古代简册制度相关。古代书册由单支简策编连而成,使用日久,编绳断绝,造成书册散乱。重新编连时,稍有不慎,会将简策次序编误,产生错简。《天问》中的错简问题十分复杂,判断不易,诸家整理不乏误断。其中,关于禹的神话和传说分散于两处描写是否为错简,曾引起学者的热烈讨论。

郭沫若、金开诚、郭世谦等认为,《天问》中的鲧禹治水部分和禹与涂山女部分皆叙述夏史,应连缀在一起,今本分开叙述为错简所致,不是《天问》本来的面目。④ 我们认为,《天问》中的某些内容,前后文义衔接似不合逻辑,可能系错简造成。如"女娲有体,孰制匠之"句是屈原对人类降生的思考,应放在天地开辟之后叙述。今本"女娲"句将问舜事隔开,与前后内容扞格,显系错简。但《天问》将禹的事迹分散在两处描写,情况则有所不同。

---

① 按:《四库全书总目·楚辞类·总序》说:"注家由东汉至宋,递相补苴,无大异词。迄于近世,始多别解,割裂补缀,言人人殊,错简说经之术,蔓延于辞赋矣。"参见永瑢等撰:《四库全书总目》第 1267 页,中华书局,1965.
② 永瑢等撰:《四库全书总目提要·楚辞新注提要》,《四库全书总目》第 1271 页,中华书局,1965.
③ 毛庆:《〈天问〉研究四百年综论》,《文艺研究》,2004 年第 3 期。
④ 参见郭沫若:《屈原赋今译》第 66—68 页,人民文学出版社,1953. 金开诚:《〈天问〉夏朝史事错简试说》,《古籍整理与研究》第五期,中华书局,1990. 郭世谦《三种整理本整理次序对照表》,《屈原天问今译考辨》第 67—91 页,天津古籍出版社,2006.

《天问》中关于禹事迹的叙述是否存在错简,首先应当考虑所涉文义的内在逻辑,对禹的事迹的正确阐释是判断其在篇中"次序"的前提。下面,我们对相关内容略事分析。

一般认为,《天问》"不任汩鸿,师何以尚之"至"鲧何所营？禹何所成？"一节,系言鲧禹治水事,然而,将鲧禹故事完全归于治水神话,未能揭示其原初意义和哲学内涵。近代以来,学者对鲧禹传说已有新的认识。顾颉刚先生在《鲧禹的传说》一文中已经指出："鲧禹治水传说的本相是填塞洪水,布放土地,造成山川。"① 以此观照《天问》,可知此节主要叙述的是鲧禹的创世神话,其中的禹是创世神。

"洪泉极深,何以窴之？地方九则,何以坟之？"叙述了禹创生大地、别九州的事迹。对"洪泉极深,何以窴之？"句,王逸注曰："言洪水渊泉极深大,禹何用窴塞而平之乎？"洪兴祖补注："窴与填同。《淮南》曰：凡鸿水渊薮,自三百仞以上,二亿三万三千五百五十里,有九渊,禹乃以息土填洪水,以为名山。注云：息土不耗减,掘之益多,故以填洪水也。"②

最早载有禹创世神话的文献是《诗经》。《商颂·长发》"洪水芒芒、禹敷下土方",叙述了禹于茫茫原始大水中,堙填洪水、创生大地的故事。《小雅·信南山》："信彼南山、维禹甸之"和《大雅·韩奕》："奕奕梁山、维禹甸之",则描写了"禹敷下土方"之伟业中奠造梁山、南山之事。③《山海经》对禹创生大地的事迹有具体描述。《山海经·海内经》曰："洪水滔天。鲧窃帝之息壤以堙洪水,不待帝命。……帝乃命禹卒布土以定九州。"郭璞注曰："息壤者言土自长息无限,故可以塞洪水也。"④ 顾颉刚先生解释说："滔天的洪水是无比的灾难；要想解除这个灾难,惟有拿息壤去填塞它。这件事情,鲧已经做了,但息壤这个神物是藏在上帝那里的,鲧没有请求他,也没有通知他,

---

① 顾颉刚,童书业:《鲧禹的传说》,《古史辨》(第七册下编)第190页,上海古籍出版社,1981。
② (宋)洪兴祖撰,白化文等点校:《楚辞补注》第90页,中华书局,1983。
③ 参见姚小鸥,李永娜:《〈诗经〉与禹的创世神话》,《文化遗产》,2012年第3期。
④ 袁珂:《山海经校注》第472页,上海古籍出版社,1980。

径自偷来用了,所以上帝生气,把他杀了。可是洪水不该不平,所以上帝又命鲧的儿子禹把息壤放下洪水,使得大地重生。"① 禹和鲧一样以"息壤"填塞洪水。息壤本身具有无限生长的特性,可于茫茫大水中自行生长,造出供人们栖居的陆地。《天问》"洪泉极深,何以寘之"对禹用何物填塞洪泉提出疑问,其预想的答案即为,"禹以息壤填塞洪泉,从而创造陆地"。

"地方九则,何以坟之?"王逸曰:"坟,分也。谓九州之地,凡有九品,禹何以能分别之乎?"② 禹别九州建立在创生大地的基础之上。

传世文献和出土文献都讲述了禹创生大地,划定九州之事。《山海经·海内经》:"禹鲧是始布土,均定九州。"③ 前文已经指出,"布土"讲述的是禹创生大地的过程,《山海经》和《天问》的相关内容是一致的。《左传·襄公四年》引《虞人之箴》曰:"芒芒禹迹,画为九州,经启九道。"④ "禹迹"或写为"禹绩"。《诗经》中"禹之绩"数见,清代学者马瑞辰指出:"'维禹之绩'及《商颂》'设都于禹之绩','绩'皆当读为'迹'。《说文》:'迹,步处也。或作蹟。'绩、蹟同音,故《诗》每假'绩'为'迹'。"⑤ 裘锡圭先生指出:"古人将大地称为'禹之迹''禹迹''禹之绩''禹之堵',就是以禹敷土的传说为主要背景的。"⑥ "禹迹"是隐喻禹创生大地神话的语汇。铜器铭文《齐侯钟》和《秦公簋》都有关于"禹迹"的记载。⑦ 顾颉刚先生说:"因为土地是禹造成的,所以遍天下都是禹的蹟。"⑧ 如此理解禹迹,则《左传》所引《虞人之箴》所述之意显豁。

2002 年保利博物馆征集入藏的"🈴公盨"铭文,记载了禹创生大地,造

---

① 顾颉刚:《息壤考》,《文史哲》,1967 年第 10 期。
② (宋)洪兴祖撰,白化文等点校:《楚辞补注》第 90—91 页,中华书局,1983。
③ 袁珂:《山海经校注》第 469 页,上海古籍出版社,1980。
④ 《春秋左传正义》,阮刻《十三经注疏》第 1933 页,中华书局,1980。
⑤ (清)马瑞辰撰:《毛诗传笺通释》第 867 页,中华书局,1989。
⑥ 裘锡圭:《🈴公盨铭文考释》,《中国历史文物》,2002 年第 6 期。
⑦ 参见张亚初编著:《殷周金文集成引得》第 14、87 页,中华书局,2001。《齐侯钟》又称《叔夷钟》,参见马承源主编:《商周青铜器铭文选·四》第 544 页,文物出版社,1990。
⑧ 顾颉刚,童书业:《鲧禹的传说》,《古史辨》(第七册下编)第 148 页,上海古籍出版社,1981。

成山川的内容：

> 天令（命）禹尃（敷）土，陸（堕）山叡（濬）川。①

周宝宏先生说："这则创世神话回答了大地上的土地、高山和江河的来源问题。"②《尚书·禹贡》："禹敷土，随山刊木，奠高山大川。"③指出了禹用息壤创造大地，造成山川的具体环节，可与"燹公盨"相互验证。《天问》："九州安错？川谷何洿？东流不溢，孰知其故？"据王逸章句也和禹"堕山濬川"相关。④

综合各种文献资料可知，在上古神话传说中，禹是一位创生大地、布放九州的创世神。禹创生大地是古代人对自己生存空间来源的解释。⑤

《天问》自"禹之力献功，降省下土四方。焉得彼涂山女，而通之于台桑？"至"何勤子屠母，而死分竟地"一节，主要叙述的是禹与涂山女之事。禹与涂山女的故事，显现了禹的人格特征，其神话色彩淡化。这里的禹和英

---

① 按：李学勤先生将燹释作"随"。裘锡圭先生则认为燹应释为"堕"，他说："其实在较早的传说里，禹完全有可能被说成在'敷土'之外，也用'堕山'的办法来'堙庫'。本铭的'堕山'无疑就应该这样解释，而不能根据《禹贡》等读为'随山'。"其说可从。参见李学勤：《论燹公盨及其重要意义》，《中国历史文物》，2002年第6期；裘锡圭：《燹公盨铭文考释》，《中国历史文物》，2002年第6期。
② 周宝宏：《近出西周金文集释》第235页，天津古籍出版社，2005。
③ 《尚书正义》，阮刻《十三经注疏》第146页，中华书局，1980。
④ （宋）洪兴祖撰，白化文等点校：《楚辞补注》第91页，中华书局，1983。
⑤ 按：20世纪后期，有学者认为鲧、禹是"动物潜水取土造地神话"（或称"捞泥造陆"神话等）中的两位主角，"动物潜水取土造地神话"反映了北半球部分地区的大地生成神话，鲧禹神话与之不同。《山海经·海内经》云："鲧窃帝之息壤"，似乎息壤原本在上帝手中，而不是在洪水底部。《天问》中禹创生大地是用息壤湮堵洪泉生成大地，而非如"捞泥造陆"神话中动物从水底捞泥放在水面生成大地。参见（日）大林太良著，林相泰，贾福水译：《神话学入门》第51—52页，中国民间文艺出版社，1989。李道和：《昆仑：鲧禹所造之大地》，《民间文学论坛》，1990年第4期。叶舒宪：《中国神话哲学》第338页，中国社会科学出版社，1992。胡万川：《捞泥造陆——鲧、禹神话新探》，《新古典新义》第42—72页，台湾学生书局，2001。吕微：《神话何为——神圣叙事的传承与阐释》第58—77页，社会科学文献出版社，2001。

雄传说中的半神英雄相类。

王逸解释"禹之力献功,降省下土四方"句时说:"言禹以勤力献进其功,尧因使省迨下土四方也。"① 这里所说的禹和天帝有所关联,尚带有一定的神话色彩。顾颉刚先生指出:"所谓禹献功乃是说他向天献功:《禹贡》说,'禹錫玄圭,告厥成功',据《帝王世纪》和《宋书·符瑞志》,禹的玄圭是上天所赐;禹告成功,也是向天告功,与尧舜无关。"② 清华大学藏战国竹简之《说命》云:"惟殷王赐说于天"。整理者指出:"句云武丁受天之赐,与《书·禹贡》'禹錫玄圭'同例。"③ 这一新发现的出土文献证明顾氏所言无误。

"焉得彼涂山女,而通之於台桑?"王逸曰:"言禹治水,道娶涂山氏之女,而通夫妇之道于台桑之地。""闵妃匹合,厥身是继。胡为嗜不同味,而快朝饱?"

王逸曰:"言禹治水道娶者,忧无继嗣耳。何特与众人同嗜欲,苟欲饱快一朝之情乎?故以辛酉日娶,甲子日去,而有启也。"④

禹与涂山女的故事,在《尚书》《孟子》《吕氏春秋》《吴越春秋》等先秦文献中都有记载。这些文献往往将禹塑造成一位忙于治水而无暇顾及妻儿的圣贤形象。《尚书·益稷》:"予创若时,娶于涂山,辛、壬、癸、甲。启呱呱而泣,予弗子,惟荒度土功。"《孔传》:"惩丹朱之恶,辛日娶妻,至于甲日,复往治水,不以私害公。""禹治水,过门不入,闻启泣声,不暇子名之,以大治度水土之功故。"⑤《孟子·滕文公上》:"禹八年于外,三过其门而不入,虽欲耕,得乎?"赵歧注曰:"于是水害除,故中国之地,可得耕而食也。禹勤事于外,八年之中,三过其门而不入。"⑥《吕氏春秋》《吴越春秋》所载禹的

---

① (宋)洪兴祖撰,白化文等点校:《楚辞补注》第97页,中华书局,1983.
② 顾颉刚,童书业:《鲧禹的传说》,《古史辨》(第七册下编)第150页,上海古籍出版社,1981.
③ 清华大学出土文献研究与保护中心编,李学勤主编:《清华大学藏战国竹简(叁)》第122页,中西书局,2012.
④ (宋)洪兴祖撰,白化文等点校:《楚辞补注》第97—98页,中华书局,1983.
⑤ 《尚书正义》,阮刻《十三经注疏》第143页,中华书局,1980.
⑥ 《孟子正义》,阮刻《十三经注疏》第2705页,中华书局,1980.

事迹与《尚书》《孟子》所言相类。

《天问》中对禹与涂山女关系的描写与上述文献有所不同。闻一多先生指出："台桑者……桑即桑中之类，男女私会之所也。"① "台桑"或为"桑台"倒文，"台在远古时代，有时是专为男女婚嫁而设，女子出嫁之前，要处于高台之上，在台上待嫁。"② "胡为嗜不同味，而快朝饱？"孙作云先生说："古人常用'饥''渴'二字，比喻性的欲望。所谓'饮食、男女，人之大欲存焉'，用'饮食'来比喻'男女'也是很自然的事。"孙先生还说："《吕氏春秋·当务》篇说：'禹有淫湎之意'，又见战国时期对此事确有传述，但多片言只字，不及屈原所说的全面。"③ 由此可见，《天问》中这一部分描写的禹具有明显的人性特点。

《天问》从天地开辟问起，涉及夏、商、周乃至春秋时的历史。金开诚先生说："《天问》所问夏、商、周之事都有大体统一的规格，即先是一朝一族的起源，然后是它取得统治的经过，再后是问它末世无道之事，最后则接问新王朝的兴起。"④ 郭世谦先生观点与之略同，他说："《天问》问商史之前先问商之始祖及先公先王之事。问周史亦自其始祖始。所以问夏史亦当同例，先问其始祖鲧，乃及禹启立国。"⑤ 学者多认同金、郭二氏的说法。我认为，郭氏以鲧为夏之始祖不妥。《天问》："简狄在台，喾何宜？玄鸟致贻，女何喜？"所描述的是商之始祖契。"稷维元子，帝何竺之？投之于冰上，鸟何燠之？"点明周之始祖是弃。如果将鲧认定为夏之始祖，如同将简狄看作商始祖，姜嫄看作周始祖，这与古人的历史观是相悖的。

《天问》叙述夏史、商史、周史时的行文方式一致，都以始祖的神奇诞生作为部族的起源。在禹与涂山女的部分中，"何勤子屠母，而死分竟地？"讲述的是夏部族起源的故事。王逸注曰："言禹膈剥母背而生，其母之身，分散

---

① 闻一多：《天问疏证》第47页，上海古籍出版社，1985.
② 李颖：《水边与高台——〈诗经〉婚恋诗蠡测》，《文艺研究》，2012年第11期.
③ 孙作云：《天问研究》第189—190页，中华书局，1989.
④ 金开诚：《天问商周史事错简试说》，《当代学者自选文库 金开诚卷》第389页，安徽教育出版社，1998.
⑤ 郭世谦：《屈原天问今译考辨》第77页，天津古籍出版社，2006.

竟地，何以能有圣德，忧劳天下乎？"① 朱熹《楚辞集注》曰："屠母，疑亦谓《淮南》所说：'禹治水时，自化为熊，以通轘辕之道，涂山氏见之而惭，遂化为石，时方孕启，禹曰，归我子！于是石破北方而启生。'其石在嵩山，见《汉书注》。竟地，即化石也。此皆怪妄不足论，但恐文义当如此耳。"② 陆时雍《楚辞疏》、林云铭《楚辞灯》、蒋骥《山带阁注楚辞》等亦主此说。③

"何勤子屠母"句以讲述始祖诞生神话的方式，明确了夏代始王为启。夏代是中国历史时期的开端，启是否为夏代始王曾存在争议。讨论这个问题，首先应该明确传说时代和历史时代的分野。古人对史前与历史时期有明确界定。孔子曰："大道之行也，天下为公，选贤与能，讲信修睦。……大道既隐，天下为家。各亲其亲，各子其子，货力为己。"④ 孔子将"大同"和"小康"区分的非常清楚。《史记·夏本纪》载："帝禹东巡狩，至于会稽而崩。以天下授益。……夏后帝启崩，子帝太康立。"⑤ 由上引孔子之说以及《史记》的记载来看，夏部族由禅让制变为世袭制系自启开始。从此，华夏民族进入历史时期。⑥ 先秦文献记载也反映了这一点。范文澜先生指出："战国以前书，从不称夏禹，只称禹、大禹、帝禹；称启为夏启，夏后启。这种区别，还保存两人时代不同的意义。"⑦ 至于禹向天帝献功，林庚先生指出："夏王朝的建立乃人间王朝的开始，人间王朝在神话中总是与天帝有关。"⑧ 由此可见，《天问》所问夏史应自禹与涂山女部分开始。

---

① （宋）洪兴祖撰，白化文点校：《楚辞补注》第99页，中华书局，1983.
② 朱熹：《楚辞集注》第60页，上海古籍出版社，1979.
③ 参见游国恩主编，金开成、董洪利、高路明补辑：《天问纂义》第204—206页，中华书局，1982.
④ 《礼记正义》，阮刻《十三经注疏》第1414页，中华书局，1980.
⑤ 司马迁：《史记·夏本纪》第83—85页，中华书局，1959.
⑥ 按：《礼记·礼运》中孔子将禹视为"天下为家"时代下的先圣王。根据孔子所言"天下为家"和"天下为公"时代不同的特点，结合《史记》所载夏朝世系的更替来看，启当为夏代的始王。先秦文献记载中，孔子没有明确将禹和夏代联系在一起，因禹符合孔子心目中"礼"的规范，自然不自觉地将禹和汤、文王、武王联系在一起。
⑦ 范文澜：《中国通史简编》第22页，河北教育出版社，2000.
⑧ 林庚：《林庚楚辞研究两种》第218页，清华大学出版社，2006.

研究显示，屈原对创作材料的选择和使用是一种高度理性的艺术行为。郭杰教授说《天问》："反映了屈原对有关天地万物、宇宙自然产生发展的神话传说，皆持严肃的怀疑态度；对社会历史、善恶是非等问题，也以深刻的理性思索待之。"①《天问》关于禹事迹的记载，表现了不同的历史哲学内涵。开天辟地的神话在世界各民族的历史体系中都是有关古史的重要内容，鲧禹神话是对大地来源的探讨。今本《天问》将鲧禹的神话放在问天之后，与前后内容相接续。②禹与涂山女的部分叙及人事，可归于夏史的开端。如此看来，《天问》对禹事迹的叙述和安排井然有序，并非错简。

禹的创世神形象和半神英雄形象虽然体现了不同的历史哲学内涵，但二者并非截然不同、毫无关联。茅盾指出："（神话和传说）二者同是记载超乎人类能力的奇迹的，而又同被原始人认为实有其事的，故通常也把传说并入神话里，混称神话。"③神话和传说有很多相似的地方，二者极易混淆，不容易分辨。由于历史久远，《天问》中关于禹的神话和传说杂糅在一起，到屈原所处的时代，已经不能完全分开，以致产生《天问》中两部分内容互有参差的情况。这也是学者对两部分内容误读的重要原因。

先秦时期，禹的形象有一个不断演变的过程。顾颉刚先生指出："古代对于禹的观念，可以分作四层：最早的是《商颂·长发》的'禹敷土下方，……帝立子生商'，把他看作一个开天辟地的神；其次是《鲁颂·閟宫》的'后稷……奄有下土，缵禹之绪'，把他看作一个最早的人王；再是《论语》上的'禹稷躬稼'和'禹……尽力乎沟洫'，把他看作一个耕稼的人王；最后乃为《尧典》的'禹拜稽首，让于稷契'，把后生的人和缵绪的人都改成了他的同

---

① 郭杰：《论屈原艺术想象的独创性》，《东北师大学报》（哲学社会科学版），1988年第4期。
② 按：胡万川先生从捞泥造陆神话的角度来解读鲧禹治水部分，他说："从'不任汨鸿，师何以尚之？'以至'南北顺隳，其衍几何？'这一大段，其实正是循着正常的叙述次序，紧接着天体万象之后，讲述大地由来的段落。"《天问》先论天，接着论地，叙述结构次第完全正常，本文既无错简，应当也无脱漏。"参见：胡万川：《捞泥造陆——鲧、禹神话新探》，《新古典新义》第66页，台湾学生书局，2001。
③ 茅盾：《茅盾说神话》第152页，上海古籍出版社，1999。

寅。"① 上引文中，顾先生没有提及禹的半神英雄形象，"最早的人王""耕稼的人王"之说，则未能揭示其所持资料的全部内涵。

"最早的人王"和"耕稼的人王"等，当是礼乐文化观照下禹的先圣王形象。最早见于"燹公盨"的铭文：

降民监德，迺自乍（作）配鄉（饗）民，成父女（母）

李学勤先生指出："盨铭所以要讲述禹的事迹，是以禹作为君王的典范，说明治民者应该有德于民，为民父母。"②

禹的先圣王形象，寄托了先秦人对德政的向往，是华夏民族共同的文化资源，为屈原所知悉，屈骚中对此亦曾有讨论。《离骚》："汤禹俨而祗敬兮，周论道而莫差。"王逸注曰："言殷汤、夏禹、周之文王，受命之君，皆畏天敬贤，论议道德，无有过差，故能获夫神人之助，子孙蒙其福祐也。"又"汤禹严而求合兮，挚咎繇而能调"。王逸曰："言汤、禹至圣，犹敬承天道，求其匹合，得伊尹、咎繇，乃能调和阴阳，而安天下也。"③ 屈原将禹和汤及文王并提，言其皆能任用贤臣，和战国时期人们对禹的认识一致。

从《离骚》等篇来看，屈原对禹的先圣王形象十分熟悉，然而《天问》却没有从这一角度对禹进行描述，这是屈原对禹事迹检选的结果。

《天问》不是关于禹的传记，本不必将禹的所有事迹一一缕述。禹的创世神形象和半神英雄形象分属神话传说的范畴，而所述大地来源和夏史的开端皆为古史的重要内容。《天问》的要旨在于采择各种历史现象抒发个人的情感。在叙述汤、文王等先圣王时，主要通过戏剧性发展的情节，凸显他们在历史冲突中的重要作用，以表现对历史的追索，而其他先秦文献中所载禹的先圣王形象，多借禹的事迹就政事进行说教，难以体现《天问》叙述历史时强烈的兴亡之感。

---

① 顾颉刚：《古史辨》（第一册）第52页，上海古籍出版社，1981。
② 参见李学勤：《论燹公盨及其重要意义》，《中国历史文物》，2002年第6期。
③（宋）洪兴祖撰，白化文等点校：《楚辞补注》第23—38页，中华书局，1983.

综上所述，《天问》对禹的事迹的选择和安排，是屈原对上古神话传说整理和思考的结果，符合《天问》叙事的整体结构，并非错简造成的"文义不次序"。刘永济《天问通笺》说："今考篇中文义，实间有不次序之处，特非全篇皆然。亦有文义本有次序，注家以他事说之，反失此序者。"①《天问》对禹事迹的描写为刘永济先生的论述提供了例证。

---

① 刘永济：《〈天问〉通笺》，《国立武汉大学文哲季刊》第293页，武汉大学出版部，1934.

彭咸"水游"与屈原的"沉渊"*

关于屈原作品中涉及"彭咸"的问题，学术史上有不同的认识。游国恩先生在《离骚纂义》一书对"既莫足与为美政兮，吾将从彭咸之所居"一句的解说中，将历代学者的观点悉数列出。游先生在"按语"中说："屈子之效法彭咸而水死，二千年来无异辞"①，在讨论这一问题时，他还批驳了汪瑗提出的"屈原非水死"的观点。游国恩先生的看法代表了学术界对于相关问题的一般认识，即彭咸系投水而死，屈原沉渊是效法彭咸。

游国恩先生上述观点基于传统的说法。王逸《楚辞章句》注"愿依彭咸之遗则"句：

> 彭咸，殷贤大夫，谏其君不听，自投水而死。②

注"既莫足与为美政兮，吾将从彭咸之所居"句：

> 言时世之君无道，不足与共行美德、施善政者，故我将自沉汨渊，从彭咸而居处也。③

---

* 本文原载于《文艺研究》2009年第2期，第44—49页。
① 游国恩:《离骚纂义》第505页，中华书局1980年11月版。
② 白化文等点校:《楚辞补注》第13页，中华书局1983年3月版。
③ 同上引书第47页。

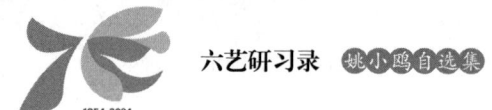

洪兴祖《补注》引颜师古说：

> 彭咸，殷之介士，不得其志，投江而死。按屈原死于顷襄之世，当怀王时作《离骚》，已云："愿依彭咸之遗则。"又曰："吾将从彭咸之所居。"盖其志先定，非一时忿怼而自沉也。①

王逸、洪兴祖二人虽力主彭咸水死说，但对这一重要问题的来龙去脉却未作详细考辨，给后人的讨论留下了巨大空间。王逸《章句》与洪兴祖《补注》皆为具有广泛影响的楚辞注本，故长期以来，学者对此鲜有异说。直至朱熹，始在其《楚辞辨证》中提出质疑：

> 彭咸，洪引颜师古，以为"殷之介士，不得其志，而投江以死"，与王逸异。然二说皆不知其所据也。②

虽然朱熹对王逸及洪兴祖之说皆有微词，但他并未对此展开进一步阐述。游国恩先生在《离骚纂义》的"按语"中指出，至明人汪瑗始就彭咸是否水死明确地提出了不同的认识。③汪瑗在他的《楚辞集解》附《楚辞蒙引》中的《"彭咸"辨》（及《附说》）和《屈原投水辨》等处对此专有详论。他认为，彭咸、彭翦、彭铿、彭祖、老彭实为一人，为"殷之贤士"，是屈原心目中的理想形象。他还指出孔子曾有"窃比于我老彭"之语。（《论语·述而》子曰："述而不作，信而好古，窃比于我老彭。"）汪瑗据此提出：

> 若以屈原慕彭咸为欲自投水死，则孔子窃比之意，岂亦欲自沉

---

① 白化文等点校：《楚辞补注》第13页，中华书局1983年3月版。
② 朱熹：《楚辞集注》第177页，上海古籍出版社1979年10月版。
③ 在朱熹之后，宋代陆续有人明确提出对"彭咸水死"的怀疑。参见熊良智：《屈原身世命运的关注与宋代士大夫的人生关怀》，《四川师大学报》2004年第5期。游国恩先生所说大概是指就其所见，对此问题，至汪瑗始有专文论述。

乎？呜呼！孔子尝欲浮海矣，尝欲居夷矣，使无上文"述而不作，信而好古"之语，又安知后世不援引浮海居夷之说，亦以孔子为欲投水耶？……屈原之亟慕彭咸者，又安知非指己之所作《离骚》而拟其好古之心乎？①

汪瑗以为，彭咸并未投水而死，屈原效法彭咸，自然亦非投水死；他以为屈原沉渊水死之说是后世因其有西逝流沙之语，故误以为投水。汪瑗所提出的屈原非"水死"的观点缺乏确切证据，他的其他论证也显得牵强，如径以"老彭"为彭咸而提出"则孔子窃比之意"的问题，没有足够的说服力。汪瑗将屈原是否沉渊与彭咸是否水死混并提出，这种说法与汉代初年以来人们关于屈原事迹的一般看法相距甚远，并未在其当代和后世获得广泛采信，但他首先明确提出的"彭咸并非自投水死"的说法，却得到了后代不少人的认可。

清末学者俞樾在其《读楚辞》中说：

> 彭咸事实无可考，特以屈子云愿依彭咸之遗则，而屈子固投水而死者，故谓彭咸亦投水而死，窃恐其诬古人矣……愿依彭咸之遗则，即所云謇吾法夫前修也。王解法前修为上法前世远贤，然则彭咸必古之贤人，屈子素所师法者，岂必法其投水而死乎？②

近代学者中，首先由林庚先生对彭咸及其事迹，尤其彭咸是否水死的问题作了详细的论述。林庚先生 1948 年 1 月发表《彭咸是谁》一文，③ 在这篇文章中，他勾稽相关文献，从多个角度对这一问题进行了辨析。该文的结论是"彭咸与自沉无关""在王逸之前并没有人认为彭咸是沉江而死的"。

检索两汉文献可知，在王逸之前，最早由刘向明确提出彭咸与水的关系。他的《九叹》中有"九年之中不吾反兮，思彭咸之水游"句，王逸的彭咸"水

---

① 汪瑗撰，董洪利点校：《楚辞集解》第 330—331 页，北京古籍出版社 1994 年 1 月版。
② 游国恩主编：《离骚纂义》第 125 页，中华书局 1980 年 11 月第 1 版。
③ 此文后辑入《诗人屈原及其作品研究》，上海古籍出版社 1981 年 7 月版。

死"之说可能是受到了刘向的影响。林庚先生认为，王逸等人不考"水游"为何意，断言彭咸必水死无疑是不恰当的。按照林庚先生对刘向《九叹》相关语句的理解，彭咸虽确与"水游"有关，而"水游"不等同于沉渊，"彭咸在王逸之前固未尝与沉江发生过任何关系"。林庚先生关于彭咸非沉江而死的论证是相当有力的，但我们发现他关于王逸不考"水游"之意的说法，不够严密。

王逸对《九叹》相关语句的注文为："言己放出九年，君不肯反我，中心愁思，欲自沉于水，与彭咸俱游戏也。"①《远游》王逸序曰："……则意中愤然，文采铺发，遂叙妙思，托配仙人，与俱游戏，周历天地，无所不到……。"②王逸此两处所言"游戏"一语的意义相近，其义究系何指，虽没有进一步地详说，但这一词语的提出对彭咸身份行状的探索有重要的启发意义。

"水游"及王逸对它的"游戏"之解究属何意，在汉代的文献中没有明确的说法，但在年代稍晚的材料中我们可以找到有关它的一些佐证。《搜神记》载：

> 琴高，赵人也。能鼓琴。为宋康王舍人。行涓、彭之术，浮游冀州、涿郡间，二百余年。后辞入涿水中，取龙子，与诸弟子期之，曰："明日皆洁斋，候于水旁，设祠屋。"果乘赤鲤鱼出，来坐祠中。且有万人观之。留一月，乃复入水去。③

《搜神记》虽是六朝人所著之书，但其取材多自汉代及汉代之前。该书中多记神仙方术，虽为小说家言，然古人严谨，不作空穴来风之辞，《搜神记》干宝序云："苟有虚错，愿与先贤前儒分其讥谤。"表示书中所载皆有来历，④故其所记的琴高水游之事对于我们认识古代"水游"乃至彭咸"游戏"之意有一定的参考价值。

---

① 白化文等点校：《楚辞补注》第287页，中华书局1983年3月版。
② 同上引书第163页。
③ 汪绍楹校注：《搜神记》第5页，中华书局1979年9月版。
④ 同上引书第2页。

《搜神记》说琴高能于水陆之间自由往来的神异之术，与古代某些游仙隐逸者之行事相仿，又颇类神仙家之行状。此处"涓、彭之术"中的"彭"，在汪绍楹校注的《搜神记》中注为"指彭祖"，而我认为可能与彭咸有关。彭祖事迹屡见《列仙传》《搜神记》与《抱朴子》《水经注》等多种典籍，古书中并无片言只语提及其善于水中"游戏"，而彭咸则不然。因此我们可以初步认定，刘向《九叹》中所谓的"水游"，当是一种游仙之方式；"思彭咸之水游"，当指向往彭咸所持有的隐逸游仙的生存方式。

若仔细翻阅早期文献，我们还能够发现一些类似"水游"一说的蛛丝马迹，如东方朔《七谏·缪谏》有"弃彭咸之娱乐兮，灭巧倕之绳墨"一句。此处"彭咸之娱乐"当与"水游"（或曰游戏）有关。《九歌·河伯》篇说："与女游兮九河，冲风起兮横波"。王逸注为："河为四渎长，其位视大夫。屈原亦楚大夫，欲以官相友，故言女也。"依王逸注，句中"女"当指河伯，《河伯》全篇描述的是诗中的主人公与河伯"水游"的情形。据《淮南子·齐俗训》："昔者冯夷得道，以潜大川。"高诱注："冯夷，河伯也。华阴潼乡堤首里人，服八石得水仙。"①《河伯》篇中的描写与《淮南子》中的记载虽充满神话色彩，却能够表明，确实有"水游"这一概念存在于古人的思想观念之中。

彭咸既非水死，那么屈原沉渊乃由于效仿彭咸投水之行事的说法自然也就不能成立。但屈原在其作品中多次提到"愿依彭咸之遗则"（《离骚》），"指彭咸以为仪"（《抽思》）等，显示了彭咸的确是他效法的榜样。屈原到底要效仿彭咸什么呢？关于这一问题，林庚先生在他的文章中说："彭咸无疑是代表屈原精神的寄托。"他认为彭咸在《楚辞》的描述中有两重性格，"一方面是治世之才，一方面是隐者神话式的人物。"我们知道，屈原早期的政治理想是"乘骐骥以驰骋兮，来吾导夫先路""忽奔走以先后兮，及前王之踵武"（《离骚》），然而当时的政治形势及屈原自身的遭遇却使其高洁之志难以实现。他在《离骚》中说："进不入以离尤兮，退将复修吾初服。"又在《涉江》中说："驾青虬兮骖白螭，吾与重华游兮瑶之圃。"这些都表明屈原在政治失意之时，

---

① 《淮南子》第 179 页，上海书店，《诸子集成》1986 年版。

感到自己实现理想的希望渺茫，于是产生离去之意，愿如彭咸般神游或隐逸。林庚先生指出："屈原正含有帝王的世业与隐者的两重身份……屈原作《离骚》时正徘徊于治世与退隐之间，因此彭咸乃成为其进退的依据。"[1] 经林庚先生的分析，我们就不难理解为什么屈原在其较早的作品中多次说明要以彭咸为仪了。

根据可靠的古代文献如《史记》等书的记载，屈原最终没有隐逸，却投水而死。尽管历史上有学者如汪瑗等对此持有异议，但屈原投水而死之说当无疑问。

既然屈原之沉渊与效法彭咸无关，那是什么因素促使屈原投水自杀的呢？我们认为除了大家所熟知的当时的政治环境及其坎坷的人生遭遇之外，屈原的自杀及其自杀所采取的具体方式与他所处的时代风尚有关。

战国时期是一个思想和文化重新整合的特殊时期，在这一历史时期，人们的思想和行为方式产生了剧烈的分化，各有其独特性。《庄子·刻意》篇说：

> 刻意尚行，离世异俗，高论怨诽，为亢而已矣；此山谷之士，非世之人，枯槁赴渊者之所好也。语仁义忠信，恭俭推让，为修而已矣；此平世之士，教诲之人，游居学者之所好也。语大功，立大名，礼君臣，正上下，为治而已矣；此朝廷之士，尊主强国之人，致功并兼者之所好也。就薮泽，处闲旷，钓鱼闲处，无为而已矣；此江海之士，避世之人，闲暇者之所好也。吹呴呼吸，吐故纳新，熊经鸟申，为寿而已矣；此道引之士，养形之人，彭祖寿考者之所好也。[2]

从上引《刻意》篇的这段话中，我们可以看出战国时期所盛行的各家各

---

[1] 林庚：《诗人屈原及其作品研究》，第82页，上海古籍出版社1981年7月版。
[2] 郭庆藩撰：《庄子集释》第535页，中华书局2006年1月版。

派典型的思想和行为方式。"刻意尚行,离世异俗,高论怨诽"者是"隐处山谷之士,非毁时世之人"(成玄英疏语)。他们的极端行为特征是"枯槁赴渊"。"语仁义忠信,恭俭推让"者,是"平世之士,教诲之人"。这类人"或游行而议论,或安居而讲说"(成玄英疏语),当是儒家学派的学者。"语大功,立大名,礼君臣,正上下"者乃是"朝廷之士,廊庙之臣"(成玄英疏语),应属法家之流。"就薮泽,出闲旷,钓鱼闲处"者,"避世而处无为",是"从容闲暇之人"(成玄英疏语)。"吹呴呼吸,吐故纳新"者,有"延年之道,驻形之术"(成玄英疏语),为"道引之士,养形之人"。

纵观屈原一生的行事,他曾身为"朝廷之士",具有"语大功,立大名"的入世理想;同时,在其性格中有"刻意尚行""离世异俗"的一面,由是在黑暗现实的打击下逐渐产生了隐逸之意,并最终导致他"枯槁赴渊"的人生悲剧。

相关文献证明,"枯槁赴渊"在战国时期是"刻意尚行"者的一种特定行为方式,屈原的沉渊并不是唯一的例子。《楚辞》中另一个与"投水"有关的人物是申徒狄。申徒狄在《楚辞》中共出现过两次,分别见于《九章·悲回风》和刘向的《九叹·惜贤》。《悲回风》"望大河之洲渚兮,悲申徒之抗迹"已暗示申徒狄投水之事,刘向《九叹·惜贤》"驱子侨之奔走兮,申徒狄之赴渊"则更明确了他"赴渊"的抗行。由于文献记载明确,故对于申徒狄的投水,学者历来没有异议,但申徒狄到底是何时之人,有不同说法。王逸在《章句》中无详细论证,只说申徒狄是"贤者",因"遇闇君遁世离俗""自拥石赴河"。《悲回风》洪兴祖《补注》中引《淮南子》注云:"申徒狄,殷末人也。不忍见纣乱,自沉于渊。"依《补注》之说,申徒狄似乎是与彭咸同时期的人,然而在《韩诗外传》《新序》等文献中,却说申徒狄显然是春秋战国时期人,[1]《韩诗外传》说:

---

[1] 参见李学勤:《长台关竹简中的〈墨子〉佚篇》,《简帛佚籍与学术史》第327—333页,江西教育出版社2001年版。

申徒狄非其世，将自投于河。崔嘉闻而止之曰："吾闻圣人仁士之于天地之间也，民之父母也。今为濡足之故，不救溺人，可乎？"申徒狄曰："不然。昔桀杀关龙逢，纣杀王子比干，而亡天下；吴杀子胥，陈杀泄冶，而灭其国。故亡国残家，非无圣智也，不用故也。"遂抱石而沉于河。①

孙诒让《墨子间诂》所附《墨子佚文》中记载有申徒狄与"周公"的谈话：

申徒狄谓周公曰："贱人何可薄也？周之灵珪，出于土石；隋之明月，出于蚌蜃；少豪大豪出于污泽，天下诸侯皆以为宝。狄今请退也。"②

孙氏又举《太平御览》所载另一条：

周公见申徒狄曰："贱人强气则罚至。"申徒狄曰："周之灵珪出于土，楚之明月出蚌蜃，五象出于汉泽，和氏之璧、夜光之珠，三棘六异，此诸侯之良宝也。③

孙诒让在按语中综合各种文献记载，并判定申徒狄并不是殷末时人。④
1956年出土于河南信阳长台关1号墓的楚简中，有一段"周公"与他人对话的简文：

□□□周公忒（勃）然玺（作）色曰：乌夫！戋人舋（格）上则

---

① 许维遹校释：《韩诗外传集释》，第26页，中华书局，2009年5月版。《新序》所载与此略同。
② 孙诒让：《墨子间诂》附《墨子佚文》，第10页，上海书店，《诸子集成》1986年版。
③ 同上。
④ 同上引书第11页。

型（刑）戮至。刚

曰：乌夫！戋人刚恃，天这于刑上回（者），有尚㽙贤①

这段简文的内容与上文所引的《墨子佚文》中的两段对话内容相似。关于其性质，学者认为，竹简的年代同墨子所生活的时代相近，这组简是《墨子》的佚篇，该简文是佚文的一部分。②长台关竹简证明了《墨子佚文》有相当的可靠性，《佚文》中所载"周公"与申徒狄对话的材料为我们确定申徒狄的生活年代及其事迹提供了可靠线索。孙诒让依据《佚文》两段对话中提到的周、楚、和氏之璧等词汇，认为申徒狄是战国时期的人。学者以孙诒让此说为是。③

关于申徒狄投水的原因，一些文献材料中的说法与王逸注相似，以为是不遇明主，这与屈原的经历有相似之处。生活在战国时期的申徒狄"避而不仕""离世异俗"，最终"自沉赴河"的行为，与《庄子·刻意》篇中的描述相合。这说明战国时期，在特定人群中有"枯槁赴渊"的风尚，屈原身处其时，受这一风气的影响是不足为怪的。

下面我们结合屈原的生平事迹，大致勾勒出他的思想历程。据《史记·屈原贾生列传》载：

屈原……为楚怀王左徒。博闻强志，明于治乱，娴于辞令。入则与王图议国事，以出号令；出则接遇宾客，应对诸侯。王甚任之。④

我在《〈离骚〉"先路"与屈原早期经历的再认识》⑤一文中结合《史记》

---

① 转引自李学勤：《长台关竹简中的〈墨子〉佚篇》，《简帛佚籍与学术史》第328页，江西教育出版社2001年9月版。为印刷方便，引文尽量采用通行字体。
② 转引自李学勤：《长台关竹简中的〈墨子〉佚篇》，《简帛佚籍与学术史》第329页，江西教育出版社2001年9月版。为印刷方便，引文尽量采用通行字体。
③ 转引自李学勤：《长台关竹简中的〈墨子〉佚篇》，《简帛佚籍与学术史》第332页，江西教育出版社2001年9月版。为印刷方便，引文尽量采用通行字体。
④ 《史记·屈原贾生列传》，第2481页，中华书局，1982年11月版。
⑤ 原载于《中州学刊》2001年第5期。

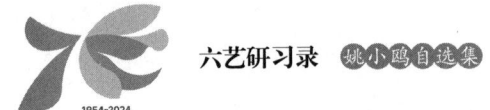

等文献的记载，对屈原早期经历作过论述。该文指出，屈原早期担任的"左徒之职约与《周礼》中的'太仆'相当"，是楚王出入时的"前驱引导之人"，为楚王的"亲贵之人"。一般认为，屈原早期的政治生活比较顺利，有"奋勇驱驰，以社稷为先的意志与情怀"，他希望并实际上一度成为"朝廷之士，廊庙之臣"。这时在屈原的思想中儒家和法家占据主导地位。从《史记·屈原列传》的记载及对屈原的作品中可以看出，屈原在政治生活中遭遇的挫折，促使他放弃了先前的理想，转而倾向于"刻意尚行，离世异俗"者的思想和行为方式。这一点，在《远游》篇中表达得更明显。在《远游》中，作者说："悲时俗之迫阨兮，愿轻举而远游……遭沉浊而污秽兮，独郁结其谁语！"从中可以感受到，此时的屈原已经决计选择离开了。至于屈原为什么主动选择死亡，大家讨论得很多，我们在这里不再赘述。我想说的是，屈原在对人世诀别时的态度十分从容，他在《怀沙》中说："知死不可让，愿勿爱兮"，颇有悲壮之感。郁结于胸的忧闷之情不可消解，加之时代的特定风俗，屈原最终选择沉渊，是具有时代特征的悲壮行为。

纵观全部相关文献，可知彭咸为殷人，除王逸注、洪兴祖补注等外，无其它文献可证其生平与事迹，由王逸首先提出的彭咸"水死"的说法缺乏有力的证据。殷商时代的社会制度与人们的生活方式，没有产生如战国时期"枯槁赴渊"者的社会文化基础，生活于其时的彭咸不会采取"投水"这种极端的对抗世俗的行为方式。

经过上面的讨论，我们可以认定，屈原"沉渊"是效法彭咸"投水"的传统说法实是极大的误会。虽然屈原的沉渊是不当怀疑的，但屈原的多篇作品，表达他在政治上失意后，首先考虑效法的是类似于彭咸"游戏"的隐逸方式；此外，在战国时代，对屈原沉渊产生直接影响的是时代风尚以及与屈原同时代的申徒狄们的"抗行"，而不是与屈原及其时代相去甚远，且其事迹不可详考的彭咸。屈原选择"枯槁赴渊"作为自己告别人生的方式，与彭咸无关。

《涉江》中"伍子"为子胥考

《涉江》中有"伍子逢殃兮,比干菹醢"一句。王逸《楚辞章句》:"伍子,伍子胥也。为吴王夫差臣,谏令伐越,夫差不听,遂赐剑而自杀。后越竟灭吴,故言逢殃。"①自宋代李壁始对此加以质疑,他认为伍子胥"于吴实貔虎,于楚乃枭鸱",伍子胥既是楚国的"国贼",屈原绝不可能称许他,并认定此"伍子"当指伍子胥的父亲伍奢和兄长伍尚。其后魏了翁引用李壁的意见说:"子胥挟吴败楚,几墟其国。三闾同姓之卿,义笃君亲,决不称胥以自况也。"②近代学者多以此立论,如刘永济先生说:"子胥于吴诚忠矣,然教吴伐楚,残破郢都,鞭平王之尸,自此之后,吴楚构兵不休,贻害楚国甚大,实乃楚之逆臣,屈子决无以忠许之之理。此'伍子'当属伍奢。"③刘永济先生还据此判断《九章》相关篇章如《惜往日》与《悲回风》的作者归属。力之先生撰文力主"伍子"是子胥而非伍奢等人,实为有见,但对屈原咏叹子胥一事仍不得其解。他在论文的结尾中说:"李壁之说并非一无是处,不过这不在其结论,而在其能促使后人深入思考:屈原既为楚的忠臣,他何以称颂伍子胥?"④

伍子胥是否是"国贼"?对此,陈子展先生认为不能用后世狭隘的爱国

---

* 本文原载于《文史哲》2009年第5期,第69—72页。
① 洪兴祖:《楚辞补注》,北京:中华书局,1983年,第131页。
② 这一论断最早由李壁提出,后经魏了翁在《鹤山渠阳经外杂抄》引用而为世人所广泛知晓。
   (参见熊良智:《〈楚辞·九章〉真伪疑案的一段文献清理》,《文献》,1999年第2期)。
③ 刘永济:《屈赋通笺》,北京:中华书局,2007年,第184页。此外还有许多学者作如是说。
   参见雷庆翼:《楚辞正解》,上海:学林出版社,1994年,第391—394页。
④ 力之:《〈涉江〉的"伍子"为"伍子胥"无误辨》,《云梦学刊》2002年第4期。

思想或民族主义作为判断标尺。他指出："王土王臣的观念，中国一统、天下一家、四海之内皆兄弟的思想，早已成为思想领域上的统治思想，这在无形中压住了褊小的地方观念、狭隘的爱国思想。……在那一时代里，这一国的人材一点不避嫌疑的出仕那一国，那一国的君主一点不生猜忌的延揽这一国的人材。楚材晋用、朝秦暮楚，不算一回事。"①陈子展先生不赞成将伍子胥视作国贼，确属有见，但其论证尚未切中问题要害，故不能十分服人。

事实上，由于家族之仇而与故国为敌者，先秦时期并非罕见，即为楚国，即为屈氏，亦有著例。《左传·成公七年》记载楚子重、子反杀害申公巫臣的族人，继而又霸占他们的财产。②申公巫臣发誓要使二人"奔命以死"。其后巫臣果然"教吴乘车，教之战阵，教之叛楚"。当家族利益与国家利益发生矛盾时，古人往往以家族利益为重。这种宗亲重族的思想深刻反映了当时的伦理观念。《大戴礼记·曾子制言》篇说："父母之仇，不与同生；兄弟之仇，不与聚国；……族人之仇，不与聚邻。"③此类论述也见于近年公布的出土文献。《郭店楚简·六德》篇说：

> 为父绝君，不为君绝父；为昆弟绝妻，不为妻绝昆弟；为宗族杀朋友，不为朋友杀宗族。④

"为父绝君"，是建立在血缘关系上的伦理判断：父子之间血脉有亲，不可断绝；君臣之间没有这种血缘关系，因而可去可绝。⑤由简文，可知当父子所代表的家庭关系和以君臣所代表的社会关系发生冲突时，"要以家庭关系为上。为什么？因为'先王之教民也，始于孝弟'，'孝，本也'。社会关系是

---

① 陈子展：《楚辞直解》，南京：江苏古籍出版社，1998年，第538页。
②《左传》记载说："子重、子反杀巫臣之族子阎、子荡及清尹弗忌及襄老之子黑要，而分其室。子重取子阎之室，使沈尹与王子罢分子荡之室，子反取黑要与清尹之室。"
③ 王聘珍：《大戴礼记解诂》，北京：中华书局，1992年，第91页。
④ 荆门市博物馆：《郭店楚墓竹简》，北京：文物出版社，1998年，第188页。
⑤ 也有论者以为此段仅就服丧制度而言，本文不取。（参见李零：《郭店楚简校读记》，北京大学出版社，2002年，第63页。）

建立在家庭关系之上的。"① 这与《孝经·开宗明义章》引孔子所言"夫孝,德之本也,教之所由生"② 的内涵一致。强调父子之亲胜过君臣之义,有学者指出,"这是儒家本来的说法"。③《礼记·哀公问》记载鲁哀公向孔子请教为政之道,孔子回答说:"夫妇别,父子亲,君臣严。三者正,则庶物从之矣。"④相似的说法也见载于《大戴礼记·哀公问于孔子》篇。⑤《郭店楚简·六德》篇说:"夫夫、妇妇、父父、子子、君君、臣臣,六者各行其职,而谗谄无由作也。"⑥ 以夫、妇、父、子、君、臣作为执政中的六个重要因素,与大、小戴《礼记》所载的三组发展序列一一对应,反映出其时这一观念的成熟与稳定。《六德》篇又有"男女辨生言、父子亲生言、君臣义生言"之说。这就是《礼记·昏义》所说的"成男女之别,而立夫妇之义也。男女有别,而后夫妇有义;夫妇有义,而后父子有亲;父子有亲,而后君臣有正"。⑦《昏义》中说"昏礼者,礼之本"。婚礼为诸礼之本,建立在其基础之上的父子关系、宗族关系有不同于君臣关系、朋友关系的特殊意义。传世文献与出土文献中所记载的这种由父子到君臣的关系,体现了由家庭人伦到政治伦理发展的序列。⑧

上文论及《六德》篇"为父绝君"的观念。事实上,《郭店楚简》其他篇章对此也多有发明。例如,《语丛三》记载说:

  父无恶,君犹父也,其弗恶也,犹三军之旌也,正也。所以异于
父,君臣不相在也,则可已;不悦,可去也;不义而加诸己,弗受也。

---

① 廖名春:《荆门郭店楚简与先秦儒学》,《郭店楚简研究》,沈阳:辽宁教育出版社,1999 年,第 63 页。
②《孝经注疏》(十三经注疏本),北京:中华书局,1980 年,第 2524 页。
③ 李零:《郭店楚简校读记》,北京:北京大学出版社,2002 年,第 137 页。
④《礼记正义》(十三经注疏本),北京:中华书局,1980 年,第 1611 页。
⑤ 王聘珍:《大戴礼记解诂》,北京:中华书局,1992 年,第 13 页。
⑥ 荆门市博物馆:《郭店楚墓竹简》,北京:文物出版社,1998 年,第 188 页。
⑦《礼记正义》(十三经注疏本),北京:中华书局,1980 年,第 1681 页。
⑧ 姚小鸥:《〈诗经·关雎〉篇与〈关雎序〉》,《文艺研究》,2001 年,第 6 期。

这段话的意思是说：子不得称父恶；对臣下而言，国君如同父亲，作为号令三军的表率，也不得称恶。但父子与君臣之间又有区别。因为君臣"不相在"，缺少父子之间血脉依存的天然之性，因此臣下可离开君主，对君主不合道义的要求，可以不予接受。

《左传·宣公二年》记载，晋灵公要杀害赵盾，赵盾被迫出逃。这就是《语丛三》所说的"不义而加诸己，弗受也"。之后晋灵公被弑，赵盾"未出山而复"。晋太史董狐记录此事，直书"赵盾弑其君"。赵盾指责董狐所记失当，董狐回答说："子为正卿，亡不越竟，反不讨贼，非子而谁？"《左传》引用孔子的话说："董狐，古之良史也，书法不隐。赵宣子，古之良大夫也，为法受恶。惜也，越竟乃免。"①晋国表里山河，"未出山而复"，指赵晋出奔时未出晋之边境即返回国都。按当时人的观念，赵盾未出境，即与晋灵公依然维系君臣之义。杜预《注》云："越竟，则君臣之义绝。"孔颖达进一步申论说："今君欲杀己，逃奔他国，君之于臣既已绝矣，臣之于君能无绝乎？"晋灵公以不义加诸赵盾，"君欲杀己"，赵盾自然可以"弗受"，有离开的权利。但未出境而返，君臣之义未绝，义当担责。楚人滥杀申公巫臣宗族，亦属不义之举，巫臣因此与楚义绝，而教吴伐楚，使子重、子反疲于奔命。申公巫臣此举对吴、楚而言皆意义重大。《左传》说吴"是以始大"，此后吴楚之间干戈不断。《国语·楚语上》记载伍举说巫臣教吴人射御之法，又引导吴人伐楚，是"申公巫臣之为也"。②伍子胥挟吴败楚，正是在此历史背景之下所发生。

《国语·楚语下》记载，楚昭王十年（前506年）吴、楚发生战争，吴人攻入郢都，昭王出逃鄖地。鄖公斗辛之父子期当年被昭王之父平王所杀，因此鄖公之弟斗怀意欲杀昭王以报父仇，鄖公被迫护送昭王逃往随国避难。昭王返回郢都后，论及刑赏，均赏鄖公、斗怀兄弟二人。《楚语下》记载说：

王归而赏及鄖、怀。子西谏曰："君有二臣，或可赏也，或可戮

---

① 《春秋左传正义》（十三经注疏本），北京：中华书局，1980年，第1867页。
② 徐元诰：《国语集解》，北京：中华书局，2002年，第491页。

也。君王均之,群臣惧矣。"王曰:"夫子期之二子耶?吾知之矣,或礼于君,或礼于父,均之,不亦可乎?"①

楚国公子子西对昭王的赏赐表示异议,他认为鄎公护君有功,当赏;而斗怀试图弑君,罪当诛杀。楚昭王指出:二人"或礼于君,或礼于父",皆当褒奖。在昭王眼中,君臣之义并未凌驾于父子之亲上。"君子之德风,小人之德草。草上之风,必偃。"(《论语·颜渊》)最高阶层的主导思想必然对整个社会产生重大影响,此即所谓"上下同风"。斗怀说:"平王杀吾父,在国则君,在外则仇也。见仇弗杀,非人也。"这段话首先区分"在国"与"在外"的不同,"在外则仇。见仇弗杀,非人"。这也就是《礼记·曲礼》所说的"父之仇,弗与共戴天"。昭王与斗怀的言行均反映出当时整个社会以孝为本的人伦观,这与我们前文所引《郭店楚简》的表述可以互相印证。

据学者考证,《郭店楚简》所出楚墓的墓主曾任楚国太子的老师。以墓葬年代推论,这位太子应当是怀王太子横,即后来的顷襄王。②曾有论者认为墓主是屈原,此说未必妥当,但墓葬诸方面的迹象显示,墓主与屈原年代相近,身份地位相当,可知在屈原生活的时代,简文所记载的思想在楚地贵族社会中广为流行。这就是伍子胥去楚至吴复仇,以及昭王均赏鄎公、斗怀二人的思想文化背景。

伍子胥的复仇对象是楚平王及其子昭王。楚昭王十年,伍子胥引导吴军攻入郢都,鞭尸平王,昭王被迫出奔,其间遭斗怀追杀。事后昭王不但未追究斗怀逆君之罪,反而因为其能为父复仇而加以赏赐。昭王行事尚如此,楚国其他人更不会以"国贼"之罪议诸子胥。与此相联系,终先秦之世未见视伍子胥为"国贼""逆臣"的论断。

根据《左传》记载,伍子胥的父、兄伍奢、伍尚被杀一事,发生在鲁昭公二十年(前522年)。之前伍奢被楚王囚禁,楚国佞臣费无极向楚王进言,

---

① 徐元诰:《国语集解》,北京:中华书局,2002年,第524页。
② 李学勤:《先秦儒家的重大发现》,《郭店楚简研究》,沈阳:辽宁教育出版社,1999年,第14页。

认为伍奢二子均有才干，若至吴国，必为楚国大患，一定要将二人一同杀害。楚王诱杀伍尚，而子胥逃往吴国。伍奢听说后，有"楚大夫其旰食乎"之叹，可知子胥借吴国之力向楚国复仇属必然之势，时人皆晓。伍子胥因父、兄被杀，复仇于楚，正是基于"孝，本也"这一根本的伦理观。所以《吴越春秋》记载子胥在逃离的过程中与申包胥相遇说："吾闻父母之仇，不与戴天履地；兄弟之仇，不与同域接壤；……今吾将复楚辜，以雪父兄之耻。"①

通行本《楚辞章句》注"专惟君而无他兮。又众兆之所雠"："百万为兆。交怨曰雠。言己专心思欲竭忠情以安于君。无有他志。不与众同趋。故为众所怨雠。欲杀己也。"什么样的仇恨必欲杀之而后快呢？黄灵庚教授发现。"交怨曰雠"四部丛刊本《楚辞章句》作"父怨曰雠"。他又进一步发现《慧琳音义》等经典文献引相关王逸注皆作"父怨"。故"父怨"为正。"交怨"为讹无疑。"交"、"父"字形相近。意义则有极大不同②。孔颖达《礼记正义》解释《礼记·曲礼上》"父之雠。弗与共戴天"一句说："此不共戴天者。谓孝子之心。不许共仇人戴天。必杀之乃止。"③正是"孝子之心"使伍子胥与楚王有了不共戴天之仇。必欲杀之而后快。孝子复仇是先秦时期最重要的伦理信条。《楚辞章句》异文证明。王逸对此是有所认识的。汉代以后的人们对此则往往已不甚清楚了。

伍子胥至吴，臣事夫差，尽忠而死，在先秦时期就已成为忠臣的典范，哀其人、叹其行、书其事迹者不绝。《悲回风》中说"浮江淮而入海兮，从子胥以自适"，洪兴祖《楚辞补注》引《越绝书》谓："子胥死，王使捐于大江，乃发愤驰腾，气若奔马，乃归神大海。"子胥神归大海，《悲回风》说入海从子胥，足见作者对其向往之意。《惜往日》"吴信谗而弗昧兮，子胥死而后忧"之句，也见作者对子胥命运之惋叹。司马迁在《史记·伍子胥列传》中称赞子胥说："向令伍子胥从奢俱死，何异蝼蚁。弃小义，雪大耻，名垂于后世，

---

① 赵晔：《吴越春秋》，南京：江苏古籍出版社，1999年，第19页。
② 黄灵庚：《楚辞与简帛文献》，人民出版社，2011年，第147页。
③ 郑玄注、孔颖达正义：《礼记正义》，阮元校刻：《十三经注疏》，第1250页。

悲夫！"①《汉书·艺文志》颜师古注云："(子胥)春秋时为吴将，忠直遇谗而死。"②《史通·内篇·探赜》亦叹伍子胥说："若伍子胥、大夫种、孟轲、墨翟、贾谊、屈原之徒，或行仁而不遇，或尽忠而受戮。"③以上略举汉唐史家所论，尚不计自先秦以迄后世历代文学艺术作品中的咏赞④，而宋代以来的伦理道德，忠君重于孝亲，即在忠孝不能两全的情况下，宁肯牺牲亲情。⑤在此历史背景下，李壁、魏了翁等一反前说，责备子胥为楚国逆臣。对此思想观念之变迁当细加辨析，不可盲目因袭误说。

综上所述，可知伍子胥报父仇于楚具有历史的合理性，"国贼"说系后人误解。子胥臣事夫差尽忠而死，屈原于楚为忠臣，引子胥为同道，作赋颂之，在情理之中。明乎此，可确知《楚辞章句》相关内容不误，在此基础上，方可进一步讨论《九章》中《惜往日》与《悲回风》两篇的作者问题。⑥

（注：高中华参与了此文的撰写）

---

① 司马迁：《史记》（中华书局标点本），北京：中华书局，1982年，第2183页。
② 班固：《汉书》（中华书局标点本），北京：中华书局，1962年，第1740页。
③ 刘知几撰，浦起龙释：《史通通释》，上海：上海古籍出版社，1978年，第211页。
④ 如《慎子·知忠》"无遇比干、子胥之忠"，《庄子·盗跖》"世之所谓忠臣者莫若王子比干、伍子胥。子胥沉江，比干剖心"，《荀子·大略》"比干、子胥忠而君不用"。汉人拟《骚》赋，如《七谏·怨世》"思比干之恲恲兮，哀子胥之慎事"，《九思·哀岁》"俯念兮子胥，仰怜兮比干"，等等。此外汉画像石中有关伍子胥的内容、敦煌变文中所记载伍子胥的故事，均可证成此说。
⑤ 李零：《郭店楚简校读记》，北京：北京大学出版社，2002年，第137页。
⑥ 正如力之先生文章所指出的，"《惜往日》与《悲回风》说到'子胥'，这对证《涉江》的'伍子'为'伍子胥'有意义，而对证明其所出的作品是否为屈原所作无价值。"力之：《<涉江>中的"伍子"为"伍子胥"无误辨》，《云梦学刊》2002年第4期．

秦汉乐官制度与汉代乐府艺术研究

"外乐"与秦汉乐官制度*

在关于乐府制度的探讨中,人们往往追溯至秦代。关于秦汉乐官制度,通常有如下认识:奉常所属太乐和少府所属乐府是秦汉时期的两个重要司乐机构[①],太乐掌宗庙祭祀乐舞,乐府掌供皇帝享用的世俗乐舞[②]。近年来,学者对秦汉乐官系统的构成有进一步的探讨,但由于对新材料的使用不够,到目前为止,尚未取得新的重要结论[③]。

在有关秦代乐官系统的探索中,人们曾注意到秦代封泥中"外乐"一品[④]。关于"外乐",学者有不同的认识,大体可分为以下三种观点:

第一,"外乐"为秦乐种类。有学者认为:"秦之音乐有官寝、宗庙、祠祀之乐,又有宫廷、宴飨、韶武之乐,前者或为'内乐',后者或即'外乐'。又秦有奉常属之'大乐令丞',又有少府属之'乐府',前者或司'内乐',后者或司'外乐'。"[⑤]

第二,"外乐"为秦代司乐官署之一。刘庆柱说:"'外乐'系秦之官署,

---

* 本文原载于《文艺研究》2015年第8期,第58—63页,与王克家合作。

① 奉常,汉初改称"太常"。《汉书·百官公卿表》载:"奉常,秦官,掌宗庙礼仪,有丞。景帝中六年更名太常"。班固. 汉书 [M]. 北京: 中华书局,1962: 726.

② 杨生枝. 乐府诗史 [M]. 青海: 青海人民出版社,1985. 张永鑫. 汉乐府研究 [M]. 南京: 江苏古籍出版社,1992. 许继起. 秦汉乐府制度研究 [D]. 扬州大学,2002.

③ 黎国韬. 先秦至两宋乐官制度研究 [M]. 广州: 广东人民出版社,2009: 98-100.

④ 周晓陆,路东之,庞睿. 西安出土秦封泥补读 [J]. 考古与文物,1998(2): 50-59+77页.

⑤ 周晓陆,路东之. 秦封泥集 [M]. 西安: 三秦出版社,2000: 140. 这一观点也为其他学者所接受。如傅嘉仪说:"秦时音乐较为纷杂,有宫庭、宴席之乐,也有宗庙、祠祀之乐,或以'内乐''外乐'分之。"傅嘉仪. 新出土秦代封泥印集 [M]. 杭州: 西泠社,2002: 8.

为'乐府'或'太乐'之属官。"①万尧绪推测"'外乐'可能为奉常的下属机构且极有可能是'太乐'的前身，秦时设置并拥有后来属于'太乐'的职能，汉初沿袭秦制而称'外乐'，汉初之后才更名为'太乐'"②。

第三，"外乐"为秦代乐官之名。许继起认为："'外乐'职官可能是'外乐丞'的省称，为太乐令之属官，非乐府令属官。""外乐"所司为外祀之乐事。③

以上各家主要依据"外乐"封泥进行讨论，而真正能够据以解读"外乐"性质的是《张家山汉墓竹简·奏谳书》中的相关内容。《张家山汉墓竹简·奏谳书》是湖北江陵张家山汉墓出土的一种重要的司法文书，系议罪案例的汇编。其中，"四月丙辰黥城旦讲乞鞠"条同时出现了"外乐"与"乐人"名目。该条所述案件主要案情如下：

> 四月丙辰，黥城旦讲气（乞）鞠，曰：故乐人，不与士五（伍）毛谋盗牛，雍以讲为与毛谋，论黥讲为城旦。覆视其故狱：元年十二月癸亥，亭庆以书言雍廷，曰：毛买（卖）牛一，质，疑盗，谒论。毛牝：盗士五（伍）牝，毋它人与谋。曰：不亡牛。毛改曰：……与乐人讲盗士五（伍）和牛……。讲曰：践更咸阳，以十一月行，不与毛盗牛。……其鞠曰：讲与毛谋盗牛，审。二月癸亥，丞昭、史敢、铫、赐论，黥讲为城旦。
>
> 今讲曰：践十一月更外乐，月不尽一日下总咸阳，不见毛。……毛曰：十一月不尽可三日，与讲盗牛，识捕而复纵之，它如狱。讲曰：十月不尽八日为走马魁都庸（傭），与偕之咸阳，入十一月一日来，即践更，它如前。……史铫谓毛：毛盗牛时，讲在咸阳，安道与毛盗牛？……鞠之：讲不与毛谋盗牛，吏笞谅（掠）毛，毛不能

---

① 刘庆柱，李毓芳.西安相家巷遗址秦封泥考略[J].考古学报，2001，(4)：427-452+569-588.

② 万尧绪."乐府"新证[J].黄钟，2013，(3)：14-16.

③ 许继起.秦汉乐府制度研究[D].扬州大学，2002：22.

支疾痛而诬指讲，昭、铫、敢、赐论失之，皆审。①

这是一件冤案②。案件当事人名"讲"。他被判刑且已施刑，成了刑徒。秦王政元年四月十一日，"讲"提出案件重审的申诉，他的请求被接受。经过重审，冤案得以昭雪。《奏谳书》说：

二年十月癸酉朔戊寅，廷尉兼谓汧啬夫：……覆之，讲不盗牛……其除讲以为隐官，令自常（尚），畀其于於。妻子已卖者，县官为赎。③

为了便于读者理解，下面对该文书中使用的法律术语及其他用语略作说明：

"黥"，肉刑的一种，刺额并以墨填之。"城旦"，刑徒名，男称城旦，女称舂。④"乞鞫"指要求重加审判。⑤"讲""毛""处""和"均为涉案人员的名字。"隐官"，秦代法律术语。秦法律规定，因受肉刑而身体残伤的人，如能免罪，要安置在不易为人所见的处所工作，称为"隐官"。⑥上述案件中，当事人"讲"的身份为"乐人"，与案情发展有关的秦代司乐官署为"外乐"。

"外乐"一名，不见于《史记》《汉书》等传世文献⑦，《奏谳书》中"外

---

① 张家山二四七号汉墓竹简整理小组.张家山汉墓竹简［二四七号墓］（释文修订本）[M].北京：文物出版社，2006：100-101.着重号为引者所加.
② 有关该案件的详细情况，可参见李学勤.《〈奏谳书〉解说》（下）[J].文物，1995（3）：37-42.
③ 张家山二四七号汉墓竹简整理小组.张家山汉墓竹简［二四七号墓］（释文修订本）[M].北京：文物出版社，2006：100-102.
④ 张家山二四七号汉墓竹简整理小组.张家山汉墓竹简［二四七号墓］（释文修订本）[M].北京：文物出版社，2006：8.
⑤ 张家山二四七号汉墓竹简整理小组.张家山汉墓竹简［二四七号墓］（释文修订本）[M].北京：文物出版社，2006：102.
⑥ 睡虎地秦墓竹简整理小组.睡虎地秦墓竹简[M].北京：文物出版社，1978：93，205.
⑦ 《汉书·艺文志》中出现有"外乐"。其文曰："房中者，性情之极，……是以圣王制外乐以禁内情，而为之节文。"班固.汉书[M].北京：中华书局，1962：1778.按，这里的"外乐"与下文"内情"相对，似非职官名目.

"乐"与"乐人"并出，使我们得以对秦代乐官系统的构成和运行方式进行新的思考。

如前所述，《奏谳书》"四月丙辰黥城旦讲乞鞫"条所载案件中"讲"的身份为"乐人"。案件涉及"讲"与"外乐"的关系。"讲"自述："践更咸阳，以十一月行，不与毛盗牛……践十一月更外乐，月不尽一日下总咸阳，不见毛。"① 针对"毛"所说"十一月不尽可三日，与讲盗牛"之说，"讲"又自辩："十月不尽八日为走马魁都庸，与偕入咸阳，入十一月一日来，即践更。"② "践更咸阳"是说当事人"讲"到咸阳去服徭役。"践十一月更外乐"，说明他十一月正在"外乐"践更，不在案发地，自然没有"盗牛"的时间。

"践更"是秦汉徭役制度术语，意为当役者亲自服更卒之役。③《汉书·吴王濞传》云："卒践更，辄予平贾。"颜师古注引服虔曰："自行为卒，谓之践更。"④ 由《奏谳书》可见，"践更"更为完整、准确的表述方式为"践"某月之"更"。"践更"一词后面可以加上地名表示服役的地点或处所。上引文中"践更咸阳，以十一月行"，指乐人"讲"在案发当年十一月到咸阳服更役。"讲"说他自己"践十一月更外乐"，则表明其具体服役处所为"外乐"。由此可知，"外乐"必为秦代司乐官署的一种。

下面结合《张家山汉墓竹简》的其他内容，进一步讨论秦汉时期"外乐"的设置情况及其职司。除《奏谳书》外，"外乐"一名还见于《张家山汉墓竹简·二年律令·秩律》。《二年律令》含二十七种律和一种令。据简文整理者推断，《二年律令》系吕后二年实施的法律。简文包括了汉律的主要部分，内

---

① 张家山二四七号汉墓竹简整理小组.张家山汉墓竹简［二四七号墓］（释文修订本）［M］.北京：文物出版社，2006：100.
② 张家山二四七号汉墓竹简整理小组.张家山汉墓竹简［二四七号墓］（释文修订本）［M］.北京：文物出版社，2006：101.
③ 除"践更"外，还有"雇更"的形式。雇更是指不欲践更，而出钱雇人代更。其钱曰"雇更钱"。张金光.论秦徭役制中的几个法定概念［J］.山东大学学报，2004（3）：26-33.
④ 班固.汉书［M］.北京：中华书局，1962：1905.

容涉及西汉社会、政治、军事、经济、地理等方面，①其中《秩律》是对职官品级的规定。现依据本文需要，节选《秩律》所载西汉早期职官设置和秩级的部分内容如下：

> 御史大夫、廷尉……少府令、备塞都尉……奉常，秩各二千石。
> ……
> 太仓治粟、太仓中厩。未央厩、**外乐**、池阳、长陵、濮阳，秩各八百石，有丞、尉者半之……
> ……
> 太卜，太史，太祝，宦者，中谒者……居室，西织，东织，长信私官，内者，长信永巷，永巷詹事丞，詹事将行，长秋谒者令，右厩，灵州，**乐府**，寺，车府……秩各六百石。②

据《汉书·百官公卿表》记载，太乐为奉常属官，乐府为少府属官。以上引文表明，奉常与少府令为同一级别，皆秩二千石。太史、太卜、太祝等（据《汉书·百官公卿表》为奉常属官）与乐府、中谒者、西织、东织等（据《汉书·百官公卿表》为少府属官）同秩，③皆六百石。"外乐"为八百石，秩级较乐府略高。按六百石是秦汉官吏秩级的一个重要界限，六百石以上为"显大夫"。《睡虎地秦墓竹简·法律问答》："可（何）谓'宦者显大夫？'宦及智（知）于王，及六百石吏以上，皆为'显大夫'。"④《史记·叔孙通传》

---

① 张家山二四七号汉墓竹简整理小组.张家山汉墓竹简［二四七号墓］（释文修订本）[M].北京：文物出版社，2006：7.
② 张家山二四七号汉墓竹简整理小组.张家山汉墓竹简［二四七号墓］（释文修订本）[M].北京：文物出版社，2006：69-74.着重号为引者所加.
③《汉书·百官公卿表》载："奉常，秦官，掌宗庙礼仪，有丞。景帝中六年更名太常。属官有太乐、太祝、太宰、太史、太卜、太医六令丞""少府，秦官，掌山海池泽之税，以给共养，有六丞。属官有尚书、符节、太医、太官、汤官、导官、乐府、若卢、考工室、左弋、居室、甘泉居室、左右司空、东织、西织……又中书谒者、黄门……官令丞。……成帝建始四年更名中书谒者令为中谒者令……"班固.汉书[M].北京：中华书局，1962：726、731-732.
④ 睡虎地秦墓竹简整理小组.睡虎地秦墓竹简[M].北京：文物出版社，1978：93，233.

载:"长乐官成,诸侯群臣皆朝十月。"叔孙通制朝仪"引诸侯王以下至吏六百石以次奉贺"①。《汉书·景帝纪》云:"吏六百石以上,皆长吏也。"颜师古注引张晏曰:"长,大也。六百石,位大夫。"②六百石为"显大夫",八百石自然属较高级别的职官。③

《奏谳书》"四月丙辰黥城旦讲乞鞫"条所记事件发生在秦王政元年和二年,结合前述秦封泥,可知"外乐"在秦代已有设置。从前引《秩律》关于"外乐"的记载来看,在西汉初年的乐官系统中,"外乐"建置仍然存在。《张家山汉墓竹简》的整理者对"外乐"的职能作了简略说明,认为:"外乐"可能是奉常属官,主管乐人。④"外乐"是否奉常属官可以进一步研究,但其职掌则确实与"乐人"相关。

"乐人"一名见于传世文献。《史记·滑稽列传》云:"优孟,故楚之乐人也。"又云:"优旃者,秦倡侏儒也。"⑤"孟"与"旃"同为"优",然而司马迁分别称其为"乐人"和"倡",可见"乐人"与"倡"所指不同。从古代文献的记载推测,"倡"系就其从业而言,"乐人"则为其社会身份。

秦人在社会生活尤其是狱讼等事务中,首先要明确自己的身份,内容包括是否为士伍、刑徒、有无爵位等。《睡虎地秦墓竹简·封诊式》"有鞫"条说:

> 敢告某县主:男子某有鞫,辞曰:"士五(伍),居某里。"可定名事里,所坐论云可(何),可(何)罪赦,或覆问毋(无)有,遣识者以律封守,当腾,腾皆为报,敢告主。⑥

---

① 司马迁.史记[M].北京:中华书局,1959:2723.
② 班固.汉书[M].北京:中华书局,1962:149.
③ 成帝时除八百石,故八百石在传世文献所载秦汉官吏秩级中出现较少。《汉书·成帝纪》:"夏五月,除吏八百石、五百石秩。"颜师古引李奇曰:"除八百石就六百,除五百就四百。"班固.汉书[M].北京:中华书局,1962:312.
④ 张家山二四七号汉墓竹简整理小组.张家山汉墓竹简[二四七号墓](释文修订本)[M].北京:文物出版社,2006:73.
⑤ 司马迁.史记[M].北京:中华书局,1959:3200,3202.
⑥ 睡虎地秦墓竹简整理小组.睡虎地秦墓竹简[M].北京:文物出版社,1978:93,234.

上述引文中"名事里"即指当事人的姓名、身份、籍贯等事项。作为司法文书,《奏谳书》准确记录了当事人的身份,故"四月丙辰黥城旦讲乞鞫"条中,有对涉案人员的身份,即"乐人""士伍"等表述。

"士五(伍)",是秦汉时期男子身份的一种,指无爵的成年男子或被削爵者。《汉旧仪》云:"无爵为士伍。"① 《史记·淮南王传》:"当皆免官削爵为士伍。"② 秦汉制度,对有爵者可称其爵,③ 无爵者则称其"士伍"。

"乐人"名目在《奏谳书》这样的法律文书中出现,说明其必为当时官方认可的社会身份的一种。出土的秦代法律文献中记录有其他身份种类,可与之相比较。《睡虎地秦墓竹简·法律问答》:

> 可(何)谓"甸人"?"甸人"守孝公、献公冢者殹(也)。
> 可(何)谓"集人"?古主取薪者殹(也)。
> 可(何)谓"署人"、"更人"?耤(藉)牢有六署,囚道一署遂,所道遂者命曰"署人",其它皆为"更人";或曰守囚即"更人"殹(也),原者"署人"殹(也)。④

以上引文不但记录了"甸人""集人""署人""更人"等称谓,还记载了持有这些身份的人为官方服务的具体内容。"乐人"这一称谓的法律内涵与此相似,考校名实,当是为国家提供乐事服务者的正式社会身份。

以往学界考察秦汉乐官系统时,主要注目于太乐和乐府。那么,"外乐"在秦汉司乐官署中的地位以及乐人践更制度在秦汉乐官系统中的作用如何?下面勾稽文献,试作阐述。

---

① 卫弘.汉旧仪[M]//孙星衍.汉官六种.北京:中华书局,1990:85.
② 司马迁.史记[M].北京:中华书局,1959:3094.
③ 如"上造甲盗一羊"。睡虎地秦墓竹简整理小组.睡虎地秦墓竹简[M].北京:文物出版社,1978:173."五大夫礼出亡奔魏""五大夫贲攻韩"等。司马迁.史记[M].北京:中华书局,1959:212,213.
④ 睡虎地秦墓竹简整理小组.睡虎地秦墓竹简[M].北京:文物出版社,1978:235-236.

秦代及西汉早期，"外乐"的设置及乐人践更"外乐"制度的实施，在秦汉乐官系统的运行中具有重要意义，它的存续和消亡与秦汉乐官系统的构成及内部分工，包括乐府职能的变化有密切关系。关于乐府的设置及职能，学界曾有长期的讨论。1976年，在秦始皇陵附近发掘的乐府钟，证明秦代已有乐府的设置。①秦"乐府钟官""乐府丞印"②封泥等材料的公布，为人们研究秦代乐府的属员与职能提供了较以往更为丰富的资料。③2004年7月，在西安市长安区神禾塬战国秦陵园遗址大型土圹墓中出土了一件石磬，上面刻有"北官乐府"四字。该墓的时代为战国晚期或略晚。④学者据此指出，乐府的建立当在这一时期。⑤乐府出现之初，其主要职能是监造及储藏乐器，⑥至汉武帝"乃立乐府"，乐府的规模逐渐扩大，职能也有所转变。⑦

近年来，有学者尝试从人员构成的角度对秦代乐官系统进行新的解说，认为除"太乐、乐府而外，秦内廷乐也相当多……在内廷乐官中，有倡、优、

---

① 袁仲一.秦代金文、陶文杂考三则[J].考古与文物，1982，(4)：92-96.
② 周晓陆、路东之、庞睿.秦代封泥的重大发现——梦斋藏秦封泥的初步研究[J].考古与文物，1997，(1)：35-49.
③ 有学者仍然认同乐府官署由汉武帝建立。王运熙先生认为：《史记》《汉书》武帝前的乐府、乐府令名称，只是太乐、太乐令的泛称。至于少府中的乐府官署，在西汉仍由汉武帝建立。王运熙.关于汉武帝立乐府[J].高校教育管理，1998，(2)：2.
④ 张天恩、侯宁彬、丁岩.陕西长安发现战国秦陵园遗址[J].中国文物报，2006-1-25(1).张天恩.新出秦文字"北官乐府"考论[M]//张天恩.周秦文化研究论集.北京：科学出版社，2009，311-317.
⑤ 陈四海.乐府：始于战国[J].音乐研究，2010，(1)：72-78+90.另外，黎国韬教授在2009年发表有《乐府起源新考》一文，作者没有使用"北官乐府"石磬这件出土文物，但结合其他传世文献也作出了"乐府极有可能起源于战国"的结论。黎国韬.乐府起源新考[J].华南师范大学学报社会科学版，2009(1)：69-72+83+158-159.
⑥ 王辉.秦铜器铭文编年集释（上编）[M].西安：三秦出版社，1990：154.杨宽.战国史[M].上海：上海人民出版社，2003：107.
⑦ 杨生枝.乐府诗史[M].西宁：青海人民出版社，1985：4-5.作者指出："乃立乐府"绝非后人注释的"始立"之义，而是包含着重建、扩大的意思。赵敏俐教授编著的《中国诗歌通史·汉代卷》即采用了这一观点："在中国文学史和艺术史上，汉武帝'立乐府'（扩充乐府）是一件大事，对此后的中国诗歌史与音乐史都产生了深远的影响。"这一观点已基本为学界所认同。赵敏俐.中国诗歌通史·汉代卷[M].北京：人民文学出版社，2012：52.

俳、宫女、侍者诸称"。① 这一阐述，较以往的研究更为细致，但由于未充分利用出土文献资料，该解说未能对秦代乐事从业者与管理机构之间的关系作出判断。如前所述，乐人践更"外乐"的制度是秦代乐官系统运行中的重要内容。关于这一点，目前尚未引起注意。

在秦汉礼乐制度的运行中，与《奏谳书》中乐人"讲""践十一月更外乐"类似的践更行为也见于《张家山汉墓竹简·二年律令·史律》。《史律》载："祝年盈六十者，十二更，践更大祝。"② 引文中的"祝"为专职司礼人员的一种。大（太）祝系奉常属官，太祝令"凡国祭祀，掌读祝，及迎送神"③。《汉官》："百五十人祝人，宰二百四十二人，屠者六十人。"④ "祝"践更大（太）祝，服役于祭祀；乐人践更"外乐"，执事应差，为宫廷日常用乐服务。乐人践更"外乐"与祝践更"大祝"，皆属于秦汉礼乐机构运行过程中的组成部分，可以相互印证和补充。

《奏谳书》记载乐人"讲"所涉案件由郡县审理，说明乐人日常由地方自行管理，与《汉书·礼乐志》所载乐府治下常备属员不同。乐人践更"外乐"理应具有应节性。非践更期间，乐人主要面对社会消费，以此作为其收入来源。⑤

---

① 黎国韬. 先秦至两宋乐官制度研究 [M]. 广州：广东人民出版社，2009：98.
② 张家山二四七号汉墓竹简整理小组. 张家山汉墓竹简[二四七号墓]（释文修订本）[M]. 北京：文物出版社，2006：82.
③ 司马彪. 后汉书·百官志 [M]. 北京：中华书局，1965：3572.
④ 佚名. 汉官 [M] // 孙星衍. 汉官六种北京：中华书局，1990：2.
⑤ 赵敏俐教授指出，卖艺式下的歌舞艺人是一种自由人，"他们以自己的技艺作为谋生的手段……主要在城市或在农村中流动，以演出的收入来维持生活。"其所论虽主要为汉代的情况，但可作秦代及西汉初年乐人活动方式之参考。赵敏俐. 汉代乐府制度与歌诗研究 [M]. 北京：商务印书馆 2009：98-103. "外乐"所辖乐人的这一活动方式，为后世地方乐人所沿用。有学者指出，在乐籍制度存续期间，地方官属乐人"在音乐机构体系中人员数量和发挥作用最大"，他们不仅为官方日常事务的用乐服务，也面向社会所有消费群体，具有相当的流动性和灵活性。郭威. 乐籍体系的创承与传播机制 [J]. 音乐研究，2011（5）：66-80.

秦汉乐人践更"外乐",是有特定服役场所的轮值性徭役。① 随着乐人到"外乐"践更,具有地方特色的乐器、乐曲等也就有机会进入宫廷,从而丰富宫廷用乐。这一点,可以从《汉书·礼乐志》的相关内容得到佐证。《汉书·礼乐志》记载了丞相孔光、大司空何武所奏报的乐府人员构成情况,其中包括江南鼓员、巴俞鼓员、临淮鼓员、兹邡鼓员、楚鼓员、秦倡象人等来自各地的乐人。② 地方乐人大量进入乐府,可能促使乐人践更"外乐"这一制度的消失。

由上可知,"外乐"所辖乐人是秦代及西汉早期司乐官署常备属员的重要补充。在乐人践更"外乐"这一制度下,秦汉司乐官署的常备属员与"外乐"所辖乐人共同执事。这样,在不增加财政开支的情况下,为宫廷用乐提供了保障。西汉中期以后,随着乐府规模的扩大和属员的增加,不再需要依靠乐人践更"外乐"来维持宫廷的礼乐运行,"外乐"很可能就是在这样的背景下被裁撤的。

关于乐人身份的探讨,不仅有助于重新认识秦汉乐官系统的构成,对于考察中国古代礼乐制度中"乐户"的渊源也有重要意义。

乐户是名隶乐籍的社会群体,乐人的户籍往往单列以另册记之。③ 项阳先生依据《魏书·刑罚志》的相关内容,将乐籍制度的起源追溯至北魏时期,这一观点现已成为学界共识。④ 综合考察出土文献与传世文献,可知秦汉时期

---

① 在唐代施行的乐人轮值制度中,由各地征召乐人到宫廷中轮流应差执事,依据乐人居住地距离京城的远近,轮值时间长短有所不同。轮值制度"既为宫廷太常教坊梨输送了新鲜血液,也使得从宫廷到地方官府的礼乐程式以及乐曲、乐调、乐器、乐律保持了相当的一致性,自上而下地形成了一个网络体系"。项阳. 山西乐户研究[M]. 北京:文物出版社,2001:203,214. 对比可知,秦汉乐人践更"外乐"的制度,可能对后世的乐人轮值制度产生过影响。
② 班固. 汉书[M]. 北京:中华书局,1962:1073-1074.
③ 项阳. 山西乐户研究[M]. 北京:文物出版社,2001:2.
④ 项阳. 山西乐户研究[M]. 北京:文物出版社,2001:4. 也有学者提出,"至迟在东汉时期即有乐户存在,然其确切起始年代待考。"王立. 中国古代乐户研究[J]. 北京:语文学刊,2011,(13):41-43. 黎国韬教授认为:"乐户制度的正式出现是在北魏迁邺以后的东魏时期,而不是目前学术界普遍认为的北魏,但北魏的杂户制度对其出现则有一定影响。"黎国韬. 早期乐户若干问题考[J]. 上海:戏剧艺术,2014(3):35-43.

可能已存在乐籍制度。乐籍制度是古代户籍制度的重要组成部分，户籍制度的一项重要内容是户籍分类。秦汉时期，已出现依据人们身份进行编户的制度。有学者指出，文献所见秦汉户籍分类中的"市籍"，是将商人这一特殊群体单列另册。① 前文已述，秦汉时期"乐人"一名并非泛称，而是社会身份的一种。与编入"市籍"的商人相似，"乐人"也当编入"乐籍"。从这一角度来看，《张家山汉墓竹简·奏谳书》中的"乐人"与后世"乐户"的身份约略相当。

乐人世世相袭。《汉书·礼乐志》云："汉兴，乐家有制氏，以雅乐声律世世在大乐官。"颜师古注引服虔曰："制氏，鲁人也，善乐事也。"② "'汉兴'是汉代人习用的历史政治术语，特指高祖立国、汉朝兴起到文帝这段时期。"③ 汉初时，"制氏"即"世世在大乐官"，说明其自先秦时已相传袭。④ 乐人技艺的世代传承当是以乐籍制度为保障的。

综上所述，《张家山汉墓竹简·奏谳书》所见乐人践更"外乐"的记载对于秦汉乐府制度的研究有重要意义。它促使我们对秦汉乐官系统的构成及演变进行新的审视，对中国历代乐制，包括乐籍制度的研究有重要的参考价值。

---

① 张金光. 秦制研究 [M]. 上海：上海古籍出版社，2004：824-828.
② 班固. 汉书 [M]. 北京：中华书局，1962：1043.
③ 姚小鸥. "汉兴""大收篇籍"考 [J]. 历史研究，2007（2）：184-189.
④ 世代以司乐为职的情况在先秦时期即已存在。《左传·成公九年》记载：晋侯观于军府，见钟仪，……问其族，对曰："泠人也。"公曰："能乐乎？"对曰："先父之职官也，敢有二事？"使与之琴，操南音。该引文云"问其族"，杨伯峻先生指出，"族"当为世官之义。"泠人"即乐官。可见，钟仪家族世代为乐人。杨伯峻. 春秋左传注 [M]. 北京：中华书局，1990：844. 前人对此已有所认识。《通典》载："昔唐虞讫三代，舞用国子，欲其早习于道也；乐用瞽师，谓其专一也。汉魏以来，皆以国之贱隶为之，唯雅舞尚选用良家子。国家每岁阅司农户，容仪端正者归太乐，与前代乐户总名'音声人'。"（杜佑. 通典 [M]. 北京：中华书局 1988：3718. 由此可知，在唐代人的观念中，至迟在汉魏时，乐户已经出现。

《公莫巾舞歌行》考

一

《宋书》卷二二《乐志四》载"《巾舞》歌诗"一篇，并称之为《公莫巾舞歌行》。全文又载《乐府诗集》卷五四，称为《巾舞歌诗》。《南齐书·乐志》载其首尾片断共计40字，称为《公莫辞》或《公莫舞歌》。《宋书》卷一九《乐志一》所叙述又有《公莫舞》，列入"巾舞"之类。由此可知《公莫巾舞歌行》乃记载"巾舞"《公莫舞》的文辞。它的正确名称应该是《巾舞公莫舞辞》，可简称为《公莫舞辞》，本文即采用这一名称。由于声辞杂写，不可通读，故今存各本《宋书》及《乐府诗集》所载《公莫舞辞》均无断句。本辞全文如下：①

> 吾不见公莫时吾何婴公来婴姥时吾哺声何为茂时为来婴当思吾明月之土转起吾何婴土来婴转去吾哺声何为土转南来婴当去吾城上

---

* 本文原载于《历史研究》1998年第6期，第48—58页。

① 第26字"思"，《乐府诗集》作"恩"，误；《宋书》作"思"，是。第31字《宋书》作"上"，《乐府诗集》作"土"，作"土"是，据改。第122字到第129字《宋书》共两个"海何来婴"，《乐府诗集》诸本这里较《宋书》少一个"海何来婴"。第144字到第145字"五吾"，殿本《宋书》作"吾河"；影宋本《乐府诗集》作"吾治"，中华书局校点本《宋书》同；汲古阁本、四库全书本《乐府诗集》作"五吾"；作"五吾"是，据改。详拙文《巾舞〈公莫舞辞〉校释》，《文献》1998年第4期。

羊下食草吾何婴下来吾食草吾哺声汝何三年针缩何来婴吾亦老吾平
平门淫涕下吾何婴何来婴涕下吾哺声昔结吾马客来婴吾当行吾度四
州洛四海吾何婴海何来婴海何来婴四海吾哺声熵西马头香来婴吾洛
道五吾五丈度汲水吾噫邪哺谁当求儿母何意零邪钱健步哺谁当吾求
儿母何吾哺声三针一发交时还弩心意何零意弩心遥来婴弩心哺声复
相头巾意何零何邪相哺头巾相吾来婴头巾母何何吾复来推排意何零
相哺推相来婴推非母何吾复车轮意何零子以邪相哺转轮吾来婴转母
何吾使君去时意何零子以邪使君去时使来婴去时母何吾思君去时意
何零子以邪思君去时思来婴吾去时母何何吾吾

关于《公莫舞》和《公莫舞辞》的内容，自东晋以后即无人晓解。又由于这件文献非常重要，古今学者为了解读它花费了不少心血。沈约曾猜测它可能是《公莫渡河曲》，说："《公莫舞》今之巾舞也。相传云项庄剑舞，项伯以袖隔之，使不得害汉高祖。且语庄云：'公莫'。古人相呼曰'公'，云莫害汉王也。今之用巾，盖像项伯衣袖之遗式。按《琴操》有《公莫渡河曲》，然则其声所从来已久。俗云项伯，非也。"[①]沈约所谓"俗云"用"项庄剑舞，项伯以袖隔之"的故事来解释《公莫舞》，在中国古代是一种流传甚广的说法。沈约之前的晋人伏滔，即曾祖述其说[②]。唐代以后甚或几成定论。不但正史如新、旧《唐书》因袭此说，而且在文人诗词、戏曲小说中成为典故，甚至是创作的主题。诚如沈约所言，这只是一种误解，所以不可能依据它来对《公莫舞辞》正确地进行解读，然而沈约的猜测也离题很远。所以《乐府诗集》引《古今乐录》说："《巾舞》，古有歌辞，讹异不可解。江左以来，有歌舞辞。沈约疑是《公无渡河曲》。今瑟调中自有《公无渡河》，其声哀切，故入瑟调，不容以瑟调杂于舞曲。惟《公无渡河》古有歌有弦，无舞也。"《乐府诗集》的编者虽然批驳了沈约的说法，但自己也不明底里，故只能引《南

---

① 《宋书·乐志》。
② 《隋书·音乐志》。

齐书·乐志》作者的话，说它"并不可晓解"而已。《乐府诗集》及其所引《古今乐录》说《公莫舞辞》不可解的原因在于文辞讹异，这是宋代人的普遍看法。宋人郑穆在给《宋书·乐志四》所作的校语中引《景祐广乐记》的话，说它"字讹谬，声辞杂书。"宋人严羽说："古词之不可读者，莫如《巾舞歌》，文义漫不可解。……岂非岁久文字舛讹而然耶？"①。这一认识给《公莫舞辞》的解读罩上了一层阴影。近代以来，汉代乐府的研究工作者对其也多有涉及，然而皆不得正解②。这一宝贵文献，似乎成为千古不解之谜。

1950年7月19日，杨公骥教授在《光明日报》发表《汉巾舞歌辞句读及研究》一文，对《公莫舞辞》的"句读和章法""内容""巾舞和声""巾舞的舞法动作"等方面进行了研究，使《公莫舞辞》的研究取得了突破性的进展。晚年，杨先生又在《中华文史论丛》1986年第1期发表《西汉歌舞剧巾舞〈公莫舞〉的句读和研究》一文，重申前说，并对前文作出了重要的补充。他指出《公莫舞辞》所记录的"巾舞"《公莫舞》是"我们今天所能见到的我国最早的一出有角色、有情节、有科白的歌舞剧"，并指出"尽管剧情比较简单，但它却是我国戏剧的祖型。在中国戏曲发展史上，它具有重要的价值。"③

二

本文拟对杨先生1986年校本中忽略或存疑的一些舞蹈动作进行解释，对《公莫舞辞》的章法结构进行进一步的探索，并对《公莫舞》从西汉到唐代的流传和演变作初步的勾勒。这是对于这一漫长历史时期中国礼乐文化演变的一项个案研究。由于《公莫舞辞》原文特别难解，为了方便读者，在进一步论述以前，先将本文校点的《公莫舞辞》全文移录如下：

---

① 《沧浪诗话·考证》。
② 参见陆侃如、冯沅君《中国诗史》，山东大学出版社1996年版；逯钦立：《汉诗别录》，载《汉魏六朝文学论集》，陕西人民出版社1984年版；《先秦汉魏晋南北朝诗》，中华书局1983年版。
③ 杨先生两文发表之后，与此有关的文章主要有赵逵夫《我国最早的歌舞剧〈公莫舞〉演出脚本研究》(《中华文史论丛》1989年第1期)、叶桂桐《汉〈巾舞歌诗〉试解》(《文史》第39辑)，其中对杨文某些观点提出商榷，本文对有关问题暂不涉及，将另文讨论。

巾舞《公莫舞辞》

一　吾不见公莫［姥］,〈时〉吾何婴,
　　公来婴姥〈时〉吾〈哺声〉**何为茂**？〈时〉**为来婴**,
　　当思吾**明月之土**,〈转起〉吾何婴,土来婴〈转〉。

二　**去**吾〈哺声〉**何为**？**土**［土］〈转南〉**来婴当去吾**!
　　城上羊,下食草吾何婴,**下来吾食草**吾〈哺声〉。
　　汝何三年〈针［振］缩〉**何来婴,吾亦老**!
　　吾〈平平门［频频扣］〉**淫涕下**吾何婴,**何来婴,涕下**吾
　　〈哺声〉。

三　**昔结**吾**马,客来婴**吾**当行吾**!
　　度四州,洛［略］**四海**。吾何婴,**海何来婴,海何来婴**,
　　四海吾〈哺声〉。
　　熇［鄗］**西马头香**,**来婴**吾。
　　洛道五吾**五丈度汲水**。吾**噫邪**!〈哺〉。

四　**谁当求儿？母何意零！邪**!〈钱［践］健步,哺〉。
　　谁当吾**求儿**？

五　**母：何吾**!〈哺声,三针［振］一发,交,时,还,弩心〉
　　意何零!
　　意〈弩心,遥［还］〉**来婴**〈弩心,哺声,复相,头［投］
　　巾〉**意何零！何邪**!
　　〈相,哺,头［投］巾,相〉吾**来婴**,〈头［投］巾〉。
　　母：何何吾!〈复来推排〉**意何零**!〈相,哺,推,相〉
　　来婴,〈推非［排］〉。
　　母：何吾!〈复车［转］轮〉**意何零**!
　　子：以邪!〈相,哺,转轮〉,吾**来婴**,〈转〉。
　　母：何吾！使君去时意何零!
　　子：以邪！使君去时,使来婴去时,
　　母：何吾！思君去时意何零!

子：以邪！**思君去时**，思来婴吾**去时**，

母：何何吾吾！

本校文中的主要歌词包括复唱用黑体；角色标识字用楷体；语助词，包括叹词和衬字等以及其他舞台提示字用宋体，后者以尖括弧标出。原文错讹或为借字者，不加改动，另以方括弧加正字于后①。杨先生1989年校本分为5节，本文保留这种形式，只是在4、5两节的划分上略有改动。

从校点本可以看出，《公莫舞辞》实际是歌舞剧巾舞《公莫舞》的科仪本，它以唱词，包括主要歌词和语助词、角色标识字和指示伴奏、伴唱及舞蹈和其他表演动作的舞台提示字等构成。从《公莫舞辞》中析出角色标识字"母""子"，是杨先生破译《公莫舞辞》的关键之一。角色标识字的析出，进一步证实了《公莫舞》是具有两位角色的代言体歌舞剧。角色标识字不但指示了唱词的角色归属，而且指示了舞蹈动作的角色归属。《公莫舞辞》中的大量舞台提示字，包括"转""转轮""转起""转南""钱［践］健步""针［振］缩""三针［振］一发""推排""推""弩心""头巾""交""平平门［频频扪］""还""复来""时""相""哺""哺声"等，分别指示了一系列舞蹈和其他表演动作、伴奏与伴唱等以及它们在《公莫舞》演出过程中加入的时机和状态。为了使读者对《公莫舞辞》有一个较为全面的认识，本文对部分舞台提示字略加解释。

"转"在古代是一个基本的舞蹈动作。《左传》昭公三十一年："赵简子梦童子嬴而转以歌。"沈钦韩《补注》："转者，舞之节以应歌也。"《三国志·魏书·陶谦传》裴注引《吴书》："郡守张磐，同郡前辈，与谦父友……常以舞属谦，谦不为起，固强之；及舞，又不转。磐曰：'不当转邪？'曰：'不可转，转则胜人。'由是不乐，卒以构隙。""转"时舞者身体的转动是随着其步

---

① 本文校刊时以中华书局校点本《宋书》为工作底本，参考各善本《宋书》。以影宋本、汲古阁本、四库全书本《乐府诗集》对校。各本异文，择善而从。校记见拙著《巾舞歌辞》校释》。

履的前进或后退进行的。所以前人用"徘徊""龙转"来形容"转"的舞容①。"转轮""转起""转南"是由"转"派生出来的一组舞蹈动作。杨先生解释"转南"说：当时"表演歌舞时，观众席是坐北朝南"，当剧中的男主人公唱到"士当去"时，"转"向"南"面，也"就是背向观众，以背对观众就是表示要离此而去"，表示"去意坚决。这说明巾舞的舞蹈动作是紧密地配合着歌辞，以表现情节。"对"转起"，杨先生解释说：两位角色的扮演者在演出开始时和观众一样是跪坐在席子上的，随着剧情的发展才站起来。"转轮"则是类似今天戏曲中的"跑圆场"。无论何种"转"，都不是以舞者自我为中心的原地旋转。描述以舞蹈者自我为中心原地旋转的舞容，另有一个被称为"还"的术语。它和"转"有一定的相似之处，但也有着明显的区别②。

　　舞蹈术语"还"在《公莫舞辞》中出现两次，均出现在作为主要舞段的本校文第4节。作为舞蹈术语，"还"读为"回旋"之"旋"。《庄子·庚桑楚》："夫寻常之沟，巨鱼无所还其体。"《释文》："还，音旋，回也。"《礼记·乐记》："周还裼袭。"郑注："还，音旋。"《礼记·乐记》："周还象风雨。"孔疏："言舞者周匝回还，象风雨之回复也。"傅毅《舞赋》："及至回身还入，迫于急节。"李善注："复回身旋入舞场，逼迫于曲之急节也。"由汉画像石和古代文献可知，汉代中国传统舞蹈，如巾舞、拂舞、盘鼓舞等由于使用道具等关系，舞容中"转"多于"还"，"还"只在一些较为急促的节奏中使用。史书记载六朝以后所盛行的胡旋舞之类中，以旋转特别是急速连续旋转为主的舞容，是在后世的发展中，民族文化融合的产物，不能用来解释《公莫舞》。

　　"钱健步"一语，逯钦立先生在《先秦汉魏晋南北朝诗》的《巾舞歌诗》

---

① 鲍照《舞鹤赋》："始连轩以凤跄，终宛转而龙跃。踯躅徘徊，振迅腾摧。"《晋白舞歌诗》："宛若龙转乍低昂"，汤惠休《白歌》二首之一："徘徊鹤转情艳逸。"
②《汉书·景十三王传》注引应劭曰："景帝后二年诸王来朝，有诏更前称寿歌舞。定王但张袖小举手，左右笑其拙。上怪问之，对曰：'臣国小地狭，不足回旋。'帝乃以武陵、零陵、桂阳益焉。"汉代舞蹈时"转"为常规，若场地狭小，则难以"转"动，勉强为之，则形同"回旋"即"还"。

按语中说："钱即'遣'之借字，《三国志》有'遣健步'语。"逯先生因未能读通《公莫舞辞》，故解说不得其意。杨先生未释"钱"字，表示了审慎的态度。他解释"健步"说："'健步'就是急速快步，舞名'跑场'。用跑场表示母亲'求儿'之迫切和心意的焦躁。"这一解说符合《公莫舞》的剧情发展，对具体舞蹈动作的解释也是正确的。按《说文》："健，伉也。"《段注》："《周易》曰：'乾，健也。'"《周易·乾卦·象传》："天行健，君子以自强不息。"可见"健"有强劲意。"钱"为"践"借字。《说文》："踏，践也。""蹈，践也。"段注："《释名》：'蹈，道也'。以足践之如道。""踏""蹈"，皆汉人习用舞蹈术语。见傅毅《舞赋》，张衡《南都赋》《七盘舞赋》等。由此可知"钱［践］健步"意为"踏有力的前进舞步"。

"针缩"，杨先生言待解。按《说文》："缩，乱也，一曰蹴也。"又："蹴，蹑也"。段注："以足逆踏之曰蹴。"段注，"蹴"，"以足掌迫地不遽起"。"缩"是与"践"相对而言的一种舞步。"践"为趋向于前；"缩"为趋向于后。"针"为"振"借字。这里指以脚用力顿地。张衡《西京赋》"振朱屣于盘樽"与卞兰《许昌宫赋》"振华足以却蹈"中的"振"字都是这种用法。由此"针［振］缩"的具体舞法可以描述如下：舞者将脚抬起，然后用力下顿，下顿时以脚掌着地，着地时有向后蹴的动作，着地后不马上抬起，而稍作稽留，并由此身体的重心有所下降。这种舞步以夸张的脚顿地的力度来表达某种强烈的感情。在《公莫舞》中，母亲以此来表示自己因儿子即将离开而产生的悲伤与无奈。

"三针一发"，不见于其他文献。今按"针"当是"针缩"之省，为"振"借字。"发"，《说文》："射发也。"段注："引申为凡作起之称。"在这里当是指一种纵跃的动作，即张衡《西京赋》"纵体而迅赴"。由于作"针［振］缩"的动作时身体的重心有所下降，故有此称。简言之，"三针［振］一发"是重复三次"针［振］缩"的动作，然后向前作一个纵跃的舞步。在《公莫舞》中，它是用来表示母亲悲伤与急躁的一连串舞蹈动作的组成部分。

"交"在《巾舞歌辞》中仅出现一次。它是古代舞蹈中一个较为特殊的双人舞蹈舞容。《说文》："交，交胫也。"段注："交胫谓之交，引申之为凡交之称。"《释名·释船》:"所用斥旁岸曰交,一人前,一人还,相交错也。"是"交"本意为人之两腿相交,引申为一般意义上的"交错",战国末期用于描写舞蹈形象。《楚辞·招魂》:"二八齐容,起郑舞些;衽若交竿,抚案下些。"《楚辞补注》李善注:"言二八美女,其仪容齐一,被服同饰,奋袂俱起而舞也。""言舞者回旋,衣衽掉摇,回转相钩,状若交竹竿。"张衡《七盘舞赋》:"搦纤腰以互折,嬛倾倚兮低昂。"① 就是描述这一舞容的辞句。在这一舞蹈动作中,一名舞者抱持另一名舞者的腰肢,被抱持的舞者作折腰下势状。这种舞姿在隋唐之际尚有保留。谢偃《观舞赋》:"若乃巴姬并进,郑媛俱前,对席齐举,分庭共旋。乍差池以燕接,又飒沓而凫连。"② 以"差池燕接"来形容双人舞中直立抱持者与折腰下势者两人所组成的如燕尾一般的舞蹈造型。这种舞蹈造型往往是在做折腰下势的舞者"纵体而迅赴"之后。傅毅《舞赋》:"纡形赴远,漼以摧折。"就描述了这一过程。在《公莫舞》中,"交"出现在"三针[振]一发"后面,正是这个原因。

"推排",杨先生指出"是汉代时的常用语,见《汉书·朱买臣传》与《后汉书·方术传》"。其"意为互相拥来挤去,或进进退退互相推移"。剧中用来表现儿子起程离家时母子拉来推去难舍难分的情景。又,《宋书·少帝纪》言少帝刘义符行为荒唐:"及懿后崩背,重加天罚,亲与左右执绋歌呼,推排梓宫。"这里的"推排",也近于一种舞蹈动作。

"弩心",三见。杨先生认为,"'弩心',即挺胸(弩、努古今字),挺胸仰首。这是以仰首长叹动作表现悲痛。"

"平平门[频频扪]",频频拭泪,表现母亲伤心之极,泪如雨下之状。它不是一般的舞蹈术语,而是用于指示本剧特有的戏剧性表演动作。

在《公莫舞辞》中有一些特殊的舞台提示字,如"相"等。这些舞台提示字在《公莫舞辞》中出现的位置,决定于《公莫舞》剧情发展的内在逻辑和借以展示这些剧情发展过程的艺术要素的具体结构安排。"相"和"头巾"

---

① 《初学记》卷一五。
② 《初学记》卷一五。

的关系即为一例,"相"为乐器名,这里指用这种乐器伴奏。《礼记·乐记》:"治乱以相。"郑注:"相即拊也,亦以节乐。拊者,以韦为表,装之以糠,糠一名相,因以名焉。"因其演奏方式是以手拊拍,故又名"搏拊"①,或"拊搏"②。"相"又名"节"。《尔雅·释乐》:"和乐谓之节。"邢疏:"一云,节,乐器名,谓相也。"在歌舞演出中"节",即"相"的作用是控制乐的节奏。《宋书·乐志》引傅玄《节赋》云:"黄钟歌唱,《九韶》兴舞。口非节不咏,手非节不拊。"舞蹈时舞者亦需蹈节而舞。《楚辞·少司命》:"展诗兮会舞,应律兮合节。"梁简文帝《咏舞诗》:"逐节工新舞",又"逐节似飞鸿",皆为其证。乐人以手拊拍"相"为乐舞伴奏的情形,在汉画像石中时有所见,可以证明文献记载的可靠③。以"相"和"头巾"的关系而言,《公莫舞辞》中,"相"字的位置总是在"头巾"之前,因为"头巾"是《公莫舞》中特有的重要舞蹈动作,舞者蹈节而舞,需要拊"相"者拊击出特定的节奏,所以必须予以特别标明。在《巾舞歌辞》中一共有三组"相""头巾",在第二组和第三组的"相""头巾"之间,分别夹有另一个舞台指示字"哺"和语助词"吾来婴",致使它们较难被辨认出来。关于"相"与"头巾"之间何以夹有这些舞台指示字和语助词,将在下文予以说明。

在《公莫舞辞》的舞台指示字中有7个"哺声"和5个"哺"。从它们的分布和功能来看,"哺"当是"哺声"的省略。它们示意《公莫舞》演出过程中伴唱加入的时机。《宋书·乐志一》:"汉享宴食举乐十三曲,……《伎录》并云,丝竹合作,执节者歌。"《公莫舞》演出中的"执节者",即前面所说的拊"节"为舞者伴奏的人。张衡《七盘舞赋》有"拊者啾其齐列"之句。班固《答宾戏》:"夫啾发投曲,感耳之声,合之律度。"李善注:"项岱曰:'啾,口吟也。投曲,投合歌曲也'"。由此可知,在汉代歌舞演出中普遍存在伴唱,伴唱者由拊"节(相)"伴奏者担任。在《公莫舞辞》中,"哺声"所在的位

---

① 《释名》:"搏拊,以韦盛糠,形如鼓,以手拊拍之也。"
② 《礼记·明堂位》及郑注。
③ 参看萧亢达《汉代乐舞百戏艺术研究》第二章《文物资料所见汉代乐器》,文物出版社1986年版。

置一般紧靠杨先生所说的"余声语词",如"吾""邪"等之后,显示了"哺声"加入的时机和它的性质、内容,有时在两者之间夹有指示舞蹈动作的舞台指示字。由于"哺声"和上述舞台指示字所指示的对象不同——分别是拊"节"伴奏者和歌舞表演者,所以它们对判断"哺声"的性质和内容没有什么影响。特别具有启发性的是"哺"或"哺声"与"相"的关系。在《巾舞歌辞》的12个"哺"或"哺声"中,有4个与"相"紧连接。其中3个"哺"紧接"相"之后,一个"哺声"后紧接"复相"。这表示其所指示的是让"执节者"在以手拊"相"助舞的同时口吟伴唱,或在开始伴唱后即加以拊节助舞。如果我们注意到在《巾舞歌辞》中一共有6个"相"字,其中的4个和"哺"或"哺声"紧密相连,那么对两者的上述关系将会产生更为深刻的印象。

关于《公莫舞辞》中其他舞台指示字的意义内涵,及昭示它们之间相互关系的章法结构,由于篇幅的关系,将在其他文章中予以说明。相信通过以上的校点和说明,读者能够对《公莫舞辞》的内容有一个大体了解。

三

杨公骥先生认为,《公莫舞》原为中山、邯郸一带的民间歌舞剧,《公莫舞辞》的内容反映了西汉时期中山、邯郸一带人民迫于生活的压力,背井离乡,母子不能相聚的社会现实。这一研究成果,对于汉代历史文化多个领域的研究具有积极的意义,尤其为研究汉代社会史、乐府文化、中国戏剧的形成等提供了新的材料和视角,而《公莫舞辞》的著录和巾舞《公莫舞》的流传情况,对研究中国汉代到隋唐礼乐文化的传承和演变具有特殊的价值。《公莫舞》成为汉代宫廷"杂舞"的时间,据杨先生研究,应在汉武帝"立乐府而采歌谣",大规模地搜集各地民间乐舞之后,汉哀帝即位后下诏"其罢乐府"之前。据《旧唐书·音乐志》记载,一直到唐代,巾舞《公莫舞》在宫廷中还有演出。那么,从汉代到唐代,《公莫舞》是怎样流传下来的?在流传的过程中它又有那些变化?本文钩稽有关文献,试图作一个粗略的描述。

巾舞《公莫舞》被《宋书·乐志》以《公莫巾舞歌行》的名义记录下来，是其首次见之于文献。此前，它的保存情况文献不见记载。据《汉书·礼乐志》载丞相孔光、大司空何武的奏疏，在哀帝即位"罢乐府"时，有"邯郸鼓员二人"，属于未遭淘汰的三百八十八名乐人之列，转由太乐令领属。由于哀帝"性不好音"，所以这些裁汰之余不再从事被哀帝视为"郑声"的俗乐演出，而被令"朝贺置酒陈殿下，应古兵法"。前述奏疏中的"鼓"为乐舞种类，"鼓员"则为从事表演的乐人。这些乐人在汉哀帝时虽没有更多的机会表演他们原来所擅长的歌舞，但也必不肯轻易将其丢弃，尤其是演出所用底本，一定会精心保存。《公莫舞》为邯郸地方乐舞，为"邯郸鼓员"所长，《公莫舞辞》当由他们保存。《隋书·音乐志》说："自汉至梁、陈乐工，其大数不相逾越。及周并齐，隋并陈，各得其乐工，多为编户。"古代乐工及其他各种专职，多为世袭，《隋书》所说的是一种普遍的历史现象。这可以用来说明《公莫舞辞》之类的乐舞文献得以保存的途径之一。又《汉书·艺文志》载"《河南周歌诗》七篇，《河南周歌诗声曲折》七篇；《周谣歌诗》七十五篇，《周谣歌诗声曲折》七十五篇。""声曲折"为歌辞之谱①，至东汉时，班固所见"中秘书"典藏犹有西汉宫廷乐舞演出底本。以理揆之，"主领诸乐人"的太乐官员对《公莫舞辞》之类的演出本也会有所保存。

《三国志·魏书·杜夔传》说杜夔在东汉时"以知音为雅乐郎"，后依曹操，"时散郎邓静、尹齐善咏雅乐，歌师尹胡能歌宗庙郊祀之曲，舞师冯肃、服养晓知先代诸舞，夔总统研精，远考诸经，近采故事，教习讲肆，备作乐器，绍复先代古乐，皆自夔始也"。杜夔的"弟子河南邵登、张泰、桑馥，各至太乐丞，下邳陈颃司律中郎将"。则有魏代所用乐，皆传自杜夔，《晋书·乐志》《宋书·乐志》所载略同。又《宋书·乐志》言晋司律中郎将名陈颃，应与《三国志》所记为一人。如此，则杜夔的影响远至西晋，而杜夔所传习古乐，应包括《公莫舞》等古舞在内，说见下。

---

① 逯钦立《汉诗别录》引王先谦《汉书补注》说。

西晋初，用魏乐①。《宋书·乐志》载泰始五年（公元269年）张华上表言："按魏上寿食举诗及汉代所施用，其文句长短不齐，未皆合古。盖以依咏弦节，本有因循，而识乐知音，足以制声，度曲法用，率非凡近所能改。二代三京，袭而不变。虽诗章词异，兴废随时，至其韵逗曲折，皆系于旧，有由然也。是以一皆因就，不敢有所改易。"则西晋时古乐旧谱尚保持原貌。

东晋初，因仓惶南渡，虽曰沿用旧乐，实则未备，而乐舞文献，尚有所保存。《宋书·乐志》载晋太常贺循答尚书词："魏氏增损汉乐，以为一代之礼，未审大晋乐名所以为异。……旧京荒废，今既散亡，音韵曲折，又无识者。"就说明了这种情况。永和以后，江北乐人颇有南渡者。《宋书·乐志》说："晋氏之乱也，乐人悉没戎虏。及胡亡，邺下乐人，颇有来者。……太元中，破苻坚，又获乐工杨蜀等，闲习旧乐，于是四箱金石始备焉。"②东晋永和以后，旧乐虽渐有传习，但中断时间已长，不但有司不能识其音韵曲折，乐人也只能"记其鼓舞，而不能言其义"了，故对《公莫舞》内容的理解有前引伏滔"项庄剑舞"的误说。

刘宋、南齐、梁三朝皆有《公莫舞》。《隋书·音乐志》载"三朝设乐"第二十，"设《巾舞》并《白纻》"。《南齐书·乐志》载有《公莫舞辞》残句40字，与《宋书》所载颇有异，可证当时存在另一个《公莫舞》的演出本。《南齐书》并说："建武初，明帝奏乐至此曲（《公莫舞》），言是似《永明乐》，流涕忆世祖云。"则可知南齐一朝多次演奏此曲。《隋书·音乐志》载梁武帝报沈约书云："鞞、铎、巾、拂，古之遗风。"证明他们之间讨论过有关巾舞《公莫舞》的问题。《南史·梁本纪》载齐竟陵王萧子良开西邸，招文学，梁武帝曾与沈约、谢朓等八人并游焉，号曰"八友"，而以梁武为领袖。故钟嵘《诗品序》说他"昔在贵游，已为称首"。《南史》又说他"制造礼乐，敦崇儒雅，自江左以来，年逾二百，文物之盛，独美于兹"。据《隋书·律历志》，梁武帝还精于钟律，著有专书。如此，作为前代古乐的《公莫舞》在梁代的

---

① 《晋书·乐志》《南齐书·乐志》。
② 《晋书·乐志》作"永嘉之乱，海内分崩，伶官乐器，皆没于刘、石"。

宫廷乐舞中有一席之地也就毫不奇怪了。《公莫舞》也保留在陈朝宫廷乐舞中，《隋书·音乐志》："至太建元年，定三朝之乐"，"祠用宋曲，宴准梁乐"。其中包括《公莫舞》，说详下。

南北朝末年，《公莫舞》随其他南朝宫廷乐舞一起，多次被掠往北方，并成为隋代宫廷乐舞之一部。《魏书·乐志》："初，高祖讨淮、汉，世宗定寿春，收其声伎。江左所传中原旧曲，《明君》《圣主》《公莫》《白鸠》之属，及江南吴歌、荆楚四声，总谓《清商》。至于殿庭飨宴兼奏之。"《隋书·音乐志》："及王僧辩破侯景，诸乐并送荆州。……荆州陷没，周人不知采用，工人有知音者，并入关中，随例没为奴婢。""恭帝元年，平荆州，大获梁氏乐器，以属有司。""武帝以梁鼓吹熊罴十二案，每元正大会，列于悬间，与正乐合奏。"按：北周所获乐中包括所谓"梁家旧曲"在内。《隋书·音乐志》："开皇九年，平陈，获宋、齐旧乐，诏于太常置清商署，以管之。求陈太乐令蔡子元、于普明等，复居其职。"据同书，这些"宋、陈旧乐"中有《公莫舞》在内。"隋末大乱，其乐犹全"，唐初，并为袭用①，而"武太后之时，犹有六十三曲"的"南朝旧乐"中包括《公莫舞》在内②。

《公莫舞》的舞容，自西汉至唐代，发生了很大的变化。从《公莫舞辞》可以看出，汉代《公莫舞》是由两人表演的表现世俗生活的小型歌舞剧，到西晋初，已有前引误解。说明当时人们已经因演出脚本辞、声不分而不知其义了，其表演形式也当在此时而变。关于《公莫舞》的表演人数，《隋书·音乐志》载牛弘奏请引"杨泓云：'此舞本二八人，桓玄即真，为八佾。后因而不改'"。又说："平陈所得者，犹充八佾"。此为隋初《公莫舞》的舞蹈阵容。同书载隋文帝的诏令："其声音节奏及舞，悉宜依旧。惟舞人不须捉鞞拂等。"可知在舞具方面也有改变。

从《隋书·音乐志》及《旧唐书·音乐志》的记载来看，《公莫舞》所用音乐一直保存到了唐代。之所以能如此，主要因为它具有前代旧乐的经典地

---

① 《旧唐书·音乐志》。
② 《旧唐书·音乐志》。

位[①]。如果追溯到西汉，哀帝罢乐府时，将诸俗乐交太乐领属，虽减少了它们在当时的演出机会，却使其"实已跻身于雅乐行列"[②]。《隋书·音乐志》载牛弘的话，说它"检此虽非正乐，亦前代旧声"。反映了中国礼乐史上一个带有普遍意义的历史观。开皇二年（公元582年），隋文帝说："梁乐亡国之音，奈何遣我用邪？"颇为嫌弃，到开皇九年却赞叹南朝乐为"华夏正声"。《隋书·高祖纪》载开皇九年十二月甲子下诏说："制礼作乐，今也其时。"又说："朕情存古乐，深思雅道。"这并非无端发思古之幽情，而是现实政治的需要，以此来标榜他是华夏文化的正统。此理前人已有论及，我们就不再赘述了[③]。

[①] 在中国传统的审美观念中，古与雅是密切相关的两个概念。除传习次第外，这也是前面所说"好古存正"的杜夔所"绍复先代古乐"中包括《公莫舞》在内的原因之一。
[②] 萧亢达：《汉代乐舞百戏研究》，第100页。
[③] 参见范文澜《中国通史简编》第三编第一册，人民出版社1965年版，第101页。

《汉鼓吹铙歌十八曲》的文本类型与解读方法*

《汉鼓吹铙歌十八曲》是早期文献记载的一组汉代乐府歌诗，具有很高的文献价值。它最早著录于《宋书》卷二十二《乐志四》，又见于《乐府诗集》卷十六《鼓吹曲辞一》与《汉书·礼乐志》所载《安世房中歌》十七章及《郊祀歌》十九章，同为研究汉代乐府文学的重要材料。关于《汉鼓吹铙歌十八曲》的名实源流，历代学者作过不少探究。赵敏俐教授《〈汉鼓吹铙歌〉十八曲研究》对此有较完备的梳理和总结，可以参看。①

与《安世房中歌》十七章及《郊祀歌》十九章不同的是，《汉鼓吹铙歌十八曲》未经汉代学者的整理，故无完整的文学文本传世。《宋书》所著录者主要是其曲唱本。《宋书》卷十一《志第一·志序》说："今鼓吹铙歌，虽有章曲，乐人传习，口相师祖，所务者声，不先训以义。今乐府铙歌，校汉、魏旧曲，曲名时同，文字永异，寻文求义，无一可了。"可见早在六朝时期，包括《汉鼓吹铙歌十八曲》在内的乐府歌诗曲唱文本的解读已经成为学术难题，故历史上的研究者对此多望而却步。清代以后有学者对其着力笺释，近代学者也有不少人用力甚勤，但仍有不少语句乃至整篇不能读通者。可以说，文本解读是《汉鼓吹铙歌十八曲》研究中遇到的最大困难。本文尝试在前代学者研究的基础上对《汉鼓吹铙歌十八曲》进行分类解析，以求最大限度地解决这一学术疑难，希望得到方家的指正。

---

* 本文原载于《复旦学报：社会科学版》2005 年第 1 期，第 10—17 页。
① 赵敏俐：《〈汉鼓吹铙歌〉十八曲研究》，《文史》2002 年第 4 期。

一

《汉鼓吹铙歌十八曲》诸篇文本可以分为三个主要类型：第一类是典型的汉魏六朝歌诗曲唱文本。这类文本历来被认为是"声辞杂写"，难以通读，《石留》为其代表。第二类文本虽可大体读通，但篇中"辞、声"并未全部分清，主旨往往未得到正确认识，如《朱鹭》等篇。第三类接近通常所见的乐府歌诗文本，虽似字字可识，句句可读，但由于其文体特性未得到认识，解读方面仍然存在较大问题，如《远如期》等篇。

关于汉魏六朝乐府曲唱文本的文本特征与解读方法，历代有不少讨论，现根据本文需要，简述如下。

在现存文献中，较早明确集中地提出乐府曲唱文本问题的是《乐府诗集》。《乐府诗集》卷十九《宋鼓吹铙歌三首》解题引《古今乐录》说："凡古乐录，皆大字是辞，细字是声，声辞合写，故致然尔。"指出了"声""辞"杂写是某些乐府古曲难以读通的原因。《乐府诗集》卷二十六《相和歌辞一》小序引王僧虔《启》，对产生这一现象的原因从另一种角度分析说："当时先诗而后声，诗叙事，声成文，必使志尽于诗，音尽于曲。"大意是说，歌诗曲唱文本的产生过程是，先创作诗歌，然后被之管弦。诗歌即歌诗的文学文本重于叙事，故作者务使歌辞叙事明了，曲唱的歌者则着重音乐意蕴的表达。

《乐府诗集》还说："诸调曲皆有辞、有声""辞者其歌诗也，声者若'羊吾夷''伊那何'之类也"。也就是说，"歌诗"中表达思想内容的文字，即主要唱词为"辞"，而句中衬字和句末的曼声余韵为"声"。同书同卷《相和六引》小序自《古今乐录》转引张永《元嘉正声技录》说："相和有四引，一曰箜篌引，二曰商引，三曰徵引，四曰羽引。……古有六引，其宫引、角引二曲阙，宋唯箜篌引有辞，三引有歌声，而辞不传。"这里所说的"歌声"与"辞"相对举，与前面对举"辞""声"关系相类而有所不同。它包括唱词讹误了的"辞"和歌中衬字与句末的曼声余韵等，其文字记录，即我们今天所看到的古乐府曲唱文本。

从文本性质来说，曲唱文本是乐人所用的工作本。这种文本在舞台艺

领域中被称为"科仪本"。从产生的机理来说,曲唱文本的产生是乐人记录歌辞时依声录字,不计其义的结果。在礼乐制度史上,歌诗传承有"乐家"与"诗家"之别,两家对歌诗的关注点不同。乐家所重在声律,诗家所重在文义。① 故《汉书·艺文志》载,"制氏以雅乐声律,世在乐官,颇能纪其铿锵鼓舞,而不能言其义"。可见乐府曲唱文本的产生和流传受到中国古代礼乐制度和艺术传统的制约。

《古今乐录》"声辞合写"及"辞""声"相异的说法,是指导人们解读古代乐府曲唱文本的重要理论,对人们认识古代乐府曲唱文本的性质起到很大作用。但古代学者的这些理论,阐述十分简略,人们至今尚难以很好地利用它解决古代乐府曲唱文本的复杂问题。

二

下面,我们首先对《汉鼓吹铙歌十八曲》中的第十八篇即最后一篇《石留》进行解读。该篇现存各版本如《宋书·乐志》及《乐府诗集》本皆无标点,历来公认不可解,如胡应麟《诗薮》说:"《铙歌》《朱鹭》《思悲翁》《艾如张》语甚难绎,而意尚可寻。惟《石流》篇名词义,皆漫无指归,后人臆度纷纷,终属讹舛。"② 该篇既最难读,又具备汉魏六朝曲唱文本的多种基本特征,在《汉鼓吹铙歌十八曲》中最具典型性,通过对它的解读,可以总结和验证解读汉魏六朝乐府曲唱文本的基本方法,所以我们将其作为首选的研究对象。《石留》全篇文字如下:

石留凉阳凉石水流为沙锡以微河为香向始𪑷冷将风阳北逝肯无敢与于杨心邪怀兰志金安薄北方开留离兰

---

① 王国维:《汉以后所传周乐考》,《观堂集林》卷二。
② 胡应麟:《诗薮》,上海古籍出版社1958年版。

《汉鼓吹铙歌十八曲》的文本类型与解读方法

上述《石留》篇的文字录自中华书局校点本《宋书》。《乐府诗集》中华书局校点本该篇第31字"杨"作"扬",作"扬"是。以下该字出现时径作"扬",不再出校语。《乐府诗集》该篇篇后的注解说:"留:《古乐府》卷二作'流',注:'一作留。'"与下文对校,"流"当为正字,而"留"为"流"的记音字。这些异文都是解读该篇文字的重要线索。

按照人们对古代诗歌的一般认识,上引《石留》的文字是难以读通的。现在我们已经知道,典型的汉魏六朝歌诗曲唱文本的形成,不但是依声录字,而且往往插入乐工的标记语,这是我们据以解读乐府歌诗曲唱文本的基本理论出发点。下面,我们依此对《石留》进行解析。第一步先剥离篇中的乐工标记语。

清代学者李调元已经发现古代乐府曲唱文本中存在乐工标记语。他在《雨村诗话》中说:"《临高台》,军中铙歌题也。作者胸中民胞物与,慨然有皋、夔、稷、契之思,故借题以展其宿抱。末句'收中吾'三字,是乐工标记语,言此《临高台》一阕,其收声之音,则在吾字之中音耳。此句不列章内。"① 徐仁甫先生《古诗别解》卷四在引述此语后说:"《石留》之'开留离兰'亦乐工标记语。谓歌者歌'留'字,当开展其音;歌'兰'字,当离隔其音。此句亦不列章内,或小写之。如此,则所记之声与辞有别而可分矣。"②

将《石留》篇尾的"开留离兰"四字剥离。则该篇后半部"心邪怀兰志金安薄北方开留离兰"14字可校读为"心邪怀兰志,金〔今〕安薄北方。——开留离兰"。篇中"金""今"两字音同相借。

上述曲句的校勘,是将《石留》全篇的文本状况联系在一起作出的判断。只有如此,才能对乐府曲唱文本作出较为接近原貌的解读。前辈学者在这方面有正反两方面的经验和教训。我们在前文曾引《古诗别解》关于《石留》篇中"开留离兰"四字当"不列章内"的见解。但在同书同卷43条《〈石留〉"心邪,怀兰志金"四句解》中,该书作者却做出了与这一正确见解大相径庭的论述。该条说:

---

① 李调元:《雨村诗话》,《清诗话续编》1518—1519页,上海古籍出版社1983年版。
② 徐仁甫:《古诗别解》,上海古籍出版社1984年版。

"心邪，怀兰志金，安薄北方？——开留离兰。"《易》曰："二人同心，其利断金；同心之言，其实如兰。"此心怀兰志金，并用《易》义。兰以代"河为香"之香。金以喻"石水流为沙"之沙。怀之志之，坚守不移也。安薄北方？安犹何也，岂也，薄谓轻弃，言我岂轻弃此北方哉？"开留离兰"，开离互文，今言离开。留兰亦互文，谓此石留之地，譬如芝兰之室。"开留离兰"即"薄北方"之同义语，故"安薄北方"犹言安肯"开留离兰"耶？

这里，徐先生又将"开留离兰"作为"列于章内"的曲唱文辞来对待。其读"怀兰志金"之所据出《易系辞上》。《易系辞上》的有关文字为："'同人先号咷而后笑'。子曰：'君子之道，或出或处，或默或语。二人同心，其利断金。同心之言，其臭如兰。'""二人同心，其利断金"，《周易正义》孔颖达《正义》解释说："二人若同齐其心，其纤利能断截于金。金是坚刚之物，能断而截之，盛言利之甚也。此谓二人心行同也。""同心之言，其臭如兰"，《正义》解释说："言二人同齐其心，吐发言语，氤氲臭气，香馥如兰也。此谓二人言同也。"由此，可知徐先生所释与《易》之义不相符合。"金以喻'石水流为沙'之沙"，"谓此石留之地，譬如芝兰之室"，以及"'开留离兰'即'薄北方'之同义语"等，也过分牵强，令人难以信从。

乐府歌诗曲唱文本的解读规律，由其文学文本与曲唱文本的对勘得以发现。这方面最关键的突破产生于孙楷第先生对《宋书·乐志》所载"今鼓吹铙歌词"的研究。1946年9月孙楷第先生在《经世日报》副刊《文艺》发表《〈宋书乐志今鼓吹铙歌词〉考》，后收入《沧州集》。① 孙先生在该文中指出，"今鼓吹铙歌词"中的《上邪曲》，实际上是晋代傅玄所造鼓吹曲《大晋承运期》在刘宋时期的曲唱本。这是研究古代乐府曲唱文本难得的理想材料。通过对二者的对比分析，可以帮助我们建立古乐府曲唱文本的解读理论。下面对此进行具体说明。《上邪曲》第一解的曲辞是：

---

① 孙楷第：《沧州集》，中华书局1965年版。

大竭夜乌自云何来堂吾来声乌奚姑悟姑尊庐圣子黄尊来餭清婴乌白日为随来郭吾微令吾

《大晋承运期》前四句是：

大晋承运期，德隆圣皇。时清宴，白日垂光。

将《上邪曲》与《大晋承运期》的有关部分对勘，孙楷第先生得出如下结果（依原格式）：

大竭（大晋）夜乌自云（运）何来堂吾来声乌奚姑悟姑尊庐圣（圣）子黄（皇）尊来餭清婴（时清宴）乌白日（白日）为随来郭吾微令吾

统计结果显示，《上邪曲》中共有10个字与《大晋承运期》相同或记以音同、音近字。进一步分析，可以发现两者的"辞""声"对应关系还不止于此。下面依照古乐录"大字是辞，细字是声"的原则，按孙楷第先生所拟模式，将《上邪曲》判别"辞""声"，对勘如下：

"大竭（大晋）夜乌自云（承运）何来堂（德）吾来（隆）声（圣）乌奚姑悟姑尊庐圣（圣）子黄（皇）尊来餭（皇+时）清婴（清宴）乌白日（白日）为随（垂）来郭（光）吾微令吾"。

上列文字中：

"大竭"与"大晋"相应。"竭"系"晋"的借字。

"夜乌"与后面的"尊庐""微令吾""吾""来"等，都是"今鼓吹铙歌"中常用的表声衬字。

"自"当由"承"字的行草书体而讹。

"云"为"运"借字。

"何来"是六朝曲唱中的常见衬字,见《巾舞歌辞》等。①

"堂"为"德"的借字。"堂"属阳部,"德"属职部,从一般的音韵学理论看来,似难通借,但在曲唱本中却是可能的。孙楷第先生在前举文中发现"今鼓吹铙歌"《艾如张》曲中有"衔针"借为"咸震"的例子,道理与之相似,即由于演唱者吐字发声时,因牵就曲调而造成发音部位和发音方法的改变。"德"记为"堂"是演唱中因拖腔而加入鼻音的结果。上面"竭""晋"相借,情况与此相似。

"来"一般作"声"辞,但这里作为"隆"的记音字。《大晋承运期》"福胙盈"在刘宋"今鼓吹铙歌"中作"福胙夜"是同样的例子。

"声"与下文的"圣"字同为"德隆圣皇"的"圣"在曲唱中的记音字。两者是复唱关系,由于"圣"字在演唱中受曲调影响而发生了读音变异,依声记为两字。

"餭"为"食"与"皇"字的合写。其中右旁的"食"为"时清宴"中"时"的记音字,又与"皇"字合写。"婴"与"宴"是前后鼻音不同。②"随"为"垂"之借,两者皆歌部字。"郭"借为"光",与前面的"堂""德"相反,是在演唱中脱落了鼻音。

由以上可见,除"期"字外,《大晋承运期》相关文字在《上邪曲》中字字都有着落。"期"字的省脱,是乐府曲唱中的有趣现象。将《大晋承运期》和《上邪曲》对勘,可以发现前者一、三句以"期""宴"为句尾字,不设韵;二、四句以"皇""光"为韵。后者则因为"期"字的省脱而变为一、三句的"运""宴"和二、四句的"皇""光"交叉用韵。这是乐工演唱时加工改造的结果。孙楷第先生在前举文中曾指出,"文人作词,唱的时候,往往不叶音律。所以必须改字或重叠其句。我们看汉魏的清商三调歌词,时常发觉本词和乐工歌的词出入甚多,也是这个道理"。

---

① 参见姚小鸥《巾舞歌辞校释》,《文献》1998年第4期。
② 参见卿三祥《〈刘宋鼓吹铙歌三首〉商榷》,《文献》1996年第4期。

由以上案例分析，可知典型的汉魏六朝乐府曲唱文本的形成大体有以下几个方面的规律：

（1）依音录字，不计其义。

（2）文学文本中的某一个字可能依照实际演唱，用音同、音近的两字或多字记录。

（3）复唱与主要唱辞一并录入。

（4）衬字依演唱实际录入。

（5）可因演唱中协律、协韵的需要而省略文学文本中的某些文字。

在传抄过程中，曲唱文本中存在两字并为一字书写，以及一字先写为他字，又产生形讹；先写为他字，再两字并为一字，或又产生讹变的现象。另外，乐工可能按照自己的理解，结合曲唱的需要而改写歌诗文本的某些句子，如《大晋承运期》的"百寮股肱并忠良"，在刘宋"今鼓吹铙歌"《上邪曲》中被改为"百寮为国日忠良"就是这样的例子。又，今传世本《上邪曲》中"忠良"的"良"字原作"雨"。孙楷第先生指出，该字系由"良"记为"两"，再由"两"讹为"雨"。这一论断是准确的，在传世文献和出土文献的整理中，都可见"两""雨"相讹的现象。①

参照以上规律，依篇中韵脚，可以将《石留》断句如下：

石留凉阳凉，
石水流为沙锡以微河为香向？
始䍐冷，
将风阳。
北逝肯无？
敢与于扬。
心邪怀兰志，

---

① 参见姚小鸥《汉魏六朝曲唱文本的破译及其在乐府文学研究中的意义》，《文艺研究》2002年第4期。

金安薄北方。

——开留离兰

以上断句结果显示,《石留》系以"凉""向""阳""扬""方"为韵的歌诗,本篇如此可大体读通。下面再参照前面所述曲唱文本规律,将各行即各句加以校正。

第一行的"留"为"流"的借字。但"石流"不辞,当有省脱。何承天在东晋安帝义熙年间仿《汉鼓吹铙歌十八曲》私造《鼓吹铙歌十五篇》,其《石流篇》首句为"石上流水,湉湉其波"①。如此,可知"石流"之间必省脱"上"字。这和《上邪曲》省脱"期"字的情况相似。本篇第二行有"水流"字样,上引何承天所造曲作"流水",看来"流"字前后可能有省脱字,但在文献校勘时尽量不增减字。"涼"通作"凉",第二个"凉"为复唱。"阳"为衬字,以小字标出。该句可读为"石上流凉阳凉"。《石留》篇名当为《石流》。(清人李因笃《汉诗音注》②和胡应麟《诗薮》等径作《石流》)。

第二行"水流为沙"的"沙"字当为"何"字之讹。系由"何"记为"河",又由"河"字误传抄为"沙"。"锡以"为唱句中的衬字,由"兮"拖腔而分为两字,"以"为"锡"字的曼声余韵。"微"在六朝曲唱文本中常用作衬字,这里用作"为"的复唱记音字。"河"即"何"之讹。"香""向"两字同为"向"字的记音字。记为两字,是由于演唱中受唱腔影响而发生语音变化所造成。该句校为:"石水流为(沙)[何]锡以[兮](微)[为](河)[何]为(香)向?"其中"石"字涉上句而衍,全句读为"水流为何兮为何向?"

第三行的𥻘字系"奚"字与"禾"字的合写。"奚"为曲中衬字,与"兮"音同;"禾"为"何"的记音字。该句当读为"始兮何冷"。

第四行:"阳"与"扬"为同音借字。该句当为"将风扬"。

---

① 何承天所造曲载《宋书》卷22《乐志四》。何氏为晋宋著名礼乐专家,精于律历,刘宋初曾与傅亮共撰朝仪,《宋书》卷64有传。其仿作《汉鼓吹铙歌十八曲》的时间大大早于《宋书·乐志》的撰作年代,故足资为本篇校勘之参考。
② 李因笃:《汉诗音注》,《关中丛书》本,陕西通志馆印。

第五行:"北逝肯无"即"北逝肯否",不必改字。

第六行:"敢与于扬"与前面"将风扬"相呼应。

第七行:"心邪怀兰志","邪"字是乐府歌诗中常见的感叹词,与前述曲唱中的衬字不同。"兰志",喻高洁之志。

第八行:"金安薄北方","金"为"今"借字,见前述。

第九行:"开留离兰"为乐工标记语,当不列章内,见前述。

如此,《石(留)流》全篇的文辞可读为:

石流
　石[上]流凉阳凉,
　(石)水流为何兮为何向?
　始兮何冷,
　将风扬。
　北逝肯无?
　敢与于扬。
　心邪怀兰志,
　今安薄北方。
　——开留离兰

上文[ ]内"上"二字系本文增补,"石"字加( )表示当删。经过校正的《石(留)流》文本,不但与现存汉代诗歌的风格相类,在内容方面也与汉代人的思维方式相符合。有学者指出,汉代人以四时、五行与礼乐性情相配,① 如汉代著名文学家扬雄在《太玄数》中说:"一六为水,为北方,为冬……性智,情悲。"② 人们可以看出这类思想和《石(留)流》在内容方面的明显联系。

---

① 郑万耕:《易学中的元亨利贞说》,《首都师范大学学报:社会科学版》2004年第3期。
②《太玄集注》198页,中华书局1998年版。

三

在解读乐府曲唱文本时，除区分辞声和剔厘乐工用语外，还应该注意结合广泛的文化背景。这一问题在解读《朱鹭》篇等第二类铙歌文本时尤为重要，如前所述，《朱鹭》虽可大体读断，但其"辞、声"问题并未彻底解决，主旨更未得到正确认识。该篇的文辞是：

朱鹭，鱼以乌路訾邪。鹭何食，食茄下。不之食，不以吐，将以问诛者。

以上按中华书局校点本《宋书·乐志》录。《乐府诗集》中华书局校点本于"乌"后断句，并以括号内小字标"路訾邪"三字，注明为"表声字"。《宋书》于"诛"字后原注"一作谏"。《乐府诗集》注同，该书校点者并注明"作'谏'是"。

关于《朱鹭》的内容，历代学者一般以为与建鼓有关，并进而以为该篇主旨与"谏者"有关。其说法与《乐府诗集》该篇小序有关。该小序说：

《仪礼·大射仪》曰："建鼓在阼阶西南鼓。"《传》云："建犹树也，以木贯而载之，树之跗也。"《隋书·乐志》曰："建鼓，殷所作。又栖翔鹭于其上，不知何代所加。或曰，鹄也，取其声扬而远闻。或曰，鹭，鼓精也。或曰，皆非也。《诗》云：'振振鹭，鹭于飞。鼓咽咽，醉言归。'言古之君子，悲周道之衰，颂声之息，饰鼓以鹭，存其风流。未知孰是。"孔颖达曰："楚威王时，有朱鹭合沓飞翔而来舞，旧鼓吹《朱鹭曲》是也。"然则汉曲盖因饰鼓以鹭而名曲焉。

陈沆《诗比兴笺》承上说，又因《三国志·裴注》"禹立谏鼓于朝"的说法，以为"汉初内设御史大夫，外设刺史，纠举权贵奸滑，故取鹭为兴。乌当作欸。欸，呕吐也。"《尔雅·释草》：'荷，芙蕖，其茎茄，其本蔤。'荷下鱼所聚，故鹭当食于荷下。苟不之捕食，又不以吐者告，则纵奸养慝，所司何事乎？《诗》曰：'维鹈在梁，不濡其翼。彼其之子，不称其服。''将以问谏者'之谓也。"①

尽管上述说法似乎已成为定论，但仔细分析可知，"汉曲盖因饰鼓以鹭而名曲焉"及以鹭喻谏官说实大可怀疑。《乐府诗集》所引材料仅能说明建鼓在古代曾以鹭为饰，其义本与谏官无涉。所引"振振鹭，鹭于飞。鼓咽咽，醉言归"为《鲁颂·有駜》中诗句，所涉及者为古代礼乐文化中"鼓"和"羽舞"之间的关系。《诗比兴笺》以作呕吐之解的"欸"字解"乌"，极为不通。但其引"《诗》曰"，却能引起人们对《朱鹭》意旨的思考。

水鸟和鱼这一组意象的性爱文化内涵，自闻一多《说鱼》发表以来，已为大家所熟知和承认。陈沆所引《诗》为《曹风·候人》，其中"维鹈在梁，不濡其翼"，比喻男子"不遂其媾"，故被曾与之恋爱的女子责骂为"不称其服"。②《朱鹭》一篇的训释与主题和此相关。

按《朱鹭》篇"将以问诛者"一句中，"诛"字为"姝"字之借，"一作谏"者非是。"姝者"即"美人"或"爱人"。"问"乃"何用问遗君"之"问"。该句言朱鹭以鱼为聘问之礼，遗赠"姝者"。

解作"美人"或"爱人"的"姝者"，见于多种古代典籍。《鄘风·干旄》三见。其首章曰："孑孑干旄、在浚之郊。素丝纰之、良马四之。彼姝者子，何以畀之？"二章言："彼姝者子、何以予之？"三章言："彼姝者子、何以告之？"文中描写一贵族男子对"姝者"欲有所问遗和表白。《齐风·东方之日》中"姝者"两见。其首章曰："东方之日兮，彼姝者子、在我室兮。在我室兮、履我即兮。"二章内容相类。两篇具言在"东方之日"和"东方之月"出现的时候，"彼姝者子"出入主人公之内室，履于其席第，身份不言而喻。

---

① 陈沆：《诗比兴笺》，上海古籍出版社1981年版。
② 《说鱼》载《闻一多全集》卷3，湖北人民出版社1993年版。所引《诗经》两篇内容的解说参见姚小鸥《诗经三颂与先秦礼乐文化》，北京广播学院出版社2000年版。

在《汉鼓吹铙歌十八曲》传唱的汉魏六朝时期,"姝者"或省称"姝",继续出现在乐府诗歌和其他文学作品中。汉乐府诗《陌上桑》"使君遣吏往,问是谁家姝"之句,为大家所熟知。江淹《莲华赋》:"故河北棹歌之姝,江南采菱之女……知荷华之将晏,惜玉手之空伫。"① 将美人和荷花联系在一起。

以上种种,提示我们将《朱鹭》曲中"鹭鸟""鱼""莲荷""美人"和"聘问馈赠"等意象联系在一起,这篇歌诗的主题和意义不是已经彰明较著了吗?

主题和意义揭示以后,《朱鹭》曲的断句和词语注释问题可迎刃而解。闻一多指出"路訾"当读为"鹭鹚"。② "鹭""鱼"之间无动词,当有脱字,今以"食"字补。"以乌"为声字。如此,《朱鹭》全篇当断为:

朱鹭[食]鱼以乌,(路訾)[鹭鹚]邪。
鹭何食,
食茄下。
不之食,
不以吐,
将以问(诛)[姝]者。

该篇以"鱼""邪""下""吐""者"为韵,曲唱时的韵脚字"乌"也属鱼部,音韵和谐,具有浓郁的民歌风味,在乐府歌诗中应属珍品。

《汉书·艺文志》说:"自孝武立乐府而采歌谣,于是有赵代之讴,秦楚之风,皆感于哀乐,缘事而发,亦可以观风俗,知薄厚云。"由是可知,赵代是乐府歌诗的重要来源地。扬雄《方言》卷一说:"……赵魏燕代之间曰姝,或曰妦;自关而西,秦晋之故都曰妍;好,其通语也。"以上引包含"姝者"的歌诗文献材料,对照《方言》所述,从称谓用语来看,可知《朱鹭》曲或与《陌上桑》同出自赵代河北之地。江淹以"河北棹歌之姝,江南采菱之女"

---

① 俞绍初等校注:《江淹集校注》第207页,中州古籍出版社1994年版。
② 闻一多:《乐府诗笺》,《闻一多全集》卷5。

对举，并非虚言。这一点，也显示出赋体文学写实的重要特征。

四

我们在前文已经指出，《汉鼓吹铙歌十八曲》中的第三类文本，似能通读。但无论是在其文体的理解方面，还是文字的考释方面，都还存在不少问题。下面通过解析《远如期》一篇，以说明乐府歌诗的某些特点、性质与解读方法。《远如期》全篇文辞如下：

> 远如期，益如寿。处天左侧，大乐万岁，与天无极。雅乐陈，佳哉纷。单于自归，动如惊心。虞心大佳，万人还来，谒者引向殿陈，累世未尝闻之。增寿万年亦诚哉。

在《汉鼓吹铙歌十八曲》中，《远如期》是少数确知所记历史事实的诗篇。陈本礼《汉诗统笺》一书指出，其所记为"甘露二年冬十二月，呼邪韩款五原塞，愿奉国珍期于三年正月朝汉，如期而至也"[①]。该篇史实既明，又句句可读，似乎不必细校，但正如一些学者所说："逐字求解，颇有不能知者。"[②]所以历代学者异议甚多。第一句"远如期，益如寿"，陈直说："谓匈奴远道如期来朝"（按此说同陈本礼《汉诗统笺》）。[③]郑文则认为："期，与祺通。如，并读为汝。"（按此说同清代庄述祖《汉鼓吹铙歌句解》）。[④]

"虞心大佳"，孔德《汉短箫铙歌十八曲考释》以《左传·桓十一年》"郧有虞心"语比附。或曰"虞，乐也，乐其来附也"。（此说出自《汉鼓吹铙歌句解》）郑文《汉诗研究》则释为"安心"。

[①] 陈本礼:《汉诗统笺》。江都陈氏四种本。所引乃陈氏隐括《汉书·宣帝纪》语。
[②] 孔德:《汉短箫铙歌十八曲考释》,《东方杂志》第二十三卷。
[③] 陈直:《铙歌十八曲新解》,《人文杂志》1959 年第 4 期。
[④] 郑文:《汉诗研究》,甘肃民族出版社 1994 年版。庄述祖:《汉鼓吹铙歌句解》,《珍艺宧丛书》本。

对"处天左侧"一语的认识，多有歧义。清人李因笃《汉诗音注》以为："处天左则不制于天，可以斡天使听于我，故承之云云。"陈本礼《汉诗统笺》则认为："处天左侧"系"单于逊词，犹言汉化外之人也。"庄述祖《汉鼓吹铙歌句解》引《大雅·文王》说："《诗》曰：'文王陟降，在帝左右'，《笺》云：'文王能观知天意顺其所为，从而行之。'此皆郊祀颂祝祷之词。"闻一多《乐府诗笺》认为："古称天左旋，'处天左侧'盖谓与天并行转运不息，故下文云'与天无极'"。郑文说与闻说略同，而陈直则认为"处天左侧"系"指匈奴方位而言"。徐仁甫认为该句系指方位，但他认为篇中所指为汉天子所处之方位。他在《古诗别解》中说："匈奴在中国之西，中国在匈奴之东。自匈奴言之，故以汉天子为处天的东边，故曰处天左侧。"其他说法不一一列举。

《远如期》一篇理解和阐释的关键，在于对其文体性质的正确判断，而这是历代乐府研究的学术盲点。认识到这一点，该篇的文字训诂以及诗篇大意等问题可迎刃而解。

简言之，《远如期》是一篇对唱体的乐府歌诗。该篇前半"远如期，益如寿。处天左侧，大乐万岁，与天无极"。系以匈奴单于口气对汉朝皇帝的颂美之词。"左侧"犹言"左近""侧近"。庄述祖《汉鼓吹铙歌句解》引《大雅·文王》作解最为近是。此段歌辞大意说汉天子和"天"在一起，故可"远期""益寿""与天无极"，备极称颂。句中以"侧""极"为韵（职部），歌诗后半情况较为复杂，从叙事角度来说，这一部分以汉朝天子口气出之。"佳哉纷"，闻一多《乐府诗笺》以为"佳疑读为快"，如此，与下文有参差错落之美。"虞""吾"通用，"虞心大佳"即"吾心大佳"，此乃汉天子自语。①汉代皇帝在诏书中自称"朕"，在其他场合自称"吾"，《史记》中书证甚多，如《高祖本纪》载高祖曰："吾以布衣提三尺剑取天下。"《绛侯周勃世家》载文帝赴细柳营，"使使持节诏将军：'吾欲入劳军'"。《武帝纪》载武帝语："吾诚得如黄帝，吾视去妻子如脱屣耳。""万人还来"的"来"，即《论语》"远人不服，则修文德以来之"的"来"。与结句"累世未尝闻之，增寿万年亦诚

---

① 参见高亨纂著，董治安整理《古字通假会典》，第854页。

哉"相呼应，皆为汉天子自矜之语。

尤其值得注意的是"谒者引向殿陈"一句。闻一多《乐府诗笺》引《尔雅》及《毛传》等，指出该句中"殿陈"的"陈"训"堂途"。如此，"谒者引向殿陈"一句不但句式与该篇歌诗不类，且在意义上成为累赘，又不协韵。（陈属"真"部，而其前后韵脚字皆为"之"部字）究其原委，是由于该句类于戏剧"科仪本"中的"科范字"，而与寻常诗句不同。这一问题与汉代乐府歌诗的演剧性有关。对此，我将撰专文另述。①

总之，《汉鼓吹铙歌十八曲》之类的汉魏六朝乐府歌诗曲唱文本，因具有非同寻常的文本形态，故难以用一般的方法进行解读。本文列举了三类文本中的典型个案加以分析，意在解决该组铙歌部分篇章解读中的疑难问题，并以之验证和进一步探究汉魏六朝曲唱文本的一般规律。我们的最终目的在于通过相关研究加深人们对汉魏六朝乐府歌诗本质的认识，进而探索礼乐文化在汉代的表现形态。由于这一研究的探索性质，我们的工作在方法和结论上难以骤然完善，关于这一点，希望得到大家的理解，给予我们可能的批评和帮助。

---

① 参见拙文《汉乐府的演剧性与乐府歌诗曲唱文本的解读》，待刊。

中国早期戏剧与小说研究

文物图像与唐代戏剧研究的理念、材料及方法*
——以《唐代线刻〈踏摇娘〉演剧图》研究为中心

《文物》杂志 2014 年公布的韩休夫妇合葬墓壁画"乐舞图"[①],是唐代戏剧研究的宝贵图像资料。我们曾据此撰写了《唐墓壁画演剧图与〈踏摇娘〉的戏剧表演艺术》一文,将该图命名为《唐代韩休墓壁画〈踏摇娘〉演剧图》(简称《韩休墓〈踏摇娘〉演剧图》)。文章指出,这是唐代戏剧史上前所未有的重大发现。"该图含有文献未曾记录的唐代戏剧的脚色配置、戏班构成及演剧体制等信息。它们表明,唐代的《踏摇娘》是具有一定长度的、情节相当复杂的戏剧。这对于认识中国古代戏剧乃至整个中国艺术发展史具有重要意义。"[①]

《韩休墓〈踏摇娘〉演剧图》对于唐代戏剧史研究非常重要,它的公布及我们的前述研究,理当引起戏剧史学界的深切关注和深入讨论,然而事实并非如此。文章刊出后,不但未得到广泛的采信和响应,反而对这一学术论断多有质疑者[②]。2019 年《文物》杂志上发表的《西安郭庄唐代韩休墓发掘简报》一文也未采纳我们的意见[③]。之所以产生这一现象,具有多方面的原因。

---

* 本文原载于《文艺研究》2020 年第 6 期,第 81—88 页。
① 姚小鸥、孟祥笑:《唐墓壁画演剧图与〈踏摇娘〉的戏剧表演艺术》,《文艺研究》2016 年第 1 期。
② 参见范春义《戏剧图像的价值及判定方法》,《文艺研究》2017 年第 1 期。张裕涵、曹飞:《韩休墓乐舞壁画演出类型献疑》,《文化遗产》2019 年第 3 期。
③ 陕西省考古研究院等:《西安郭庄唐代韩休墓发掘简报》,《文物》2019 年第 1 期。

首先，传统的戏剧史观制约了人们对新材料的认识，新理论的普遍接受往往滞后。其次，我们未能利用更多的文物图像，对《韩休墓〈踏摇娘〉演剧图》所示唐代戏剧特征进行更系统、更透辟的解说。反思我们的研究，材料的搜集和使用范围有待扩大，理论阐述有待进一步深入。新出土的唐人墓志图像资料《唐代邰夫人墓志线刻〈踏摇娘〉演剧图》（可简称《唐代线刻〈踏摇娘〉演剧图》）的发现，为人们提供了新的材料和机遇，预示着中国戏剧史研究即将迎来重大突破。

《唐代线刻〈踏摇娘〉演剧图》（图一）是西安大唐西市博物馆石刻馆藏唐开元23年（公元735年）"唐故处士王君夫人邰氏墓志"侧面所镌线刻图画之一（位于上侧），公布于《大唐西市博物馆藏墓志》一书中[①]。著名文物专家葛承雍先生撰文，对包括《唐代线刻〈踏摇娘〉演剧图》在内的邰夫人墓志四侧所镌线刻图画进行了比较全面的研究[②]。葛文主要从美术史的角度阐释邰夫人墓志线刻图画，行文中对图画内容也有所论及。文章称《唐代线刻〈踏摇娘〉演剧图》为"乐舞图"，并将其与韩休墓乐舞壁画进行了联系，其相关描述如下：

画面中央方形毡毯上一对唐装女子和须髯男子正在对舞，扬袖抬足，舞姿合着节拍腾跳。左侧方形毡毯上有八名女乐师执琵琶、箜篌、筝等乐器演奏，右侧方毯上有八名着幞头男乐师手持筚篥、

图一

---

① 胡戟、荣新江主编《大唐西市博物馆藏墓志》（上），第281页，北京大学出版社2012年版。
② 葛承雍:《"化画入石"：新见唐人墓志上的线刻画》，《美术研究》2019年第4期，以下称"葛文"。

笙、竖笛等配乐演奏，其中两名为满脸须髯的胡人。这幅画与韩休墓乐舞壁画造型几乎一模一样。

上引文除了指出与"韩休墓壁画造型"高度相似外，还提出画面"存有某种故事化的寓意"。"故事化"是非戏剧专业学者对于画面戏剧性的一种认识和表达。考较两图的画面呈现，可以发现它们之间的关系极为密切，具有高度的关联性和互补性。下面就此逐点进行阐述。

一、《踏摇娘》的形态构成与《唐代线刻〈踏摇娘〉演剧图》的解读

前引葛文认为，《唐代线刻〈踏摇娘〉演剧图》与"韩休墓乐舞壁画造型几乎一模一样"。这是美术史家从画图的场面布局，包括乐队配置和场上表演者的情态等方面观察所得。从戏剧史专业的角度考量，两幅画面所呈现的表演，在艺术技法上具有高度的关联性，戏剧情节具有接续性。两图所呈现的不同戏剧情境，各有其艺术内涵。

需要指出的是，上引文中"画面中央方形毡毯上一对唐装女子和须髯男子正在对舞"的描述不够准确。这一误解可能是受到"韩休墓乐舞壁画造型"的影响所致。人们可以看到，《唐代线刻〈踏摇娘〉演剧图》的画面正中，方形氍毹铺满表演场地，一男一女两名演员正在作场，皆无"抬足""腾跳"的舞蹈之姿。从戏剧情节的呈现来说，乃两角色对白之时。下面，结合画面情境，将两幅壁画中男女两角色的场上情态逐一进行对比。

《唐代线刻〈踏摇娘〉演剧图》中，男演员脚跟并起，脚尖八字分开，立于氍毹右前方，面向女子。其左臂向左后斜出甩袖；右肘靠右胁，右手抬于右胸前，空拳略举，以食指点向女子，作数落科。作为对比的是，《韩休墓〈踏摇娘〉演剧图》中，男演员"右臂肘微屈，手隐于袖内，左臂斜上抬起，屈肘回收。右腿直立，脚尖点地，左腿屈膝抬起后翘，通体作旋舞状。"[①] 其双

---

① 陕西省考古研究院等:《西安郭庄唐代韩休墓发掘简报》,《文物》2019 年第 1 期。

目炯炯，回视女演员，画面极富动感。

《唐代线刻〈踏摇娘〉演剧图》中的女演员，长裙曳地，由裙底线描呈现可推知，双脚着高翘履，呈八字隐于裙内；其左肘下垂，长袖搭于左腕之上，抬于面左颊前，目视男演员，作欲拭泪又止，待与男演员争辩状；其右臂向右后伸展下落，小臂略曲，右手隐于袖内，有手掌立起挑袖之迹。《韩休墓〈踏摇娘〉演剧图》中，"场中女演员右肘上抬，右小臂折屈于面颊前，长袖部分搭于右腕之上，部分下垂，做拭泪科。其左臂伸展下落，小臂微屈，长袖下垂。细察，可见其左手掌上立，左袖微挑起。女演员面朝场面右方，身体左倾，右膝向右前略屈，背向男演员，作欲离别状。"[①] 从舞蹈的角度来观察，《韩休墓〈踏摇娘〉演剧图》中女演员的场上情态可用舞蹈术语"举腕、移袂、回腰"等描述。其脚下"一高翘履尖挑露裙外"，脚尖向左（男角方向），这一细节与男演员直视女演员之炯炯目光形成关联，使画面结构整合为一，极具艺术张力。

如上所述，就手袖动作等艺术语言来说，两图颇为相类，可见唐代戏剧表演已经相当的程式化了。由此可证，前引葛文所言《唐代线刻〈踏摇娘〉演剧图》"与韩休墓乐舞壁画造型几乎一模一样"的感觉有着艺术呈现的现实基础，然而，从《踏摇娘》一剧的形态构成来说，两图画面的差别其实相当大。

关于《踏摇娘》一剧形态构成的具体研究，近代学者中，任半塘先生为开创者。任先生的《唐戏弄》一书于唐代戏剧研究用力甚勤，尤其第三章《剧录》专列《踏谣娘》一节，文献搜罗齐全，内容剖析全面[②]。书中认为，"《踏谣娘》为唐代全能之戏剧，在今日所得见之资料中，堪称中国戏剧之已经具体且时代最早者"。对于"全能"一语，任先生解释说："全能，指演故事，而兼备音乐、歌唱、舞蹈、表演、说白五种技艺。"[③] 关于《踏摇娘》一剧

---

① 姚小鸥、孟祥笑:《唐墓壁画演剧图与〈踏摇娘〉的戏剧表演艺术》，《文艺研究》2016 年第 1 期。
② 任半塘:《唐戏弄》，上海古籍出版社 2006 年版，第 496—529 页。
③ 任半塘:《唐戏弄》，上海古籍出版社 2006 年版，第 497 页。

的演出过程,任先生依崔令钦《教坊记》所载分析说:

> 初期限于旦末两角,旦且为主角。(自注:《苏中郎》戏以丑为主角,乃另一剧。)先出场徐步行歌,旋即入舞,歌白兼至,以诉冤苦。既罢,是第一场。末旋上,与旦对白,至于斗殴。妻极痛楚,而夫反笑乐,是第二场。至此,全剧已终。旨在表示苦乐对比,家庭乖戾,男女不平,乃完全悲剧,结构较严。
>
> 晚期之演出,多一丑角登场,扮典库,前来需索,是为第三场。①

由两幅唐墓壁画所见,《踏摇娘》一剧情节之复杂,演艺水平之高,大大超出任先生的描述。但先生仅凭传世文献,能够条分缕析,将该剧分析得清晰透辟,实属不易,在视角和方法上多有值得借鉴之处。

以上所引《唐戏弄》对《踏摇娘》一剧的分析,虽不可十分拘泥,但该剧演出过程的不同阶段,唱、念、做、打,各有侧重,乃属情理之中。关于唐代文物图像呈现的《踏摇娘》一剧之演出场面,《韩休墓〈踏摇娘〉演剧图》"选取的是《踏摇娘》经典情节中的代表性瞬间,此时是该剧戏剧冲突的高潮,殴斗之后,女子悲愤欲离,孩童的适时上场使剧情得以转化与接续,保证了戏剧的长度"②。《唐代线刻〈踏摇娘〉演剧图》所现,乃任半塘先生所分第二场中"末旋上,与旦对白"的情节。剧中夫妇双方的矛盾正在展开,戏剧高潮蓄势待发。总之,两图所选场景皆与《踏摇娘》戏剧情节的核心部分相关。这一事实显示了唐代绘画艺术家的高超技艺和对该剧情节的稔熟,反映了唐代开元年间人们对《踏摇娘》一剧戏剧艺术的普遍认知。

---

① 任半塘:《唐戏弄》,上海古籍出版社2006年版,第499—500页。
② 姚小鸥、孟祥笑:《唐墓壁画演剧图与〈踏摇娘〉的戏剧表演艺术》,《文艺研究》2016年第1期。

二、绘画传统与唐代《踏摇娘》演剧图中的舞毯问题

自2014年《文物》杂志发表"唐代韩休墓壁画"至今,有关该图演出之艺术类型的争论,集中之点在图中男女两名演出者脚下的圆形舞毯。在敦煌壁画中,多见舞者脚下有圆形舞毯。考古工作者以之比附,将"韩休墓乐舞壁画"之演艺形态命名为"胡旋舞"。跟风者不查,率从此说,或改释为"胡腾舞"等①。说者皆以舞蹈所用必为圆形舞毯,戏剧演出之氍毹必为铺满场面之方形毡毯。对于这一问题,孟祥笑在《图像史学与〈唐墓壁画演剧图〉研究的若干问题》一文已有了初步回答②。孟文引用唐代著名诗人岑参《田使君美人舞如莲花北鋋歌》的诗句,揭示了唐代胡旋舞的演出场面上"高堂满地红氍毹"的历史事实。孟文指出,《踏摇娘》为歌舞剧,"舞"与"戏"的密切关系,导致二者在表演技艺方面的交叉。这些论述清楚地说明了《唐代韩休墓壁画〈踏摇娘〉演剧图》中的舞筵形制不能证明其所表演为胡旋舞。限于当时的材料,孟文关于这一问题的讨论尚有未尽之处,《唐线刻〈踏摇娘〉演剧图》中方形氍毹的出现,从剧场史的角度弥补了《踏摇娘》研究中的一个重要材料缺憾。现在要进一步讨论的问题是,为什么两图中舞筵的形制有所不同?这一探讨不仅能够加深人们对唐代《踏摇娘》一剧演出情况的认识,而且可以为图像史学理论的丰富提供新的材料。

考察古代绘画史,结合两图风格,可以发现,两图中舞筵形制不同,这

---

① "胡旋舞"说的最初提出者为程旭(参见程旭《长安地区新发现的唐墓壁画》,《文物》2014年第12期)。持"胡旋舞"一说者有范春义(参见范春义《戏剧图像的价值及判定方法》,《文艺研究》2017年第1期)。主张"胡腾舞"或"汉化后的胡腾舞"说者有张裕涵、曹飞(参见张裕涵、曹飞《韩休墓乐舞壁画演出类型献疑》,《文化遗产》2019年第3期)。其余顺带论及者尚多,不一一列举。程氏后又提出所谓为"吸收了胡舞元素的魏晋以来中原清乐传统为主流的雅韵软舞"(参见程旭《唐韩休墓〈乐舞图〉属性及相关问题研究》,《文博》2005年第6期),以及改良后的《胡旋舞》或华化了的《胡旋舞》(参见程旭、王霞《唐韩休墓壁画〈乐舞图〉研究》,《荣宝斋》2019年第1期)。

② 参见孟祥笑《图像史学与〈唐墓壁画演剧图〉研究的若干问题》,《文艺研究》2018年第1期。

主要是画法与画工的原因。画匠的保守性，是艺术史上一个普遍的历史存在。缪哲的《以图证史的陷阱》（以下简称《证史》）一文是阐释此类文化现象的有趣文章①。作者说："凡图像（书法也是其一），往往是有其保守性的。我们看艺术史，就可知这程式化的保守，每以匠人为甚。"他说，西安出土的安伽墓浮雕，上面描写的是入华胡人（粟特人）日常的生活，然而其狩猎图中竟然有迎面射狮的形象，这在中国显然是不可能的。因为"这些场景，固可谓古中亚、西亚人的生活之写实，而狮子在中国，却是西域的贡物，是不见于林薮的"。显然，"它们的形象，是照搬了中西亚艺术的程式。"《证史》所举的另一个例子是太原出土的隋代虞弘墓壁画，画上骑马的人均无马镫，脚尖朝下。虞弘墓也是入华胡人（粟特人）的墓葬。作者指出："粟特人的美术，是源出于古西亚的；而古西亚的图像中，骑马的人就往往没有马镫，且脚尖一律朝下。在粟特人老家片吉肯特的壁画中，骑马人也如此。我们再看虞弘墓中的骑马人，脚尖也鲜有不朝下者；则可知虞弘墓的图像，似是沿袭了粟特人家乡的旧程式，很难说是入华粟特族之实际生活的写实。"这一论断的重要理由是虞弘生活的地区，从五世纪起已经广泛使用马镫了。

《证史》指出，"既守旧的程式，图像就往往落后于'史'""比如清人的画中，人物多博衣广袖束发葛巾，少有长袍马褂、剃发拖辫子的人"。作者就此总结道："即此可知程式的顽固了。"唐代韩休墓壁画中的人物画，可以帮助说明《证史》所举画工"依程式作画"的分析可信。这些人物画被考古工作者命名为"高士图"，图中人物的装束接近魏晋时期人物的服饰，与唐代的现实人物大不相同②。显然，这是画工"匠人的保守性"所致。总之，古代绘画中，由于画匠"爱守旧的程式"造成画图"失真"，是一种常规现象，不能把古代绘画中所有的细节都看成当时生活的记录。

唐代所绘舞蹈图中，舞者脚下习惯画有波斯风格的圆形舞毯，敦煌壁画、唐代墓葬壁画多见此类场面，不仅韩休墓壁画如此。最新的发现是《陕西富

---

① 缪哲：《以图证史的陷阱》，《读书》2005年第2期。以下引用此文不再出注。
② 程旭：《长安地区新发现的唐墓壁画》，《文物》2014年第12期。

平唐代李道坚墓壁画乐舞图》(图二)①。该壁画中女性舞者脚下的圆形舞毯，舞者的装扮及舞姿均与《韩休墓壁画〈踏摇娘〉演剧图》中女角极为相似②。由于"韩休墓壁画"中演员正作舞蹈状，故画匠依程式在舞者的脚下画出圆形舞毯。可资比较的是，《唐代线刻〈踏摇娘〉演剧图》中，所绘情节乃男女两角对白，而非舞蹈，故圆形舞毯没有在画面中出现。

从绘画风格来说，《唐代线刻〈踏摇娘〉演剧图》重写实。它不仅如实绘出戏剧表演场地铺满方形氍毹，画面两侧点缀的山石树木，也是中原地区常见品类，而《韩休墓壁画〈踏摇娘〉演剧图》则多装饰意味，且"胡风"更甚。其画面多散布海贝纹石块，甚至还出现了热带地区才有的香蕉树（图三）。从诸细节来看，该壁画似乎受西域所传绘画风格的影响更深。

图二

图三

三、画面布局与《唐代线刻〈踏摇娘〉演剧图》中戏班脚色的省减

如前所述，《唐代韩休墓壁画〈踏摇娘〉演剧图》画图左前方的"竹竿

---

① 报道及图片见《文汇报》2018年2月6日第5版。
② 唐代胡风甚盛，不仅这种圆形舞筵来自西域，氍毹之名亦自西域而来。舞筵、氍毹之名本皆与形制方圆无关。参见徐时仪《"锦筵"、"舞筵"、"绲綖"考》，《文学遗产》2006年第3期。

子"和右后方作为"后行脚色"辅助演出的"胡人"等戏班脚色①，前所未见，使我们的研究能够深入唐代戏剧史的戏班构成与演出体制，然而，在《唐代线刻〈踏摇娘〉演剧图》中，"竹竿子"和"后行脚色"这两个重要的历史元素都没有出现。究其原因，主要是由于载体不同，画工因地制宜，对画面采取不同布局所致。同时，也和画面所呈现的《踏摇娘》一剧的不同演出情节相关。

从载体来说，《韩休墓壁画〈踏摇娘〉演剧图》画于墓穴东壁上，画幅宽为 3.92 米，高为 2.27 米②。《唐代线刻〈踏摇娘〉演剧图》则镌刻于长、宽各 63 厘米，厚仅 8.5 厘米的墓志石的侧面③。画面大小悬殊，布局必然不同。

《韩休墓壁画〈踏摇娘〉演剧图》画幅的高度，使画面有较大的纵深。所以除了完整的演出场面外，画工还能够从容地在画面下方（戏剧场面的前方）星罗棋布地安置许多海贝纹的石块，以及各种花草。在画面上方（戏剧场面的后方）则有足够的空间安置香蕉树等作为背景装饰。《唐代线刻〈踏摇娘〉演剧图》由于刻石仅有 8.5 厘米高，造成画面缺乏纵深，显示演出场所性质的山石、树木等，只能置于左右两边，即简洁地表达最主要的内容，相对次要的部分只能割爱。这一表现手法，可见于其他古代文物图像。最能够说明问题的例证是《韩城宋墓壁画杂剧图》（图四）与同类题材戏剧砖雕的对比。

郑州市的华夏艺术博物馆收藏了一件宋代戏剧砖雕，其所呈现的演出显然与《韩城宋墓杂剧图》为同一剧目，可谓珍贵无比（图五）④。我们在《韩城宋墓壁画杂剧图与宋金杂剧"外色"考》一文中，判断壁画中所演为宋杂剧《闹巡铺》⑤，故此砖雕当命名为《宋杂剧〈闹巡铺〉砖雕》。下面，我们对这两件同题戏剧图像的画面进行一个大略的比较。《韩城宋墓杂剧图》中，场上

---

① "戏班脚色"是笔者所提出的，与"戏剧脚色"相对的戏剧史概念。详见姚小鸥等《中国古代戏剧的"戏班脚色"与"戏剧脚色"》，待刊。
② 陕西省考古研究院等：《西安郭庄唐代韩休墓发掘简报》，《文物》2019 年第 1 期。
③ 胡戟、荣新江主编《大唐西市博物馆藏墓志》（中），第 479 页，北京大学出版社 2012 年版。
④ 此图为华夏艺术博物馆执行馆长李宝宗先生提供，特此致谢。
⑤ 姚小鸥：《韩城宋墓壁画杂剧图与宋金杂剧"外色"考》，《文艺研究》2009 年第 11 期。

图四　　　　　　　　　　　　　图五

角色，不计"外色"共四名，加上"外色"则为五名。在《宋杂剧〈闹巡铺〉砖雕》中，由于画面的局促，所呈演出不仅无乐队出现，且场上角色亦减为三名，场面较《韩城宋墓杂剧图》大为收缩，甚至演员站位在画面中也有所改变。整个砖雕图像仅仅满足了最基本的剧情表达需要。这一现象提示我们，在观察和使用文物图像时，不要因为图像资料的画面"省减"而影响对其内容的判断。

现在回到《唐代线刻〈踏摇娘〉演剧图》中画面省略"竹竿子"和"后行脚色"等戏班脚色的问题。除前述因载体造成的画面布局因素外，还由于两图所呈现戏剧情节的差异。《韩休墓壁画〈踏摇娘〉演剧图》画面中出现戏班脚色，系展示戏剧进程必不可省，而《唐代线刻〈踏摇娘〉演剧图》所示情节中，孩童未到上场之时，不需"竹竿子"出场调度和"后行脚色"助演。这两名戏班脚色其时当退居幕后，若出现于画面中反不合情理。这些，都是画工对场面进行取舍时的重要考虑因素。

四、学术理念、研究方法与图像系统的建立

利用图像进行艺术史的研究，近年来已成风气，其理论也日见丰满。如何建立和利用图像系统进行研究，我们有自己的心得。图像系统，是由核心图像（同一母题的若干图像）与关联图像（相似图像或对比图像）所构成的，

能够反映某一事象的图像体系。它和相关传世文献材料一起，构成完整的信息系统，可以多维度地反映该事象的本质特征。

具体到本文所论唐代戏剧的代表性剧目《踏摇娘》，目前所见核心图像包括前文所引《韩休墓壁画〈踏摇娘〉演剧图》与《唐代线刻〈踏摇娘〉演剧图》两种。它们所记录的剧情内容具有接续性，艺术内涵（如表演与剧场等方面）具有互补性。这两幅珍贵的画图，生动、具体地反映了唐代戏剧艺术发展高度成熟的历史事实。上述研究，还利用了《韩城宋墓杂剧图》《宋杂剧〈闹巡铺〉砖雕》《陕西富平唐代李道坚墓壁画乐舞图》等关联图像，这些材料的使用，使我们的研究较先前所论具有了更大的理论价值和说服力。

图像系统的构建，不能仅满足于材料的掌握，更要建立在正确的学术理念基础之上。没有正确的学术理念，人们"看到"的若干文物图像不过是一盘散沙，而不能被"发现"为有价值的历史资料。《苏中郎演出图》（图六）意义的深入挖掘就是一个很好的例子。《苏中郎演出图》是一幅唐墓壁画，刊布于《西安西郊陕棉十厂唐壁画墓清理简报》①上，关于这幅壁画，该简报说："舞者显系一中原青年，动作幅度甚小，右臂抬起，双足站立，身体稍歪，似有踉跄之态，很像唐代被称为'苏中郎'的乐舞。"从该图画面布局来看，舞者，乐队，乃至壁画两侧的山石点缀，都与《唐代线刻〈踏摇娘〉演剧图》有着相似性。应该说，这是与《踏摇娘》一剧关系密切的有关唐代戏剧的重要文物图像资料，然而发表以来，尚少见对其进行系统研究。

图六

有关《苏中郎》与《踏摇娘》的关系，历来讨论甚多。戏剧史论著或以为其与《踏摇娘》系同一戏剧。任半塘先生的《唐戏弄》一书力辨其非，于

---

① 陕西省考古研究所：《西安西郊陕棉十厂唐壁画墓清理简报》，《考古与文物》2002年第1期。

《唐戏弄》第三章《剧录》中单独为其立目。综合文献记载，可知《苏中郎》有诸多要素与《踏摇娘》相同或相似（男主人公都姓苏，都称"中郎"，都嗜酒，剧中化妆相似等），二者当为同源歌舞剧，后者或从前者发展而来，然在盛唐已非一剧。任先生断其为二，自有道理①，但从戏剧史研究的角度来说，二者之间有斩不断的关联。所以理当将《苏中郎演出图》列入《踏摇娘》一剧研究的重要关联文物图像。另外，从《踏摇娘》及唐代戏剧发展流变的角度来说，该图有独立的研究价值，这是另外的话题。《苏中郎演出图》被忽略不是个别的现象，具体名目不一一列举。

戏剧发展史是中国历史的一个重要组成部分。文物图像是重要的历史文献。西方历史学家认为，它们"在某种程度上，能比文字资料更直接、更可靠地反映历史原貌"。②在我们复原中国古代戏剧发展史的过程中，文物图像与传世文献的互证，即王国维倡导的"二重证据法"，越来越显示出其重要意义，然而，这一学术方法的掌握，在于正确的学术理念，观念、对象与方法是相互依存的。"离开正确的观念，难以掌握有效的、正确的研究方法。""新材料的发现和使用，要求人们进行观念的更新和方法的创新。""当旧的理论框架不能够容纳学术进步的要求时，理论创新就是更为重要和紧迫的问题了。"③不能秉持正确的观念，不掌握正确的研究方法，对象即不成其为对象。这就是多年来戏剧文物研究未能深刻影响中国戏剧史建构的根本原因。就本文的话题而言，《韩休墓壁画〈踏摇娘〉演剧图》戏剧史意义不被承认，不仅是由于学者对古代绘画保守传统的忽略等知识性问题，更是其所秉持的戏剧史观。

戏剧史观，是对戏剧发生机理和发展历程及其基本特征的观念。长期以来，人们囿于王国维《宋元戏曲史》的结论，认为中国的戏剧成立，始于公

---

① 任半塘：《唐戏弄》，上海古籍出版社2006年版，第637—649页。
② 曹意强等：《艺术史的视野——图像研究的理论、方法与意义》，中国美术学院出版社2007年版，第36页。
③ 《戏剧文物与中国戏曲史的建构》，《光明日报》2017年11月13日第13版。

元12世纪末,甚至13世纪①。"中国戏剧晚熟"成为中国古代戏剧史研究领域的一个常见话题。多年来,学者为了证明这一命题的合理性,提出了如"商品经济不发达";缺乏"城市经济的发展和市民队伍"的壮大;"我国早期叙事文学发育得不够充分"等理由②。从唐代长安与宋代汴京的城市经济的繁荣,以及中国史传文学的发达等方面来看,这些理由显然是不能成立的,然而就是这些不能成立的理由,支撑着"中国戏剧晚熟"的结论,左右着学者的中国戏剧史观。杨公骥先生所破译的保存在《宋书·乐志》和《乐府诗集》中的汉代歌舞剧《公莫舞》的科仪本《巾舞歌辞》,70年来被戏剧史界漠视,就发生在这一学术背景之下。

如果从古希腊悲剧算起,西方戏剧已经有两千五百多年的历史了③,而按照"中国戏剧晚熟说",中国的"成熟戏剧"只有几百年的历史。这显然不符合人类文化发展的一般规律,与高度发达的中国古代文明史不相符,和已经发现的汉代剧本,以及众多文物图像所显示的汉代至唐代的戏剧样态也格格不入。

数十年来,人们在利用文物图像阐释和补充王国维所建立的中国戏剧史的框架方面,做了许多工作,但还没有从理论上解决如何在利用戏剧文物的基础上,把中国戏剧史的建构与整个中华文明的发展历程建立起有机的、一致的关联,和世界文明的发展历程建立起有机的关联。这些都是戏剧史学界当前迫切的任务。正视文献与文物图像所反映的古代戏剧史现象,正确评价中国古代艺术高度发展的实际,构建历史与逻辑统一的中国戏剧史,是时代赋予我们的责任。

---

① 王国维:《宋元戏曲史》第65页,东方出版社1996年版。
② 参见郑传寅《中国戏曲晚熟的原因新探——兼评古典文学研究中的"经济决定论"》,《文艺研究》1997年第1期。
③ 参见亚里士多德《诗学》第49页,商务印书馆1996年版。

韩城宋墓壁画杂剧图与宋金杂剧"外色"考*

陕西省考古研究院 2009 年 3 月在陕西韩城发现的宋代墓壁画，是研究宋代文化的重要文物资料。壁画中的杂剧演出图，展现了一个内涵丰富的戏剧场面，为中国古代戏剧尤其是宋杂剧的研究提供了前所未知的许多新信息，其中所显示的各脚色的艺术特征与戏剧功能，尤其值得引起戏剧学界的注意。本文谨就壁画中的戏剧排场中的脚色类种，谈谈宋杂剧中的"外色"，并由此讨论相关的宋代戏剧的若干问题。

一

为了叙述方便，我们先将韩城宋墓壁画杂剧图的画面做一个整体介绍。韩城宋墓壁画杂剧图中，呈现出有十七位演员组成的庞大演出场面。中间四人，正围绕一把作为道具的椅子进行积极的戏剧动作。四人的右方有三人，其中一人，戴簪花展脚幞头，身着广袖圆领黄袍，秉笏静立，其神情显示未进入剧情。康保成教授等指出其显系"装孤"。画面的最右方，是两位头戴团冠，身穿彩裙外罩、对襟旋袄，双手持笙的女乐手，应即《武林旧事》所谓的"笙色"。上述三位脚色与演出场景的关系非常明晰，无庸讨论。画面左方情况较为复杂，其中九人身份明确，显系乐队成员。由左向右排列：六人为筚篥色，皆手持筚篥，头戴簪花展脚幞头，分别身着红色或黄色圆领广袖

---

* 本文原载于《文艺研究》2009 年第 11 期，第 98—106 页。

宽衫，束带，内有衬领斜着耸起，后一特征，如沈从文所指出，是宋代服饰与唐代类似服饰的区别之处①。大鼓色一名，戴簪花无脚幞头，身着灰色团领宽衫，腰系黑色罗巾，双袖半卷起，两小臂大部裸露，双手击鼓。拍板色一名，头戴簪花展脚幞头，着红色团领宽衫，右手扶拍板置于右肩，左臂下垂，左手笼袖内，静立。杖鼓色一名，头戴簪花展脚幞头，身着黄色团领宽衫，腰系黑色罗巾，双袖半卷起，两小臂大部裸露，双手敛于胸前，静立。在画面左方乐队与戏剧场面之间，有一位身份不明的脚色，是本文要重点讨论的对象。

我们所讨论的这名脚色，着装与戏剧班子乐队中大鼓色和杖鼓色极为相似，尤其与杖鼓色几乎全同：头戴簪花展脚幞头，身着黄色团领宽衫，腰围黑色罗巾。其姿态是：侧身向右，面向中间作场的四人，左臂为身体遮挡，左手握空拳置左胸前，拳心向上，右衫袖半卷，右小臂大半裸露，右腕似戴有一枚钏类饰物，右手伸向前下方，指微曲，指尖向下，掌心向里。与其他脚色相比，其特殊之处在于：服饰与乐队相同，却不持任何乐器；壁画所绘乐队诸成员或不面向演出场面，面向演出场面者，皆目光向上，多露眼白，显示其不专注于场上。画家显然欲以此种神态表示乐队诸成员此时不参与演出进程。这名脚色却目光炯炯凝视作场四人，身体与双手的姿态也呈现动态，作随时欲介入演出状。根据各种迹象，我们判断这名身份不明、似乎有些奇怪的脚色，是宋杂剧中的"外色"。

二

"外"是宋金杂剧的重要脚色，而目前戏剧史界对它的关注和认识却很不够，所以我们在这里先对"外色"及其研究状况做一个较为详细的介绍。

在学术史上，王国维《古剧脚色考》对"外"已有所涉及。《古剧脚色考》将"外"归入"冲末、小末、二末、老旦、大旦、小旦、细旦、色旦、

---

① 沈从文：《中国古代服饰研究（增订本）》，上海书店出版社1997年版，第333页。

搽旦、花旦、外旦、贴旦、外、贴"之属。王国维说：

> 元曲有外旦而无外末，而又有外；外则或扮男，或扮女，外末、外旦之省为外，犹贴旦之后省为贴也……然则曰冲，曰外，曰贴，均系一义，谓于正色之外，又加某色以充之也。①

王国维开拓中国戏剧史之功无庸置疑，于脚色研究也多有发明，然其对"外色"的论述却未切中肯綮，恐是受到了《南词叙录》"生之外又一生也"这一说法的影响。王国维对"外色"的认识虽然较古人无根本性的突破，人们无由从中认识"外色"的本质特征，但为后人开启了相关研究的门径。

近代以来的戏剧史家，对"外色"的认识多数受到《南词叙录》和《古剧脚色考》的左右，一般认为"外色"之"外"系"另外""外加"之意。著名戏剧家齐如山的《国剧艺术汇考》第十章《脚色名词》中设有词条"外"。该词条说："外原来的性质只是末之次路脚色。"②

我国台湾著名的中国戏剧史专家曾永义发表于1977年的《中国古典戏剧脚色概说》，与齐如山相似，也将"外"归入"末行"。曾永义的文章将"外"与"末"列为一品，说："'外'盖即'外末'之省"③，与齐如山略同。

在中国占主流地位的中国戏剧史代表著作，如张庚、郭汉城主编的《中国戏曲史》，虽然在相关论述的引文中提到过"外色"，但没有对它进行具体的解说④。

《中国戏曲曲艺词典》是新时期以来一部发行量较大、影响广泛的戏剧专业辞书。辞典类工具书一般反映学术界的共识，所以，我们将这部辞书的相

---

① 姚淦铭、王燕编：《王国维文集》（第一卷），中国文史出版社1997年版，第513页。
② 齐如山：《国剧艺术汇考》，辽宁教育出版社1998年版，第391页。
③ 曾永义：《中国古典戏剧脚色概说》，《曾永义学术论文自选集》（乙编），中华书局2008年版，第106页。
④ 张庚、郭汉城：《中国戏曲史》，中国戏剧出版社1992年版。

关词条全文引录如下：

> 【外】传统戏曲脚色行当。元代戏曲中有外末、外旦、外净等，大致是指末、旦、净等行当的次要脚色。明清以来"外"逐渐专演老年男子的脚色。表演上基本与生、末相同。一般挂白满须，所以又叫老外。如京剧《四进士》的宋士杰、《跑城》的徐策等。近年来有些剧种（如京剧）外脚都由老生兼演，不另分行；有些剧种（如汉剧等）则仍作为一个主要的行当。①

《中国戏曲曲艺词典》虽然对"外"专门设置了辞条，但却将其置于"近代·现代"戏剧部分，该辞条的主要内容是叙述"外"的派生脚色，而未很好地解释其本身。从该词典将"外"所置于的历史年代和辞条本身的内容来看，直到20世纪80年代初期，戏剧学界虽然意识到了"外"是一个具有悠久历史渊源和广泛艺术影响的脚色，但对它的具体性质却不很清楚。

景李虎所著的《宋金杂剧概论》是一部由博士论文发展而成的研究宋金杂剧的专著，从作者的身份和著作的性质来看，总体上应该代表了20世纪末宋金杂剧研究的最新水平。其第四章在讨论"宋金杂剧的角色"时，将宋金杂剧中的脚色分为八品：①"末泥色"和"戏头"；②"引戏色"；③"副末色"和"末色"；④"副净色"；⑤"装孤色"；⑥"装旦色"；⑦"参军色"；⑧"把色"②。以上八品中未列入"外色"。"外色"未进入该书作者的视野，反映了20世纪末，戏剧研究界对它的隔膜。

---

① 上海艺术研究所、中国戏剧家协会上海分会编：《中国戏曲曲艺词典》，上海辞书出版社1981年版，第75页。
② 景李虎：《宋金杂剧概论》，广东高等教育出版社1996年版，第80—100页。按：引文中的"角色"一词当写为"脚色"，说见孙楷第《脚色》，《沧州集》338—340页，中华书局1965年。

三

其实，早在20世纪50年代，戏剧史学界就有学者在专门著作中对"外色"这一宋金杂剧的重要脚色作过相当精深的研究，这就是胡忌和他的《宋金杂剧考》[①]。

《宋金杂剧考》用大量的篇幅论述了"外色"的脚色特征及其在宋金杂剧中的戏剧功能，将其概括为：

本身为剧外人而与剧中人呈答、呈打，以便于演出中的对话需要或加以批判的语言。[②]

为了理解上述论断，我们必须了解什么是"呈答"和"呈打"。"呈答"和"呈打"是宋金时期人们所使用的两个重要戏剧术语，用以描述某些戏剧演出的过程。许久以来，由于对"外色"及其所呈现的中国古代戏剧相关特色注意不够，戏剧学界对这两个术语也有所忽略。现存的各种辞书对它们很少收录，也少有戏剧学著作对它们引用或解释，"呈"的本意是"呈现"，在宋代特指艺术表演。其时有"呈艺"一词，叶梦得《避暑录话》记晏殊佚闻时，即使用过这一词语：

晏元宪公虽早富贵，而奉养极约，惟喜宾客。未尝一日不燕饮，而盘馔皆不预办，客至，旋营之。顷有苏丞相子容，尝在公幕府，见每有嘉客必留，但人设一空案、一杯。既命酒，果实蔬茹渐至，亦必以歌乐相佐，谈笑杂出。数行之后，案上已灿然矣。稍阑，即罢遣歌乐曰："汝曹呈艺已遍，吾当呈艺。"乃具笔札，相与赋诗，率

[①] 胡忌：《宋金杂剧考》，古典文学出版社1957年版。
[②] 胡忌：《宋金杂剧考》，中华书局2008年版，第73页。

以为常。前辈风流,未之有比。①

"呈"字在宋金时期不仅用来描述一般的歌舞艺伎,还专门用来描述杂剧、院本的演出。胡忌在《宋金杂剧考》中所引用的耿文远南戏残曲就证明了这一点:

> 看傀儡,傀儡呈院本,身分诙谐越样美。②

"呈院本"即出演院本,上引南戏残曲描写了观看以傀儡戏的形式演出院本的情况。我们现在已经知道,宋金时期"院本"和"杂剧"虽然名称不同,但其形式内容并无大异③。所以"呈院本"一语同样可用于描写宋杂剧的演出。

由"呈"字为语义核心组成的"呈答"与"呈打"两个词语,在文献中用以描述"外色"所独具的参与杂剧、院本演出的具体方式,即本身为剧外人而与剧中人的当场演出以某种形式结合进行的演剧活动。

《宋金杂剧考》从《也是园古今杂剧》的《蔡顺奉母》一剧第二折中,勾稽出了院本《双斗医》。《双斗医》及其他相关材料,清楚地反映了"呈答"的具体内涵④。

《双斗医》描写了两个害人庸医为人诊治疾病的过程。其中,一名庸医的身份是"太医",名叫"宋了人"(谐音"送了人"),另一名庸医被称为"医士",名叫"糊突虫"。戏一开场,"宋了人"自我介绍说:

> 那害病的请我,我下药就着他沉疴。活的较少,死者较多。
> [外呈答云]名不虚传!得也么!

---

① 叶梦得:《避暑录话》(卷上),文渊阁《四库全书》子部,杂家类,杂说之属。
② 胡忌:《宋金杂剧考》,中华书局2008年版,第199页。
③ 胡忌:《"院本"之概念及其演出风貌》,《菊花新曲破》中华书局2008年版。
④ 胡忌:《宋金杂剧考》,中华书局2008年版,第70—73页。

糊突虫自我介绍：

看病不济，我吃食倒有能。
［外呈答云］两个一对儿，得也么！

糊突虫接着解释迟到的原因是自己病了，请人医治。

［外呈答云］你是太医，怎么又吃别人的药？
［糊突虫云］我的药中吃，是我也吃了。
［外呈答云］可怎么不中吃？
［糊突虫云］我若吃了我自家的药啊！我这早晚，死了有两个时辰也。
［外呈答云］你可是卢医不自医？得也么！
［太医云］自从俺打官司出来，一向无买卖。
［外呈答云］为甚么打官司来？
［太医云］俺两个为医杀了人来。
［外呈答云］两个一对儿油嘴，得也么！①

以上引文清楚地表明了"外色""呈答"参与演出的重要方式是：随时与剧中角色就剧情进行对答，或对剧情发展作出随机评价。其戏剧功能是：贯穿剧情，沟通演员与观众。

如果说"呈答"的戏剧功能主要是贯穿剧情，沟通演员与观众，那么"呈打"则是"外色"直接参与演出的戏剧活动方式。《宋金杂剧考》引《也是园古今杂剧》中《广成子》剧第二折②：

---

① 胡忌：《宋金杂剧考》，中华书局2008年版，第70—73页。
② 引自《宋金杂剧考》，中华书局2008年版，第73页。本文引用时核对了收录于中国戏剧出版社1957年出版的《孤本元明杂剧》中的原剧本，并对《宋金杂剧考》的引文作了个别删节。

[净云] 我去采药来，好远路！我过了三道河，四座岭，六座崖，一个洞。

[外呈答云了]

[净云] 我过三道河，是无奈河，难奈河，怎奈河；四道岭：过了左捱岭，右捱岭，义儿岭，话儿岭；又过了六座崖，过了今番崖、明番崖、常川崖、怎地崖、则管理崖、大家崖；又过了一座洞，过了必岭峰上的干厮峰下的靠后道直至无底乡空虚观脱膊洞里走了一遭才来。

[外呈打住]

[净云] 我斗你耍哩！

《双斗医》院本中，有两个庸医互"打"和"外色""打"充演庸医的"二净"的情节。

[蔡员外云] 住住住！你两个休要胡厮嚷。你两位端的那一位高强，让一个医了吧！

[二净拿着药包一递一个打着念科]

[太医打糊突虫，云] 我能调理四时伤寒。

[糊突虫打太医，云] 我善医治诸般杂证。

……

[糊突虫拿药包打倒卜儿科，云] 泻杀这个老妈妈，也是场干净。

[外呈答云] 贼弟子孩儿，去了罢，去了罢！[打二净下]①

"呈打"使"外色"直接参与杂剧、院本演出的事实显露无遗，宋金杂剧中"打"的戏剧美学意义也由此得到充分呈现。

从戏剧艺术的基本美学特征来看，有控制的和经过驯化的"性"与"暴

---

① 胡忌：《宋金杂剧考》，中华书局2008年版，第73页。

力"往往是戏剧表演中不可或缺的内容。现存剧本与记述性历史文献都证明，"打"是宋金杂剧、院本诸剧目，特别是带有较强调笑性质剧目的重要内容与通常表演形式。在戏剧学史上，人们对于"参军""苍鹘"之间的打斗，对于副末色手中所持的"皮棒槌"注意较多，但对于"打"在整个杂剧中的美学意义讨论却很不够。《双斗医》以"外色""呈答"后"打二净下"，收束全剧，以生动的个案反映了"外色"的"呈答""呈打"等表演活动在宋杂剧演出中的重要性。它告诉我们，"外色"的戏剧功能不限于贯穿剧情，沟通演员与观众，还往往在整个戏剧中具有结构性的意义。

一个"戏外人"如此参与戏剧的演出，是否是一种偶然的现象？是否意味着宋金时期戏剧的发展还处于"初级戏剧"的阶段？我们以为不是这样。"外色"以"戏外人"的身份，以"呈答""呈打"等形式参与戏剧的演出，有着中国戏剧的重要美学传统"和"作为根柢。黄天骥在讨论参军戏、傩戏的"和"的演出形式时，对此类戏剧现象有过深刻的阐述。黄天骥说：

> 请勿轻视"和"这种从傩、参军戏遗传下来的戏曲演出形式。在形式的后面，体现着我国从古以来的审美观念。所谓"伥子和"，实即让观众参与演出，这一点，成为我国戏曲表演的重要传统……到宋元南戏，后台和唱帮腔者虽然不算是观众，但他们的［合］唱，往往是从观众的角度，发表对事件、人物的评价、感想。这实际上也是观众参与的一种方式。当然，我们不是说傩戏、参军戏的"和唱"是最理想的表演手段，但是，注重让观众参与的审美观念，却为以后的戏曲表演所接受，并逐步成为我国戏剧独特的表演体系。"程式化""虚拟性"等种种表演原则，无不以观众参与为前提。能否这样说：傩、参军戏"和唱"形式所体现的美学思想，影响着后世戏曲审美观念的思维定势。①

---

① 黄天骥：《论参军戏和傩》，《中国古代戏曲与古代文学研究论集》，中华书局2001年版，第76页。

熟悉中国戏剧史的人都知道，中国古代戏剧种种独具特色的表演形式，如"跳出角色""自报家门"等，无不是以场上场下、戏里戏外的沟通为前提。明确了这一点，方能对"外色"的戏剧史地位做出恰当的评价。

宋杂剧中的"外色"并不是一个随意出现的"剧外人"。早期的"外色"由宋金时期戏剧班子（《武林旧事》称之为"甲"）中的一个重要脚色——引戏充任，以后逐渐发展为专事演出的独立脚色。

关于"引戏"和"外色"的关系，胡忌指出：

> 参加赞导而与剧事表演无关者名曰"引戏"，故对戏剧言，其实即剧外人，故称"外"；惟其为"外"，除司赞导礼节外，可以空余时间参加戏剧中的次要演出人物，其装扮男角者可称"外末"、装扮女角者则可称"外旦"，也即是"装外"和"装旦"的原由。①

还应该指出，"外色"在宋金时期是一个为公众所承认并熟知的戏剧脚色。《水浒传》记述有"装外"这一脚色，为戏剧史学界所熟知。从构词法来说，"装外"与"装孤"（《梦粱录》）、"装旦"（《武林旧事》）等脚色名称相类。"装旦"即"旦"，"装孤"即"孤"，由此可以判定"装外"即"外"。"外"作为脚色名称，不但出现在剧本中，也出现在叙述性的文献中，说明其被社会接受的广泛程度。

四

人们也许要问，"外色"既然在戏剧史上有如此重要的地位，为什么长期以来，有关它的记载较少，并且人们在已发现的大量戏剧文物中没有发现"外色"？

这个问题非常复杂，下面试作初步回答。首先，从戏剧表演的角度来

---

① 胡忌：《宋金杂剧考》，中华书局2008年版，第104页。

看,"外色"只是宋金杂剧中的一个辅助脚色,和"参军色""末泥色""副末色""净色"(含"副净色"等)等宋杂剧核心脚色与"生""旦""丑"等南戏核心脚色相比,不那么引人注目。过去发现的有关宋杂剧演出图的画面都比较简略,"外色"很难成为有关图画反映的对象。其次,从脚色发展史的角度来看,"外色"是一个带有过渡性的脚色。"外色"最初的"业余"性质决定了他的通常装扮,而这一通常装扮使人们难以在一般的戏剧文物中将其辨认出来。

"装外"即"外色"的通常装扮是什么样呢?《水浒传》描述"外色"的形象说:

> 头一个装外的:黑漆幞头,有如明镜;描花罗襕,俨若生成。虽不比持公守正,亦能辨律吕宫商。①

"黑漆幞头,有如明镜;描花罗襕,俨若生成",说明"外色"通常着与乐队相似的制式服装。这让我们联想到韩城宋墓壁画中所描绘的"外色"的装扮。

本文在前面提到过,韩城宋墓戏剧壁画的"外色"与乐队中的大鼓色和杖鼓色的着装极为相似,尤其与杖鼓色几乎全同。如果不是他未持任何乐器,姿态神色和乐队诸成员迥异,人们很难把他和乐队区分开来。也就是说,当"外色"充当"贯穿剧情,沟通演员与观众"的脚色时,并无剧中角色装扮,其着制式服装出场,难以辨认其脚色。当"外色"串演剧中角色时,自然依角色需要化装,则很可能被当作其他脚色,如《王勃院本》"一净三末"中的一"末",也未可知。

汤式《新建构栏教坊求赞·二煞》在描述杂剧各角色功能时说:"引戏每叶宫商解礼仪。"② 互证之下,可知"虽不比持公守正,亦能辨律吕宫商",说明了"引戏"参与戏剧活动的方式和性质。《梦粱录》卷二十说:"末泥色主

---

① 《水浒传》,人民文学出版社 1975 年版,第 1128 页。
② 《全元散曲》,中华书局 1964 年版,第 1494 页。

张,引戏色分付。"①两相参较,可知"持公守正"反映"外色"在杂剧演出时负有指导方面的某些职责。"亦能辨律吕宫商"则说明,为能履行此项职责,"引戏"还须通晓音律。这些都使我们联想到韩城宋墓壁画杂剧图中"外色"的服饰及其与乐队的关系。

五

将韩城宋墓壁画杂剧图中的"外色"与整个戏剧场面的关系作一分析,可以让我们大大增加对宋杂剧"外色"戏剧功能的了解。

仔细观察,可以发现韩城宋墓壁画杂剧图的构图技巧十分高超。图示"杂剧色"诸品中,"装孤"未参与演出,不能算场上角色。"外色"与"一末三净"组成的演出场面,构图耐人寻味。"一末三净"围绕一把红色木椅成丁字形展开演出场面。丁尖为副末所饰低级官员类角色(其装扮与"装孤"所饰官员明显有别),头戴黑色无脚簪花幞头,身着圆领大红袍,腰系黑色罗巾,左手前指,右手插口中打呼哨。三净中,一持杖盘腿赖在木椅上。一着装类皂吏,右手举红色令牌类道具,左手指坐椅上者,似促使其离开。一市民装扮,叉手,躬身向前,作无奈状。官袍、令牌、木椅同为红色,暗示戏剧场面发生在某一个较为低级的官署内。如此,则令我们猜测此图所绘可能系演出《辍耕录》"诸杂大小院本"中《闹巡铺》之类的剧目。"丁"字底部系四位角色构成演出场面的重心,画家有意将之与"外色"之间作适度留白。靠木椅外侧(左侧)地面,落有一长形木板,应该是类似《王勃院本》中"样板"之类的道具。这块木板加强了"一末三净"与"外色"的联系,也给人们体会"外色"的戏剧功能提供了联想的空间。

胡忌发现,根据《蔡顺奉母》剧后的"穿关",除了"外呈答云"的"外色",剧中还出现了另一个扮演剧中人物蔡员外的"外"。两个"外色"同时

---

① 东京梦华录(外四种),文化艺术出版社 1998 年版,第 302 页。

出现，说明此时"外色"由贯穿剧情、沟通演员与观众的"剧外人"的原初脚色，已经过渡到充当某一角色独立参与戏剧演出。随着中国古代戏剧的发展，戏剧容量的逐步增大，导致角色增多，对于脚色数量也必然产生新的要求。由"外"而派生出"外旦""外末'等脚色的过程，揭示了中国古代戏剧由"小戏"向"大戏"过渡的一个重要途径①，它的发现，具有重要的学术史意义。胡忌利用传世文献对此作了有力的论证，而韩城宋墓壁画杂剧图在半个多世纪后以新的材料证成其说。

顺便指出，胡忌对"外色"的发明可谓目光如炬，令人叹服，但个别时候他的叙述却似乎显得有些游移，他说：

> 在解释宋杂剧名目"引戏"时，我主张"引戏"即演变为"装外"。以戏说，它本是戏外的人物，但有时以戏剧演出的协助需要，而参加次要剧中人的演出，故产生了"外末""外旦""外净"的名称。"外末"者，以"外"扮戏中男脚色也；余以"旦""净"本义类推，则其说自可贯通。如以"外"为角色名称，由戏剧发展状况看，决无斯理。且以"外"为角色名称，则如"外末""外旦"名称，亦不能得解。②

上引文前半部分论述十分精到，后半部分却有些含糊。《宋金杂剧考》一书中既已明确使用"外色"一语，这里为何又断然否定"'外'为角色名称"？（按:《宋金杂剧考》习惯将"脚色"写作"角色"）我们认为，从全书来看，胡忌的论断是明确的。《孟子·公孙丑上》说："故说《诗》者，不以文害辞，不以辞害志。以意逆志，是为得之。"③学习先辈论著要抓住其理论精髓，不能仅从字面意义上来理解。

---

① 关于"小戏"，参阅曾永义《论说小戏》,《曾永义学术自选集》（甲编），中华书局2008年版，第322—335页。
② 胡忌:《宋金杂剧考》，中华书局2008年版，第120—121页。
③ 《孟子注疏》，中华书局1980年阮刻十三经注疏本，第2734页。

胡忌的上述些许游移，有可能造成部分读者的误解，这可能是数十年来其真知灼见未能得到戏剧史学界及时回应的重要原因，而最根本的原因，则在于多年来中国戏剧史界研究路径的偏差。

历来研究中国戏剧史有两条路径，或重视戏剧的文学性，或强调戏剧的演剧性。王国维开创了中国戏剧史研究，功不可没，其戏剧学诸论著在学术史上有重要意义，但其《宋元戏剧史》中的某些部分，有意无意地过于强调了中国古代戏剧的文学性。戏曲学大师吴梅更偏爱曲本位的戏剧史研究，其在大学教授多年，学生多有成就，影响深远。他们文学本位（或曰曲本位）的理论倾向在一定程度上影响了中国戏剧史研究更深入的进展。董每戡说：

> 过去一班谈中国戏剧史的人，几乎把戏剧史和词曲史缠在一起了，他们所重视的是曲词，即贤明如王（国维）氏，也间或不免，所以他独看重元剧。我以为谈剧史的人，似不应该这样偏……戏剧本来就具备着两重性，它既具有文学性（Dramatic），更具有演剧性（Theatrical），不能独夸这一面而抹煞那一面的。评价戏剧应两面兼重，万一不可能，不得不舍弃一方时，在剧史家与其重视其文学性，不如重视其演剧性，这是戏剧家的本分，也就是剧史家与词曲家不相同的一点。①

如果将"戏剧性"或曰"演剧性"置于首位，不难发现"外色"在宋金杂剧中的重要性。对"外色"及其戏剧功能的深入的研究与发掘，在宋金杂剧乃至整个中国戏剧发展史的研究中都具有十分重要的意义。

（附记：2002 年夏，胡忌先生以自存 1957 年初版《宋金杂剧考》交笔者学习，再三研读，获益匪浅。谨以此文作为对胡忌先生的纪念。）

---

① 董每戡：《中国戏剧简史·前言》，《董每戡文集》，广东高等教育出版社 1999 年版，第 156—157 页。

《玉壶野史》"生旦杂处"与南戏脚色体系的形成*

中国传统戏剧脚色体系中的生、旦在戏剧中具有重要地位。在宋元以来所存戏剧中,生、旦皆为最主要的戏剧脚色。生旦对举在剧本中的出现,标志着中国戏剧进入了成熟阶段。关于这一问题的考索,具有重要的学术意义。就现存文献而言,生旦对举始见于北宋时期文莹所著《玉壶野史》。该书卷十载有"生旦杂处"一语:

> 韩熙载才名远闻,四方载金帛,求为文章碑表,如李邕焉。俸入赏赉,倍于他等。畜声乐四十余人,阃检无制,往往时出外斋,与宾客生旦杂处。①

近代学者中,王季思先生首先使用了这条材料,他在注释《西厢记》第一本楔子"正旦"条时,节引《玉壶野史》上述材料后,又引用《梦梁录》"细旦戴花朵肩,珠翠冠儿,腰支纤袅,宛若妇人"。王先生以此得出结论说:"此则男子之妆旦者矣。"②在这里,王季思先生将"生旦"一词理解为偏正结构,解释为"男旦"。

---

* 本文原载于《文艺研究》2018年第1期,第86—91页。
① 文莹:《玉壶野史》,守山阁丛书本。他本或无"旦"字,经学者校刊,上引文无误。
② 王实甫著,王季思校注:《西厢记》,上海古籍出版社1978年版,第4页。

《玉壶野史》"生旦杂处"与南戏脚色体系的形成

任半塘先生在《唐戏弄》一书中认为，上述"生旦杂处"一语中的"生"当为戏剧脚色名目。他说："宋剧说内，既有《玉壶野史》之表示，便已肯定北宋不但有生，而且已'生旦'联称。"① 但《唐戏弄》中的这一说法不为学界所接受。其原因之一，在于任先生对这一问题持论矛盾。在《唐戏弄》的《脚色》一节中，任先生引述《玉壶野史》相关内容后说："声乐既属阃内，当悉为女伎；生旦既与宾客同在外斋，当为男伎。"② 任先生对"生旦"的理解既类于王季思先生的"男子之妆旦者"，那么，这里的"生"自然不能独立为脚色之名。

刘晓明在《杂剧形成史》中列举史虚白《钓矶立谈》，以及《江南野录》《南唐书》《宋史》和《十国春秋》的相关记载后说："综合以上材料，我们发现所谓'宾客生旦'中的'生'，指的是'门生'，即《江南野录》所谓'门生舒雅'、'诸生'，而不是后世脚色之'生'。具体的人选，即《钓矶立谈》中的萧俨、江文蔚、常梦锡、冯延巳、冯延鲁、徐铉、徐锴、潘佑、舒雅、张洎等人。"③《杂剧形成史》否认这里的"生"为"后世脚色之生"，而认为系韩氏"门生"。笔者认为这一说法是不正确的。因为上引文所列举的"萧俨、江文蔚、常梦锡、冯延巳、冯延鲁、徐铉、徐锴、潘佑、舒雅、张洎等人"，颇有与韩熙载年相若、道相似者，如江文蔚、冯延巳等人。后者屡为宰相，位高权重，尤其不可称为韩氏门生。

《杂剧形成史》的这一误解是如何产生的呢？或许是受到《宋史》等书的影响。关于《宋史》等后出文献与《玉壶野史》记述的差异，任半塘先生在《唐戏弄》中曾大有感慨。他说："至后来之述此事者，如《宋史》四七八韩传称：'恣其出入外斋，与宾客生徒杂处。'曾慥《类说》一八引《江南野录》，改为'不禁其出入，窃与诸生淫杂。'清吴任臣《十国春秋》等，则并此一'生'字亦删去，于是前人剧说有关'生旦'，硕果仅存者，至此乃扫荡干净，

---

① 任半塘：《唐戏弄》，上海古籍出版社2006年版，第805页。
② 任半塘：《唐戏弄》，上海古籍出版社2006年版，第782页。
③ 刘晓明：《杂剧形成史》，中华书局2007年版，第266—268页。

深可叹惜！"① 我们认为，后出文献中的这一错误记述，显然出于未理解"生旦"之意而形成的误读。

事实上，人们误读所及，不限于对"生旦杂处"中"生"的解释，对"旦"的理解亦复如是。前文说过，王季思先生数十年前，已将"生旦"释为戏剧脚色。所误者，在于将其释为男旦，未觉察到此处之"生旦"非偏正结构，而是并列结构。"生旦"不是一个脚色，而是"生"与"旦"两个脚色的对举联言。

数十年过去了，学界对这一问题的认识似乎并无大的进展。刘晓明《杂剧形成史》说："《玉壶野史》中的'旦'，不是在以往的意义上对'旦'的重复使用，而是'旦'的意义的一次重要叠加，虽然此时的'旦'还不是脚色名称，但与后来的旦脚直接相关。"② 从行文来看，《杂剧形成史》试图发掘《玉壶野史》这条材料在戏剧发展史上的积极意义，但得出的结论恰恰是此处之"旦"尚非戏剧脚色，与其本意相反。

尽管《杂剧形成史》尚未承认《玉壶野史》"生旦杂处"句中的"旦"为戏剧脚色，但认为其中的"旦"为"声妓"，"与后来的旦脚直接相关"。黎国韬《再论"旦"脚的起源与形成》一文对此也持否定态度。他说："北宋元丰元年成书的《玉壶野史》提到'与宾客生旦杂处'，其中'生旦'乃指门生和弟子，所以这个'旦'并非学界一向认为的女性乐妓。"③ 黎文所论，不仅否认了此处的"生"作为戏剧脚色，更彻底否认了此处的"旦"与戏剧脚色的关联。这些判断涉及到"生""旦"起源年代这一戏曲史上的重要问题。"旦"脚的判定，系本文所讨论"生""旦"对举出现时间的前提，故有必要对此进行详细考辨。

黎国韬的文章是从语法分析入手对"与宾客生旦杂处"进行解读的。他说："从《玉壶野史》'畜声乐四十余人，阃检无制，往往时出外斋，与宾客生旦杂处'这一句看，'与宾客生旦杂处'的'主语'是'声乐四十人'，声

---

① 任半塘：《唐戏弄》，上海古籍出版社2006年版，第782—783页。
② 刘晓明：《杂剧形成史》，中华书局2007年版，第268页。
③ 黎国韬：《再论"旦"脚的起源与形成》，载《文艺研究》2013年第3期。

妓既为主语，则不在宾语'宾客生旦'之内，所以声乐与宾客生旦是两个不同的群体。"①从语法分析入手，划分和确定句子成分，从而准确理解语句的含义，是文献训释的重要方法，然而上引黎文中的语法分析有重大纰谬，并由此造成了对文献内涵的严重误解。

从句法的角度来看，"畜声乐四十余人，阃检无制，往往时出外斋，与宾客生旦杂处"是一个复句。"畜声乐四十余人，阃检无制"算是第一个分句。该分句的主语是承上省略的"韩熙载"。"往往时出外斋"是第二个分句。它的主语是承前一分句而省略的"声乐"。"与宾客生旦杂处"是复句的第三个分句，这一分句是我们的主要讨论对象。

语法分析能够加深对相关语句语义的理解，对语义的阐释反过来能够帮助人们正确认识相关语句中的语法关系。下面，我们联系相关文献记载，首先对"与宾客生旦杂处"句中的主语进行判定。

《类说》卷十八引《江南野录》：

> 熙载惧祸，肆情坦率，破财货售乐妓以百数，月俸至，散与妓女，一无所有。既而不能给，遂衣敝缕作瞽者，持独弦琴，俾门生舒雅执板，随房歌舞求焉，以足日膳。旦暮不禁其出入，窃与诸生淫杂。熙载过之，笑曰"不敢阻兴"而已。②

《宋史》：

> 熙载善为文，江东士人、道释载金帛以求铭志碑记者不绝，又累获赏赐。由是畜妓妾四十余人，多善音乐，不加防闲，恣其出入外斋，与宾客生徒杂处。③

---

① 黎国韬：《再论"旦"脚的起源与形成》，载《文艺研究》2013年第3期。
② 曾慥编纂，王汝涛校注：《类说校注》，福建人民出版社1996年版，第564页。
③ 元脱脱等撰：《宋史》，中华书局1977年版，第13866页。

前文已经指明，《玉壶野史》所言"往往时出外斋"的动作主体是"声乐"（"声乐"一词在《江南野录》中称"乐妓"或"妓女"，在《宋史》中称"妓妾"）。"与宾客生旦杂处"这一分句的前部，省略了"声乐"这一词汇，它与句中的"宾客"为并列主语。

《五代史补》的相关记载，特别能说明"宾客"与"声乐"等的"杂处"关系。

> 韩熙载仕江南，官至诸行侍郎。晚年不羁，女仆百人，每延请宾客，而先令女仆与之相见，或调戏，或殴击，或加以争夺靴笏，无不曲尽，然后熙载始缓步而出，习以为常。复有医人及烧炼僧数辈，每来无不升堂入室，与女仆等杂处。伪主知之，虽怒，以其大臣，不欲直指其过，因命待诏画为图以赐之，使其自愧，而熙载视之安然。①

"生旦杂处"系主谓短语，充当分句的谓语。从整个复句和本分句来看，无论从哪一个语法体系出发，"宾客生旦"都不可能如黎文所言为宾语，因为它不是任何动作的承受者。谓语是语句中除主语外最大的信息载体，是句子最重要的成分。②前面说过，在"与宾客生旦杂处"句中，由主谓结构"生旦杂处"充当谓语。在这一主谓结构中，"生旦"是动作的发出者，"杂处"是行为主体进行的具体活动。这里的"杂处"是一个具有特定意义的词汇，对它的训释，有助于我们理解本文的讨论要点——"生旦"的历史文化内涵。就本段讨论而言，能够进一步说明，在"与宾客生旦杂处"这一分句中，被省略的"声乐"与"宾客"当并列为主语。

《国语·齐语》云："桓公曰：'成民之事若何？'管子对曰：四民者，勿使杂处，杂处则其言哤，其事易。"③《礼记·杂记下》："如同宫，则次于异

---

① 薛居正等撰：《旧五代史》，中华书局1976年版，第1790页。
② 赵载华：《句子成分概说——谓语是句子中最重要的成分》，载《殷都学刊》1991年第4期。
③ 徐元诰撰，王树民、沈长云点校：《国语集解》，中华书局2002年版，第219页。

官。"孔颖达《正义》:"若诸父、昆弟、姑、姊妹等,先是同宫而死,则既宿之后,出次异宫,不可以吉凶杂处故也。"①由上述资料分析可知,"杂处"指不合乎礼法的日常居处方式。

"四民杂处""吉凶杂处"和"生旦杂处"同属不合礼法的行为,但具体所指有很大差别。《国语·齐语》的"四民者勿使杂处"句,从国家施政出发,规定"士、农、工、商"社会各阶层当居处有别。《礼记·杂记下》的"不可以吉凶杂处"句,系对丧礼的相关秩序进行规定。《玉壶野史》记韩熙载所畜"声乐"与宾客生旦杂处",言其不合礼法的日常居处行为。这一判断,可由以下文献材料得以证明:

> 熙载性懒,不拘礼法,常与雅(舒雅)易服燕戏,猱杂侍婢,入末念酸,以为笑乐。(《南唐书》)
> 韩熙载好声伎,专为夜饮,宾客猱杂,无复拘制。(《十国春秋》)②

上引《南唐书》"猱杂侍婢"、《十国春秋》"宾客猱杂"及前文所引《江南野录》"窃与诸生淫杂"等语,所表达的内容是相似的。"淫杂"意谓韩熙载所畜妓女与宾客之间男女相处时举止不合礼法,"猱杂"的意义则可参考《礼记·乐记》的相关记载。《乐记》说:

> 及优、侏儒,獶杂子女,不知父子。乐终,不可以语,不可以道古。

郑玄《注》曰:"獶,猕猴也。言舞者如猕猴戏也,乱男女之尊卑。"孔颖达《正义》曰:"'及优、侏儒、獶杂子女'者,言作乐之时,及有俳优杂戏

---

① 《礼记正义》,阮刻《十三经注疏》,中华书局 1980 年版,第 1560—1561 页。
② 马令:《南唐书》,商务印书馆 1935 年版,第 147 页。吴任臣:《十国春秋》,中华书局 1983 年版,第 453 页。

侏儒短小之人。'獶杂'，谓狝猴也，言舞戏之时，状如狝猴，间杂男子妇人，言似狝猴，男女无别也。'不知父子'者，言乐之混杂，不复知有父子尊卑之礼也。"① 由此可知，《乐记》所述"獶杂"云云，系言某些人群的举止（尤指乐人男女之间居处）不合礼法。

"獶"与"猱"同。"獶杂"即"猱杂"。"杂"为"杂处"之意。前引文献中的"猱杂侍婢"和"宾客猱杂"等词语的语法结构虽各有不同，但其所述内涵和"与宾客生旦杂处"相类，皆指男女居处不合礼法。

值得注意的是，"猱"字曾出现于多种古代戏剧文献资料。戏剧文献中的这些"猱"字往往与妓女和演艺活动相关，有时可直接与戏剧中的"旦"脚建立联系。关汉卿《钱大尹智宠谢天香》杂剧中有"哑猱儿"。② 乔梦符《玉箫女两世姻缘》杂剧有"猱儿不觅钱"。③ 吴昌龄《花间四友东坡梦》杂剧有"妓馆猱儿"。④ 李寿卿《度柳翠》杂剧有"猱儿唱"。⑤ 徐复祚《投梭记》传奇有"小猱儿""猱儿玉貌如花朵"。⑥ "猱儿"又作"偨儿""媃儿"。无名氏《百花亭》"卖俏的偨儿"。⑦ 王晔《折桂令·问冯魁》曲"俊俏媃儿"。⑧ 戏曲中又有"调猱"、"调猱酿旦"之语。朱有燉《神仙会》"我是个调猱新子弟"⑨，石君宝《曲江池》"我也曾雨云乡调猱酿旦"。⑩ "猱"还可与"妆旦"联称。朱有燉《神仙

---

① 《礼记正义》，阮刻《十三经注疏》，中华书局1980年版，第1540页。
② 臧懋循：《元曲选》，中华书局1958年版，第142页。
③ 臧懋循：《元曲选》，中华书局1958年版，第972页。
④ 臧懋循：《元曲选》，中华书局1958年版，第1247页。
⑤ 臧懋循：《元曲选》，中华书局1958年版，第1351页。
⑥ 毛晋：《六十种曲》第八册，中华书局1958年版，第7、46页。
⑦ 臧懋循：《元曲选》，中华书局1958年版，第1427页。
⑧ 隋树森编：《全元散曲》，中华书局1964年版，第1088页。
⑨ 朱有燉：《吕洞宾花月神仙会》，第3页，《孤本元明杂剧》，中国戏剧出版社1957年版。
⑩ 朱有燉著，赵晓红整理：《朱有敦集》，齐鲁书社2014年版，第92页。

会》"我将你为猱妆旦的说原因"。①

"调猱酿旦""猱妆旦"等语汇的存在,揭示了"猱"与"旦"之间的密切联系。朱权《太和正音谱》:"丹丘先生曰:杂剧院本,皆有正末、付末、狚、孤、靓、鸨、猱、捷讥、引戏九色之名。孰不知其名,亦有所出。予今书于谱内,以遗后之好事焉。"《太和正音谱》又说:"猱:妓女总称,谓之'猱'。'猱',猿属,贪兽也,喜食虎肝脑。虎见而爱之,负其背而取虱,遗其首即死,求其脑肝肠而食之。古人取喻,虎譬如少年,喜而爱其色,彼如'猱'也,诱而贪其财,故至子弟丧身败业是也。"② 在上引资料中,朱权既将"猱"列入戏剧脚色九种之一,又将其社会角色定义为卖身职业,前后所言并非矛盾,而是揭示了这一脚色兼有演员与妓女的复杂身份特征。这一现象,对解释《玉壶野史》"生旦杂处"具有启示意义,也是我们考量"旦"脚起源的重要切入点之一。

"猱杂侍婢""宾客猱杂"之"猱杂"既指男女间某种不合礼法的居处或行为,"猱"又与戏剧中的"旦"有密切联系,这就足以使人们联想到"与宾客生旦杂处"句中"生旦"与戏剧之间的关系。要说明这一关系,需要解决"与宾客生旦杂处"句中"生"的身份问题。前面已经讨论过,《玉壶野史》"与宾客生旦杂处"句中的"生",绝不可以称为韩氏门生。下面,进一步说明其为戏剧脚色的可能。

综合考量,"与宾客生旦杂处",整句话是描述韩熙载所畜"声乐"与"宾客"男女间不合礼法的居处行为。句中的"生旦",是以戏剧中演饰男性角色的"生"和演饰女性角色的"旦"对举,用来指代"男女"。我们这里所说的"生""旦"对举,不仅出于其语法意义,而且包含着"生"与"旦"这两个戏剧脚色对立并存的关系。

文献记载表明,北宋史家记载韩熙载的事迹时,惯于使用当时流行的戏剧术语来描述他的某些活动。前引《南唐书》曾以"入末念酸"记述韩熙载的"燕戏"。"末""酸"皆戏剧脚色。任半塘先生说:"曰'入末'者,依末

---

① 朱有燉:《吕洞宾花月神仙会》,第5页,《孤本元明杂剧》,中国戏剧出版社1957年版。
② 朱权:《太和正音谱》,《中国古典戏曲论著集成》,中国戏剧出版社1959年版,第53—54页。

扮演也；曰'念酸'者，依酸角之口吻道白也。"① 陈振孙《直斋书录解题》载马令《南唐书》自序称，"今纂先志而成之，实崇宁乙酉"。② 由此推算，《南唐书》与《玉壶野史》成书年代相近。两书相关内容乃同一传主之同一事迹。故其语汇使用有相类之处。由此可见，《玉壶野史》以戏剧脚色"生旦"对举指称"男女"，绝非偶然。

　　长期以来，人们对中国戏剧史的认识，与其发展水平严重不符，且大大低于它的实际发展水平。在戏剧脚色起源的研究中，这一现象同样存在。前述黎国韬《再论"旦"脚的起源与形成》一文认为"旦"脚的形成晚至南宋末年，其整体思路和结论便是在这一学术背景下形成的。

　　应该指出，戏剧史上的演员、脚色与角色之间是相互关联的动态发展关系。脚色与日常称谓的使用也非泾渭分明。胡忌《宋金杂剧考》"角色名称"（引者按：《宋金杂剧考》中所说的"角色"即通常所言之戏剧"脚色"）一章，讨论"旦、妲"时说："由通常称呼进而为戏剧中的角色名，产生了南戏和北曲杂剧中'旦'色的专称；但是通常称谓有以妓女为'旦'者仍相继存在。若《青楼集》所举张奔儿为'风流旦'，李娇儿为'温柔旦'之类是；至如元人杂剧中的'为猱妆旦'成句则犹举不胜举，本意即是伎女演'旦'的意思。近世口语中尚有称'旦'作为妇人者。"③《玉壶野史》"与宾客生旦杂处"句中用戏剧脚色"生旦"指称"男女"，就反映了前述动态发展关系的一个侧面。

　　现存剧本中，"生旦"对举始见于《永乐大典》卷之一万三千九百九十一中所录南戏《张协状元》，学界倾向于将其定为宋代的作品。④ 这是判断"生"脚和"旦"脚产生下限的标准文献。作为戏剧中的主要脚色，"生、旦"对举共存，标志着中国古代戏剧脚色体系的基本完成。《玉壶野史》成书于北宋，该书中使用戏剧脚色"生旦"来描述某种社会现象，有两个可能：一是其所

---

① 任半塘：《唐戏弄》，上海古籍出版社 2006 年版，第 810 页。
② 陈振孙：《直斋书录解题》，上海古籍出版社 1987 年版，第 136 页。
③ 胡忌：《宋金杂剧考》，中华书局 2008 年版，第 108 页。
④ 参见杨秋红：《〈张协状元〉编于宋代说补证——以张协占卜为视角》，载《湖北大学学报（哲学社会科学版）》2013 年第 6 期。

记述的五代时期的日常生活中已广泛流传着这类词语,而为作者所采纳。二是笔记作者将他自己生活的时代(北宋)人们所熟悉的语汇援引入文。《玉壶野史》的作者文莹系钱塘人,钱塘与南戏形成之地温州相近。考虑到最早出现"生旦"对举的现存戏剧文献种类是南戏剧本,《玉壶野史》中"生旦"一语出现的地域文化背景,以至它与南戏发展历史之间的关系,值得进一步思考。这一个案,对于我们重新认识长期被低估的中国戏剧发展史具有重要意义。

【说明】本文系在《〈玉壶野史〉"生旦杂处"考辨》(姚小鸥、孟祥笑,中国戏剧史国际学术研讨会暨中国古代戏曲学会2014年年会论文)的基础上增订而成。

清华简《赤鹄》篇与中国早期小说的文体特征*

关于中国古代小说的起源与形成，小说史通常作如下表述：先秦两汉时期，作为文学样式的小说尚在酝酿、萌发阶段。这一时期的神话传说、寓言故事及史传著述，孕育着古代小说的各艺术要素，为小说的形成做了准备。六朝志人小说（以《世说新语》为代表）、志怪小说（以《搜神记》为代表）的出现，标志着中国古代小说的初步形成。唐人"则始有意为小说"。① 近年来，虽有学者对此提出异议，然而在材料、方法方面都没有取

---

* 本文原载于《文艺研究》2014年第2期，第43—58页，与李永娜合作。《清华大学藏战国竹简（三）》第八篇简文，整理者命名为《赤鹄之集汤之屋》。其中的"鹄"字，整理者据《楚辞·天问》："缘鹄饰玉，后帝是飨"句，将其隶定为"鹄"字，并注云："'鹄'字从告声，见母幽部；'鹄'字从告，见母觉部，系对转。"有学者指出，"赤鹄"中的"鹄"字从"鸟""咎"声，应读为"鸠"，古代文献典籍中多见商汤与"鸠"有关的记载，由此认为此篇当命名为《赤鸠之集汤之屋》。按，本文所引简文内容均出自李学勤主编《清华大学藏战国竹简（三）》一书，故简文的篇名暂从该书，称之为《赤鹄之集汤之屋》。参见侯乃峰.《赤鹄之集汤之屋》的"赤鹄"或当是"赤鸠"，武汉大学简帛研究中心《简帛网》，2013年1月8日。清华大学出土文献研究与保护中心编，李学勤主编.清华大学藏战国竹简（三），上海：中西书局，2012：168.

① 参见鲁迅.中国小说史略［M］.北京：人民文学出版社，1973；杨子坚.新编中国古代小说史［M］.南京：南京大学出版社，1990；李悔吾.中国小说史漫稿［M］.武汉：湖北教育出版社，1992；王恒展.中国小说发展史概论［M］.济南：山东教育出版社，1996；沈治钧.中国古代小说简史［M］.北京：北京语言文化大学出版社，2001；李献芳.中国小说简史（古代部分）［M］.济南：山东大学出版社，2003.

得突破，未能得出有说服力的新结论。①2012年底公布的《清华简·赤鹄之集汤之屋》一篇（本文简称为《赤鹄》篇），②为研究中国早期小说的形成及早期形态提供了新的思路。这一新材料的发现，在中国小说史上具有重要的意义。

一

《赤鹄》篇由十五支简组成，整理者公布的释文为：

> 曰：故（古）又（有）赤鹄（鹄），集于汤之屋，汤射之获之，乃命少（小）臣曰："脂（旨）羹之，我亓（其）享之。"汤往□。少（小）臣既羹之，汤句（后）妻纴巟胃（谓）少（小）臣曰："尝我于而（尔）羹。"少（小）臣弗敢尝，曰："句（后）亓（其）[杀]我。"纴巟胃（谓）少（小）臣曰："尔不我尝，吾不亦杀尔？"少（小）臣自堂下受（授）纴巟羹。纴巟受少（小）臣而尝之，乃卲（昭）然，四荒之外，亡（无）不见也；少（小）臣受亓（其）余而尝之，亦卲（昭）然，四海之外，亡（无）不见也。汤樊（返）駐（廷），少（小）臣馈。汤怒曰："孰湎（调）吾羹？"少（小）臣惧，乃逃于夏。汤乃□之，少（小）臣乃疾（眯）而寝于路，见（视）而不能言。众鸟将食之。巫乌曰："是少（小）臣也，不可食也。夏句（后）又（有）疾，将襁（抚）楚，于食亓（其）祭。"众乌乃讯巫乌曰："夏句（后）之疾女（如）何？"巫乌乃曰："帝命二黄它（蛇）与二白兔居句（后）之寝室之栋，亓（其）下舍句（后）疾，是使句（后）疾疾而不智（知）人。帝命句（后）土为二陵

---

① 参见杨义.杨义文存（第六卷）[M].北京.人民出版社，1998：5；李剑国，陈洪.中国小说通史（先唐卷）[M].北京：高等教育出版社，2007：3.
② 清华大学出土文献研究与保护中心编，李学勤主编.清华大学藏战国竹简（三）[M].上海：中西书局，2012：166–170.

屯，共居句（后）之床下，亓（其）上刺句（后）之体，是思（使）句（后）之身疴蠚，不可及于席。"众乌乃往。巫乌乃歜少（小）臣之胸（喉）渭（胃），少（小）臣乃起而行，至于夏＝句＝（夏后。夏后）曰："尔惟谁？"少（小）臣曰："我天巫。"夏句（后）乃讯少（小）臣："女（如）尔天巫，而智（知）朕疾？"少（小）臣曰："我智（知）之。"夏句（后）曰："朕疾女（如）可（何）？"少（小）臣曰："帝命二黄它（蛇）与二白兔，居句（后）之寝室之栋，亓（其）下舍句（后）疾，是思（使）句（后）愗＝恟＝（梦梦眩眩）而不智（知）人。帝命句（后）土为二陵屯，共居句（后）之床下，亓（其）上刺句（后）之身，是思（使）句（后）昏乱甘心。句（后）女（如）撤屋，杀黄它（蛇）与白兔，坙（发）地斩陵，句（后）之疾亓（其）瘳。"夏句（后）乃从少（小）臣之言，撤屋，杀二黄它（蛇）与一白兔；乃坙（发）地，又（有）二陵堂，乃斩之。亓（其）一白兔不得，是始为埤（陴）丁者（诸）屋，以御白兔。①

试将简文语译如下：

话说从前有一只赤鹄栖落在成汤的屋顶上，成汤将它射获，于是命令小臣说："做成美味的羹，我要享用它。"成汤去了□地。小臣做好羹后，成汤的妻子纴巟对小臣说："给我尝你的羹。"小臣不敢让她尝，说："王会杀了我的。"纴巟对小臣说："你不给我尝，我

---

① 清华大学出土文献研究与保护中心编，李学勤主编.清华大学藏战国竹简（三）[M].上海：中西书局，2012：167. 释文尽量用通行字体，圆括号（）内的文字是原整理者标出的通假字，方括号［］内的"杀"字，系整理者据下文补. 释文开篇"曰"字后的冒号为本文所加，参见姚小鸥，孟祥笑.关于《清华简》"赤鹄"篇"曰"字的句读问题[C]//清华大学藏战国竹简与先秦经学文献国际学术研讨会会议论文集. 北京：中国传媒大学出版社，2013：168.

不也会杀掉你吗?"小臣从堂下把羹递给了纴㐭。纴㐭接过小臣手里的羹,尝后,眼睛十分明亮,四荒之外,没有什么是看不见的;小臣接过剩下的羹,尝后,眼睛也很明亮,四海之外,没有什么是看不见的。成汤回到宫中,小臣将羹进献。成汤生气地说:"谁动了我的羹?"小臣害怕了,逃往夏。成汤于是施咒语,小臣就迷倒在路上,能看东西,却说不出话来。一群乌鸦想要吃掉小臣。巫乌说:"这是小臣,不能吃。夏王患有疾病,(小臣可以)抚慰他的痛苦。去吃他的祭品吧。"众乌问巫乌说:"夏王的疾病怎么样?"巫乌说:"帝命令两条黄蛇和两只白兔藏在夏王寝室的脊檁处,其气向下使得夏王患病,昏乱得认不清身边的人。帝命后土生出两道陵阜,位于夏王的床下,其气向上冲入夏王的体内,这样,使得夏王身体剧痛,不敢碰触到席子。"众乌于是飞往那里。巫乌疏通了小臣的喉胃,小臣起身赶路,到了夏王那里。夏王说:"你是谁?"小臣说:"我是天巫。"夏王问小臣说:"如果你是天巫,那么你知道我的病吗?"小臣说:"我知道。"夏王说:"我患的是什么病?"小臣说:"帝命令两条黄蛇与两只白兔藏在您的寝室的脊檁处,其气向下使得您患病,这样,使您头脑昏乱,认不清身边的人。帝命后土生出两道陵阜,位于您的床下,其气向上冲入您的体内,这样,使得您昏乱迷惑、痛苦不堪。您如果拆除屋顶,杀掉黄蛇与白兔,挖开地面铲平陵阜,您的病痛就会痊愈。"夏王听从小臣的话,拆除屋顶,杀掉两条黄蛇与一只白兔;然后挖开地面,有两道陵阜,就铲平了它们。其中有一只白兔没有捉到,由此开始筑小墙遮挡屋子,来防御白兔。

二

简文以"㫺"字发端,显示该篇系以讲史的方式叙述故事。简文整理者注:"㫺,《说文》:'词也。'故,《楚辞·招魂》注:'古也。'㫺故,见于史墙

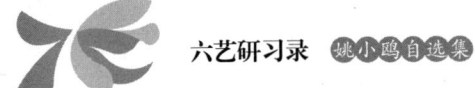

盘(《集成》一〇一七五)'曰古文王'、楚帛书'曰故……包戏'等。"① 李学勤先生在解读长沙东郊子弹库楚墓帛书《四时》篇时曾指出,以"曰"开端,"是古人追述往史的常用体裁",表明其所述内容可追溯至遥远的口传历史时期。② 这种文体见于多种先秦典籍及出土文献,兹择要列表如下:③

内容	文献出处
曰若稽古帝尧……	《尚书·尧典》
曰若稽古皋陶……	《尚书·皋陶谟》
曰:遂古之初,谁传道之?上下未形,何由考之?	《楚辞·天问》
曰古文王,初鳌穌于政。	《史墙盘》
曰古文王,初鳌穌于政。	《疢钟》
曰故(古)[黄]熊包戏……	《楚帛书·四时》

《尚书》的相关篇章以"曰若稽古"讲起,叙述了帝尧时代的古史。《天问》以讲史的形式叙述自开天辟地至春秋时期的历史,全篇蕴含着深刻的哲理。④《史墙盘》《疢钟》铭文,记述了西周时期文王、武王等诸王的主要功绩以及作器者家族的历史。《楚帛书·四时》开篇描述宇宙生成时的混沌状态,继而叙述阴阳参化与四时生成,与《天问》等楚地文献叙述天地开辟的内容有共同的历史渊源。《逸周书·武穆解》:"曰若稽古曰:昭天之道。"⑤ 其开篇

---

① 清华大学出土文献研究与保护中心编,李学勤主编.清华大学藏战国竹简(三)[M].上海:中西书局,2012:166-170.
② 李学勤.简帛佚籍与学术史[M].南昌:江西教育出版社,2007:47-48.
③ 尚书正义[M].阮刻十三经注疏,北京:中华书局,1980:118、138.洪兴祖撰,白化文等点校.楚辞补注[M].北京:中华书局,1983:85—86.张亚初.殷周金文集成引得[M].北京:中华书局,2001:154、12.李学勤.简帛佚籍与学术史[M].南昌:江西教育出版社,2007:47-48.
④ 姚小鸥.《天问》意旨、文体与诗学精神探原[J].文艺研究,2004,(3).
⑤ 黄怀信、张懋镕、田旭东撰,李学勤审定.逸周书汇校集注[M].上海:上海古籍出版社,1995:339.

"曰"字前又有"曰若稽古",系仿《尚书》所致。①

《赤鹄》篇采用讲史的形式,与中国早期小说的叙事传统有关。古代小说受到史学著作的直接影响。刘知几云:"偏记小说,自成一家。而能与正史参行,其所由来尚矣。爰及近古,斯道渐烦。史氏流别,殊途并骛。"②陈言谓:"正史之流而为杂史也,杂史之流而为类书、为小说、为家传也。"③今人黄钧、牛学恕、石昌渝等持论仿此,多认为"中国小说脱胎于史传文学""史传文学是古典小说的主要孕育者""中国小说的母体是史传"。④

小说成为一种独立的文体,与史传就有了本质区别:史传是史实记录,小说则是一种虚构叙事。脱胎于史传的早期小说常常取材于历史上真实的人物和事件。《赤鹄》篇叙述小臣为汤作羹以及小臣逃汤奔夏的故事,具有鲜明的史传色彩。简文整理者认为,小臣为汤作羹的内容与历史上流传的伊尹"以滋味说汤"的故事相关,又可与《楚辞·天问》"缘鹄饰玉,后帝是飨"句建立联系,简文中的"小臣"即历史上为人们所熟知的汤之重臣"伊尹"。①

《赤鹄》篇自身不能证明其中的"小臣"即历史上的伊尹,然简文所述情节显见其与伊尹确有某种特殊的联系。汤与伊尹君臣际会之事,为历代史家所艳称。归纳起来,大致有"伊尹说汤""伊尹为媵""伊尹择汤"三种说法。⑥关于"伊尹说汤",又有"以滋味说汤"与"汤聘伊尹"两说。其中,"以滋味说汤"多见于史籍著述,兹择其要者罗列如下:

---

① 黄怀信.逸周书校补注译[M].西安:西北大学出版社,1996:168.
② 刘知几撰,浦起龙释.史通通释[M].上海:上海古籍出版社,1978:273.
③ 陈言.颍水遗编[M].北京:中华书局,1985:31.
④ 参见黄钧.中国古代小说起源和民族传统[J].文学遗产,1987,(5).张稔穰、牛学恕.史传影响与中国古典小说民族特征的宏观考察[J].齐鲁学刊,1988,(5).石昌渝.中国小说源流论[M].北京:生活·读书·新知三联书店,1994:53.
① 参见清华大学出土文献研究与保护中心编,李学勤主编.清华大学藏战国竹简(三)[M].上海:中西书局,2012:166.李学勤.《新整理清华简六种概述》[J].文物,2012.(8).
⑥ 刘德杰."伊尹扶汤"考述[C]//河洛文化与殷商文明.郑州:河南人民出版社,2007:333-335.

伊尹负鼎俎而干汤，姓名未著而受三公。(《战国策·冯忌请见赵王》)①

伊尹负鼎佩刀以干汤，得意，故尊宰舍。(《鲁连子》)②

汤得伊尹，祓之于庙，爝以爟火，衅以牺猳。明日，设朝而见之。说汤以至味。(《吕氏春秋·本味》)③

上古有汤，至圣也。伊尹，至智也。夫至智说至圣，然且七十说而不受，身执鼎俎为庖宰，昵近习亲，而汤乃仅知其贤而用之。故曰："以至智说至圣，未必至而见受；伊尹说汤是也。"(《韩非子·难言》)④

伊尹故有莘氏僮也，负鼎操俎调五味，而立为相，其遇汤也。(《韩诗外传》)⑤

伊尹名阿衡。阿衡欲奸汤而无由，乃为有莘氏媵臣，负鼎俎，以滋味说汤，致于王道。(《史记·殷本纪》)⑥

夫百里奚之饭牛，伊尹之负鼎，太公之鼓刀，宁戚之商歌。(高诱注：伊尹负鼎俎调五味以干汤，卒为贤相。)(《淮南子·泛论训》)⑦

孟子曾对伊尹"以滋味说汤"提出质疑。《孟子·万章上》："万章问曰：'人有言伊尹以割烹要汤，有诸？'孟子曰：'否。不然。伊尹耕于有莘之野，而乐尧舜之道焉……汤三使往聘之……吾闻其以尧舜之道要汤，未闻以割烹也。《伊训》曰：天诛造攻，自牧宫，朕载自亳。'"⑧朱熹注《楚辞》"缘鹄饰玉，后帝是飨。何承谋夏桀，终以灭丧？"谓："言伊尹始仕，因缘烹鹄鸟之

---

① 战国策，上海：上海古籍出版社，1985：757-1089.
② 滕吉庆.《鲁连子》辑释与研究[D].长春：东北师范大学，2009.
③ 许维遹撰，梁运华整理.吕氏春秋集释[M].北京：中华书局，2009：312-313.
④ 梁启雄.韩子浅解[M].北京：中华书局，1960：22.
⑤ 韩婴撰，许维遹校释.韩诗外传集释[M].北京：中华书局，1980：244.
⑥ 司马迁.史记[M].北京：中华书局，1959：94.
⑦ 何宁.淮南子集释[M].北京：中华书局，1998：967.
⑧ 孟子注疏[M].阮刻十三经注疏，北京：中华书局，1980：2738.

羹、修玉鼎以事汤，汤贤之，遂以为相，承用其谋而伐夏桀，终以灭桀也。此即《孟子》所辨'割烹要汤'之说，盖战国游士谬妄之言也。"① 朱熹所谓"战国游士谬妄之言"，系指伊尹"以滋味说汤"故事的虚饰意味。汉代，有关"伊尹说汤"的各种异闻广为流传，史籍著述兼录之以备。《史记》除前引伊尹"以滋味说汤"外，还记述了"汤聘伊尹"说："或曰，伊尹处士，汤使人聘迎之，五反然后肯往从汤，言素王及九主之事。"②

《赤鹄》篇叙述汤射获赤鹄，命小臣作羹，商汤的妻子纴茾以及小臣相继偷尝鹄羹，小臣因惧怕汤的责罚而逃走。其相关细节不见于史籍，可能是流传于战国时期的有关伊尹的一种传说。《赤鹄》所述小臣为汤作羹的内容颇类伊尹"以滋味说汤"的故事，小臣逃夏部分与伊尹传说中"伊尹丑夏"的内容似有某种联系。

《赤鹄》篇第五简至第十五简讲述小臣逃亡途中受到汤的诅咒"眛而寝于路"，③巫乌拯救小臣并告知夏后患病之由，小臣按照巫乌的谕示，治愈了夏后的疾病。故事框架围绕小臣逃汤奔夏的情节展开，与《史记》"伊尹去汤适夏。既丑有夏，复归于亳"④的记载相仿。关于"伊尹丑夏"之事，文献记述如下：

　　昔夏桀伐有施，有施人以妹喜女焉，妹喜有宠，于是乎与伊尹比而亡夏。(《国语·晋语》⑤

　　五就汤，五就桀者，伊尹也。(《孟子·告子章句下》)⑥

　　伊尹再逃汤而之桀，再逃桀而之汤，果与鸣条之战，而以汤为

---

① 朱熹. 楚辞集注[M]. 上海：上海古籍出版社，1979：63.
② 司马迁. 史记[M]. 北京：中华书局，1959：94.
③ 清华大学出土文献研究与保护中心编，李学勤主编. 清华大学藏战国竹简（三）[M]. 上海：中西书局，2012：166-170.
④ 司马迁. 史记[M]. 北京：中华书局，1959：94.
⑤ 徐元诰撰，王树民、沈长云点校. 国语集解[M]. 北京：中华书局，2002：250.
⑥ 孟子注疏[M]. 阮刻十三经注疏，北京：中华书局，1980：2757.

天子。(《战国策·苏代为奉阳君说燕于赵以伐齐》)①

桀为无道……主道重塞，国人大崩。汤乃惕惧，忧天下之不宁，欲令伊尹往视旷夏，恐其不信，汤由亲自射伊尹。伊尹奔夏三年，反报于亳……汤与伊尹盟，以示必灭夏。伊尹又复往视旷夏……商涸旱，汤犹发师，以信伊尹之盟，故令师从东方出于国，西以进。未接刃而桀走，逐之至大沙，身体离散，为天下戮。(《吕氏春秋·慎大览》)②

除上引材料外，出土文献中也有和"伊尹丑夏"相关的记载。清华简《尹至》篇云："隹（惟）尹自顉（夏）蘆（徂）白（亳），象（逯）至才（在）汤。"③简文整理者指出，《尹至》篇"记述伊尹自夏至商，向汤陈说夏君虐政，民众疾苦的状况，以及天现异象时民众的意愿趋向，汤和伊尹盟誓，征伐不服，终于灭夏"。④廖名春认为，《尹至》篇"写伊尹谋夏之事，情节与《吕氏春秋·慎大》篇近似"。⑤《今本竹书纪年》记载，"十七年，汤使伊尹来朝。二十年，伊尹归于商"，王国维《今本竹书纪年疏证》认为其与《尚书序》"伊尹去亳适夏，既丑有夏，复归于亳"的内容相合，故引之。⑥

《吕氏春秋·慎大览》篇记"欲令伊尹往视旷夏，恐其不信，汤由亲自射伊尹"，这可能是"丑夏"过程中为了迷惑夏后而使用的"间夏"手段。《赤磐》篇中小臣去汤适夏是否出自与汤之谋，小臣后来是否反归于亳，简文均

---

① 战国策，上海：上海古籍出版社，1985：757-1089.
② 许维遹撰，梁运华整理.吕氏春秋集释[M].北京：中华书局，2009：353—355.
③ 清华大学出土文献研究与保护中心编，李学勤主编.清华大学藏战国竹简（一）[M].上海：中西书局，2010：128.
④ 清华大学出土文献研究与保护中心编，李学勤主编.清华大学藏战国竹简（一）[M].上海：中西书局，2010：127.
⑤ 廖名春.清华简与《尚书》研究[J].文史哲，2010，(6).李学勤主编.清华大学藏战国竹简（一）[M].上海：中西书局，2010：127-131.
⑥ 王国维撰，黄永年校点.古本竹书纪年辑校·今本竹书纪年疏证[M].沈阳：辽宁教育出版社，1997：59.

未言及。就故事情节来看，《赤鹄》篇可能是根据当时普遍流传的伊尹传说敷衍而成，所谓"近史而悠缪者也"。①

《赤鹄》篇的故事情节与先秦时期广泛流传的伊尹传说相仿，篇中"小臣"是否即为"伊尹"尚须讨论。

"小臣"在一些文献中或称"伊尹"。春秋晚期的金文文献"叔尸钟"铭文："伊（少）小臣惟辅，咸有九州，处禹之堵。"②陈梦家说："指伊尹为辅（傅）于汤，少臣即小臣，卜辞称其官职为尹。"③东汉王逸注《楚辞·天问》："何乞彼小臣，而吉妃是得？"句，谓此处"小臣"即"伊尹"。④有关"小臣"与"伊尹"关系的讨论，还应当考虑先秦时期"小臣"的身份与地位。与《赤鹄》篇同出的清华简《说命》篇记载：

> 经惪（德）配天，余罔又（有）睪（斁）言。少（小）臣周夐（俊）才（在）朕备（服）。⑤

《说命》中的"小臣"指的是傅说。傅说与伊尹的地位相当，都是商王的股肱之臣。

此外，"小臣"于商代甲骨文中多见。其中，既有伊尹等参与政事的、身份显赫的"小臣"，也有服务于王室、从事专门职业的"小臣"。⑥《赤鹄》篇中"小臣"作为汤的近侍之臣出现，其身份符合当时的社会制度，其职司则因简文虚实相生的叙事而难以遽定。

---

① 鲁迅.中国小说史略［M］.北京：人民文学出版社，1975：3.
② 马承源主编.商周青铜器铭文选（四）》［M］.北京：文物出版社，1990：546.
③ 陈梦家.殷墟卜辞综述［M］.北京：中华书局，1988：505.
④ 洪兴祖撰，白化文等点校.楚辞补注［M］.北京：中华书局，1983：108.
⑤ 清华大学出土文献研究与保护中心编，李学勤主编.清华大学藏战国竹简（三）［M］.上海：中西书局，2012：166-170.
⑥ 韩江苏.商代的"小臣"［C］// 2004年安阳殷商文明国际学术研讨会论文集.北京：社会科学文献出版社，2004：261-272.

三

简文整理者指出,《赤鹄》篇"最引人注目的特点,是有浓厚的巫术色彩"。① 李学勤先生说,简文叙述成汤诅咒小臣,随后小臣被称作"巫乌"的鸟拯救,并由此知道夏后身患重病,原因是"帝命二黄蛇与二白兔居后之寝室之栋",又"命后土为二陵屯,共居后之床下",② 从而解救了夏后的危难。"这些可能与楚人好信巫鬼的习俗有关"。③ 下面,我们从古代小说文体演变的角度就此稍展开讨论。

《赤鹄》篇所具有的巫术色彩,与其文体的文化性质有关。先秦时期存在一种"以辩说为特征的言论著述",这种文体可称之为说体文。④ 说体文最早是从宗教祝辞发展而来的。上古文献中,"说"曾以祭祀名目出现,是上古时期先民遇到灾异时告神去灾的宗教祝辞,带有浓厚的神秘气息及巫术意味。《周礼·大祝》:"掌六祈,以同鬼神示,一曰类,二曰造,三曰禬,四曰禜,五曰攻,六曰说。"郑注引郑司农云:"类、造、禬、禜、攻、说,皆祭名也。"⑤《周礼·庶氏》:"掌除毒蛊,以攻说禬之,嘉草攻之。"郑玄注:"攻说,祈名,祈其神求去之也。"⑥

有关"说"祈的仪程,《周礼》中的《诅祝》《男巫》《女巫》中皆有记载。《诅祝》云:"诅祝掌盟、诅、类、造、攻、说、禬、禜之祝号。"《男巫》:"男巫掌望祀望衍授号,旁招以茅。……冬堂赠,无方无算。……春招弭,以除疾病。……王吊,则与祝前",《女巫》:"女巫……若王后吊,则与祝

---

① 清华大学出土文献研究与保护中心编,李学勤主编.清华大学藏战国竹简(三)[M].上海:中西书局,2012:166—170.
② 清华大学出土文献研究与保护中心编,李学勤主编.清华大学藏战国竹简(三)[M].上海:中西书局,2012:166—170.
③ 李学勤.新整理清华简六种概述[J].文物,2012,(8).
④ 王齐洲.稗官与才人——中国古代小说考论[M].长沙:岳麓书社,2010:130.
⑤ 周礼注疏[M].阮刻十三经注疏,北京:中华书局,1980:808—809.
⑥ 周礼注疏[M].阮刻十三经注疏,北京:中华书局,1980:888.

前。……凡邦之大灾，歌哭而请。"① 由此可知，"说"祈主要是在大祝的率领下，由诅祝、男巫、女巫等巫祝人员辅助祝官共同完成祭祀仪式。

《汤说》是目前所知最早的"说"辞，相关文字片段见于《论语》《国语》及《尚书》等有与之相似的文辞。②《墨子》径以《汤说》名之。《墨子·兼爱下》：

> 且不唯《禹誓》为然，虽《汤说》即亦犹是也。汤曰："惟予小子履，敢用玄牡，告于上天后。"曰："今天大旱，即当朕身履，未知得罪于上下，有善不敢蔽，有罪不敢赦，简在帝心。万方有罪，即当朕身，朕身有罪，无及万方。"③

孙诒让《墨子间诂》指出，《汤说》是汤祷旱之辞，"若然，则说礼殷时已有之"。④

《吕氏春秋·顺民》篇有关"汤祷"的记载，可见"汤说"之情貌：

> 昔者汤克夏而正天下，天大旱，五年不收，汤乃以身祷于桑林，曰："余一人有罪，无及万夫。万夫有罪，在余一人。无以一人之不敏，使上帝鬼神伤民之命。"于是剪其发，磨其手，以身为牺牲，用祈福于上帝。民乃甚说，雨乃大至。⑤

---

① 周礼注疏［M］.阮刻十三经注疏，北京：中华书局，1980：816–817.
②《论语·尧曰》："尧曰：'咨！尔舜！天之历数在尔躬，允执其中。四海困穷，天禄永终。'舜亦以命禹，曰：'予小子履，敢用玄牡，敢昭告于皇皇后帝：有罪不敢赦。帝臣不蔽，简在帝心。朕躬有罪，无以万方；万方有罪，罪在朕躬。'"《国语·周语》内史过引《汤誓》："余一人有罪，无以万夫。万夫有罪，在余一人。"《尚书·汤诰》："其尔万方有罪，在予一人；予一人有罪，无以尔万方。"论语注疏［M］.阮刻十三经注疏，北京：中华书局，1980：2535. 徐元诰撰，王树民、沈长云点校.国语集解［M］.北京：中华书局：2002：32. 尚书正义［M］.阮刻十三经注疏，北京：中华书局：1980：162.
③ 孙诒让撰，孙启治点校.墨子间诂［M］.北京：中华书局，2001：122–123.
④ 孙诒让撰，孙启治点校.墨子间诂［M］.北京：中华书局，2001：122.
⑤ 许维遹撰，梁运华整理.吕氏春秋集释［M］.北京：中华书局，2009：200–201.

周初说辞延续了商代"说"祈的形式,《尚书·金縢》篇记,克商二年,武王有疾,周公以"代武王之说"祝于先王:

> 惟尔元孙某。遘厉虐疾。若尔三王,是有丕子之责于天,以旦代某之身。予仁若考,能多材多艺,能事鬼神。乃元孙不若旦多材多艺,不能事鬼神。乃命于帝庭,敷佑四方。用能定尔子孙于下地,四方之民,罔不祗畏。呜呼!无坠天之降宝命,我先王亦永有依归。今我即命于元龟,尔之许我,我其以璧与珪归俟尔命;尔不许我,我乃屏璧与珪。①

学者考证,周公"代武王之说"有西周初年的原始档案材料为依据。② 董乃斌通过分析周公"代武王之说"的内容,认为它"实在已颇似小说了"。③ 傅修延将此部分纳入《金縢》篇整体视角,认为"就叙事的完整性、故事的自足性、文笔的简练生动以及'言''事'的合宜互补等而言,《金縢》不但远胜于《尚书》中其他篇章,在整个先秦叙事中也堪称先行之步"。④ 由此可见,殷商时期较为素朴的宗教祝辞在周初已有相当发展,而且足以成为故事中具有魅力和趣味的部分。

有学者认为,战国中后期,"不仅有了对说体文的认识,有了说体文概念,也有了明确标示说体的文本"。其所举例有《墨子·经说》《列子·说符》《商君书·说民》《庄子·说剑》《韩非子·说林》《内储说》《外储说》《八说》

---

① 《尚书正义》[M]. 阮刻《十三经注疏》, 北京: 中华书局: 1980: 196.
② 周公"代武王之说"的相关文字, 也见于清华简《周武王有疾周公所自以代王之志(金縢)》篇. 清华大学出土文献研究与保护中心编, 李学勤主编. 清华大学藏战国竹简(一)[M]. 上海: 中西书局, 2012: 158. 并参见顾颉刚. 古史辨(二)[M]. 上海: 上海古籍出版社, 1982: 64.
③ 董乃斌. 现代小说观念与中国古典小说[J]. 文学遗产, 1994,(2).
④ 傅修延. 先秦叙事研究: 关于中国叙事传统的形成[M]. 北京: 东方出版社, 1999: 173.

《吕氏春秋·顺说》等。① 《庄子·外物》篇"饰小说以干县令"② 始揭示"小说"的名目。《荀子·正名》："故知者论道而已矣，小家珍说之所愿者皆衰矣。"③ 其中的"小家珍说"与《庄子》中的"小说"含意相同，带有强烈的感情色彩，显示出对"小说"的轻视和鄙夷。

汉代"小说"的指称继承了前代有关"小说"的文化传统。《汉书·艺文志》云："小说家者流，盖出于稗官。街谈巷语，道听涂说者之所造也。"④ 有关"稗官"，学者认为系指"低级的小官微吏""是小说家队伍中的最重要成分"。⑤ 从历史的角度而言，传统认为"稗官"为史之支流。⑥ "稗官"演为"野史小说"的代称，又衍生出"稗史"等词。⑦ "巫史文化"是中国早期文化的基本特点之一，《汉书·艺文志》指称的"小说"，带有浓厚的巫术文化色彩。关于汉代的小说整理过程，刘向《说苑·序奏》说：

> 护左都水使者光禄大夫臣向言：所校中书《说苑杂事》，及臣向书、民间书、诬校雠，其事类众多，章句相溷，或上下谬乱，难分别次序。除去与《新序》复重者，其余者浅薄，不中义理，别集以为百家，后令以类相从，一一条别篇目，更以造新事十万言以上，

---

① 王齐洲.稗官与才人——中国古代小说考论[M].长沙：岳麓书社，2010：104.所举例参见孙诒让撰，孙启治点校.墨子间诂[M].北京：中华书局，2001：332–402.杨伯峻.列子集释[M].北京：中华书局，1979：239–273.章诗同注.商君书[M].上海：上海人民出版社，1974：21–25.郭庆藩著，王孝鱼点校.庄子集释[M].北京：中华书局，2004：1016–1023.梁启雄.韩子浅解[M].北京：中华书局，1960：184–208、226–345、437–447.许维遹撰，梁运华整理.吕氏春秋集释[M].北京：中华书局，2009：378–382.
② 郭庆藩撰，王孝鱼点校.庄子集释[M].北京：中华书局，2004：92.
③ 王先谦撰，沈啸寰、王星贤点校.荀子集解[M].北京：中华书局，1988：429.
④ 班固：汉书[M].北京：中华书局，1962：1745.
⑤ 魏德胜.《睡虎地秦墓竹简》词汇研究[M].北京：华夏出版社，2003：179–180.陈洪."稗官"说考辨[J].中华文学史料（第二辑）.北京：学苑出版社，2007：89、93.
⑥ 闲斋老人《儒林外史序》云："稗官为史之支流。"参见李汉秋辑校.儒林外史（汇校汇评本）[M].上海：上海古籍出版社，1999：687.
⑦ 中国文物研究所，湖北省文物考古研究所编.龙岗秦简[M].北京：中华书局，2001：75.

凡二十篇，七百八十四章，号曰《新苑》，皆可观。①

刘向校雠《说苑杂事》的结果是整理出《百家》《说苑》两书。《百家》和《说苑》虽同源《说苑杂事》，但在《汉书·艺文志》的目录学分类中，分属"小说家"和"儒家"。②这种分类反映了当时人们对"小说"固有评介的感情色彩，与《荀子·正名》反映的"小说"观念一脉相承。刘向好方术，其所编《百家》很可能与方术有关。③《汉书·艺文志》著录的"小说十五家""今皆不存"。④从名称来看，其中的《黄帝说》《封禅方说》《待诏臣饶心术》《待诏臣安成未央术》《虞初周说》等，多言道家、方术事，显示出汉代所存的战国至秦汉时期的小说作品仍有浓厚的原始巫术色彩。

《赤䳭》篇巫术色彩较为浓重的因素，主要反映在第五简至第十五简中。第五简说："汤乃囗之，少（小）臣乃疾（眯）而寝于路，见（视）而不能言。"⑤对于"汤乃囗之"中的残字，简文整理者注："'之'字上一字残，从示，右有缺笔，疑与巫祝有关。"⑥黄杰认为残字从"示"从"孝"，又据《周礼·大祝》，"作六辞以通上下亲疏远近。一曰祠，二曰命，三曰诰，四曰会，五曰祷，六曰诔"句，认为残字应读为"祷"，且"汤之'祷'所起的效果只是催眠，并不是使之致病"。⑦黄杰有关简文中个别文字的意见虽与整理者相左，但对简文巫术色彩方面的认识并无二致。

《赤䳭》篇第五简所记汤诅咒小臣，使得小臣"眯而寝于路，视而不能

---

① 刘向撰，向宗鲁校证.说苑校证[M].北京：中华书局，1987：1.
② 班固.汉书[M].北京：中华书局，1962：1727、1745.
③ 孙逊.中国古代小说与宗教[M].上海：复旦大学出版社，2000：38.
④ 鲁迅.中国小说史略[M].北京：人民文学出版社，1975：15.
⑤ 清华大学出土文献研究与保护中心编，李学勤主编.清华大学藏战国竹简（三）[M].上海：中西书局，2012：166-170.
⑥ 清华大学出土文献研究与保护中心编，李学勤主编.清华大学藏战国竹简（三）[M].上海：中西书局，2012：166-170.
⑦ 黄杰.初读清华简（三）《赤䳭（从鸟）之集汤之屋》笔记[J].武汉大学简帛研究中心《简帛网》，2013.

言"，①是类乎"诅"的一种巫术。《左传·隐公十一年》："郑伯使卒出豭，行出犬鸡，以诅射颍考叔者。"②《襄公十一年》："乃盟诸僖闳，诅诸五父之衢。"③《定公五年》阳虎"大诅，逐公父歜及秦遄，皆奔齐"。④这些都是春秋时期在神灵面前诅咒、祈求上天降祸于他人的事例。战国时期，秦国的石刻文字《诅楚文》，刻于楚怀王十七年（秦惠文王后元十三年）秋秦楚于蓝田大战时，是秦人在天神面前盟誓诅咒楚人的告神文辞。⑤

《赤鹄》篇描述夏后生病之由在于帝命两条黄蛇、两只白兔以及后土作祟。有关神怪灵异作祟的故事，屡见于先秦典籍，如《左传·庄公八年》载有彭生鬼魂作祟：

> 冬十二月，齐侯游于姑棼，遂田于贝丘。见大豕，从者曰："公子彭生也。"公怒曰："彭生敢见！"射之，豕人立而啼。公惧，坠于车，伤足丧屦，反，诛屦于徒人费，弗得，鞭之，见血。走出，遇贼于门。劫而束之。费曰："我奚御哉！"袒而示之背，信之。费请先入，伏公而出，斗死于门中。石之纷如死于阶下。遂入，杀孟阳于床。曰："非君也，不类。"见公之足于户下，遂弑之。⑥

鲁桓夫人文姜与齐襄私通，鲁桓责难，文姜以告，齐襄遣大力士彭生拉杀鲁桓公，后杀彭生来回应鲁国的责问。最终，彭生鬼魂作祟而致齐襄死。《左传》还记载有其他神怪灵异作祟的故事：

---

① 清华大学出土文献研究与保护中心编，李学勤主编.清华大学藏战国竹简（三）[M].上海：中西书局，2012：166-170.
② 春秋左传正义 [M].阮刻十三经注疏，北京：中华书局，1980：1736.
③ 春秋左传正义 [M].阮刻十三经注疏，北京：中华书局，1980：1950.
④ 春秋左传正义 [M].阮刻十三经注疏，北京：中华书局，1980：2139.
⑤ 郭沫若著作编辑出版委员会编.郭沫若全集·考古编（第九卷）[M].北京：科学出版社，1982：277-313.
⑥ 春秋左传正义 [M].阮刻十三经注疏，北京：中华书局，1980：1765.

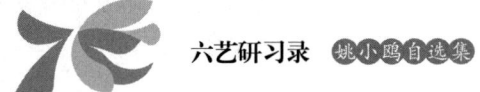

夔子不祀祝融与鬻熊。楚人让之，对曰："我先王熊挚有疾，鬼神弗赦而自窜于夔。吾是以失楚。又何祀焉？"（《左传·僖公二十六年》）①

晋侯有疾。郑伯使公孙侨如晋聘，且问疾。叔向问焉，曰："寡君之疾病，卜人曰：'实沈、台骀为祟。'"（《左传·昭公元年》）②

在夔人看来，熊挚之所以生病是由于高祖祝融和鬻熊作祟的缘故。晋侯之疾，卜人谓实沈、台骀为祟。

殷商甲骨文中有关于神怪灵异作祟的内容。王晖指出，"能作祟为害的先父先祖先母先妣如父乙、羌甲、祖乙、妣甲、妣庚、妣己以及先臣黄尹等。除确认的先祖之外，还有其他泛指的先祖及上帝鬼神。"③

《赤鹄》篇中巫乌说："帝命句（后）土为二陵屯，共居句（后）之床下，亓（其）上刺句（后）之体，是思（使）句（后）之身疴蛰，不可及于席。"其中神怪灵异作祟的观念与前述史传及卜辞相通。

《赤鹄》篇第九简至第十五简中小臣按照巫乌的谕示，解除了夏后的危难，系以巫术禳病驱疫。长沙马王堆汉墓帛书《五十二病方》中有以巫术祛病之方，兹抄录二则如下：

巢者：侯（候）天甸（电）而两手相靡（摩），乡（向）甸（电）祝之，曰："东方之王，西方□□□主冥冥人星"。二七而□。

尤（疣）：令尤（疣）者抱禾，令人嘑（呼）曰："若胡为是？"应曰："吾尤（疣）。"置去禾，勿顾。④

---

① 春秋左传正义［M］.阮刻十三经注疏，北京：中华书局，1980：1821–1822.
② 春秋左传正义［M］.阮刻十三经注疏，北京：中华书局，1980：2023.
③ 王晖.商周文化比较研究［M］.北京：人民出版社，2000年：126.
④ 马王堆汉墓帛书整理小组编.五十二病方［M］.北京：文物出版社，1979：45–46、55.

以上，从形式和内容两方面分析了《赤鹄》篇的文体特征。下面，我们从理论上对这篇小说的出现作出解释。

四

有关中国文学史上"小说"概念的提出，小说史及文学批评史著作通常作如下评述：典籍中"小说"一词，最早见于《庄子·外物》"饰小说以干县令"句，但这里的"小说"，指的是与高谈阔论相反的、没有理论价值的琐屑言谈，"与后来所谓小说者固不同"，不具备文体意义。[①] 东汉桓谭《新论》较为具体地对小说的形式、内容、地位及作用做出评价。《新论》云："若其小说家，合丛残小语，近取譬论，以作短书，治身理家，有可观之辞。"[②] 此处"小说"是指不本经传、与儒术背道而驰的"丛残小语"，截取日常生活中的片段以作形象化的譬喻，创作短小的故事，给人们以警醒或启发，"始若与后之小说近似"。[③]《汉书·艺文志》言："小说家者流，盖出于稗官。街谈巷语，道听涂说者之所造也。孔子曰：'虽小道，必有可观者焉。致远恐泥，是以君子弗为也。'然亦弗灭也。闾里小知者之所及，亦使缀而不忘。如或一言可采，此亦刍荛狂夫之议也。"[④] 小说史家一般认为，班固的相关论述，为我国古典小说理论奠定了基础。《汉书》关于"小说"的观念为《隋书·经籍志》《旧唐书·经籍志》《新唐书·艺文志》等文献所承袭。[⑤] 至此，中国传统的小说观念基本形成。[⑥] 下面我们对这一小说史界的传统认识加以辨析。

---

① 鲁迅. 中国小说史略 [M]. 北京：人民文学出版社，1975：1.
② 萧统编，李善注. 文选 [M]. 北京：中华书局，1977：444.
③ 鲁迅. 中国小说史略 [M]. 北京：人民文学出版社，1975：1.
④ 班固：汉书 [M]. 北京：中华书局，1962：1745.
⑤ 魏征等. 隋书 [M]. 北京：中华书局，1973：1012. 刘昫等. 旧唐书 [M]. 北京：中华书局，1975：2036. 欧阳修等. 新唐书 [M]. 北京：中华书局，1975：1539-1543.
⑥ 参见鲁迅：中国小说史略 [M]. 北京：人民文学出版社，1975：1. 方正耀著，郭豫适审订. 中国古典小说理论史 [M]. 上海：华东师范大学出版社，2005：8-9. 李剑国、陈洪主编. 中国小说通史（先唐卷）[M]. 北京：高等教育出版社，2007：5-8. 宁宗一主编. 中国小说学通论 [M]. 合肥：安徽教育出版社，1995：68-78.

《庄子·外物》"饰小说以干县令"句中，关键词"干"和"县令"的训诂直接影响到对"小说"一词的理解，所以须先厘清这两个词语的确切含意。

"干"，成玄英疏："求也"。成氏的这一解释，为学术界所认同。"县令"，成氏疏："县，高也……高名令（问）〔闻〕……古悬字多不著心。"①此说虽有学者采信，但其将"县令"拆分为"县"和"令"两字分别解释，颇为牵强。战国时期各诸侯国普遍实行郡县制度，"县令"是一县的最高行政长官。根据这一历史事实，马叙伦指出，《庄子·外物》中的"县"应读为"郡县"之"县"，"县令"表示的是一县之长。②这一观点现已为多数学者所闻知。

与"饰小说以干县令"可资比较的是《庄子·天运》篇中的相关语句：

> 孔子谓老聃曰："丘治《诗》《书》《礼》《乐》《易》《春秋》六经，自以为久矣，孰知其故矣；以奸者七十二君，论先王之道，而明周召之迹，一君无所钩用。甚矣夫！人之难说也，道之难明邪？"老子曰："幸矣子之不遇治世之君也！夫《六经》，先王之陈迹也，岂其所以迹哉！"③

"以奸者七十二君"中的"奸"字，即"干县令"的"干"字，顾炎武《日知录》对其作过专门辨析：

> 《广韵》：姦，古颜切，私也，诈也。亦作奸，今本误奸作奸，非也。奸音干，犯也。《左氏》僖公七年《传》曰：君以礼与信属诸侯，而以姦终之。曰：子父不奸之谓礼。一传之中，二字各出而义不同。《释名》：姦，奸也，言奸正法也。以奸释姦，其为两字审

---

① 郭庆藩撰，王孝鱼点校.庄子集释[M].北京：中华书局，2004：927.
② 马叙伦.庄子义证[M].北京：商务印书馆，1930：5.
③ 郭庆藩撰，王孝鱼点校.庄子集释[M].北京：中华书局，2004：532.

矣，又奸字亦可训为"干禄"之干。《汉书·荆燕吴传》："齐人田生以画奸泽"。《史记》"作干"。然则"奸"但与"干"通用，而不可以为"姦"也。后人于案牍移中，以"姦"字画多，省作奸字，此如繁之为烦，"衝"之为冲，"驿"之为驲，"臺"之为台，皆借用之字。①

《天运》篇"以奸者七十二君"中的"奸"读为"干"，与《外物》篇中"饰小说以干县令"中"干"字的用法相同，皆表示"干谒"之意。

为了更加直观地比较"饰小说以干县令"与孔子"以奸者七十二君"，谨将二者的关系列表如下：

主体	媒介	行为	对象	目的	出处
辁才讽说之徒	小说	干（干谒）	县令	大达	《庄子·外物》
孔子	六艺	奸（干谒）	国君	明道	《庄子·天运》

"六艺"与"小说"分属《六艺略》与《诸子略》。《六艺略》包括儒家经典《诗》《书》《礼》《乐》《易》《春秋》《论语》《孝经》附有《小学》共九种。《诸子略》作为"六经之支与流裔"，②居《六艺略》后为第二大类别，所列为十家，"小说家"即为其中之一。班固认为"诸子十家，其可观者九家而已"。③《汉书·艺文志》将"六艺"与"小说"分置不同的类目，高下悬殊。

据上述分析可知，"饰小说以干县令"，当解为"修饰小说来干谒县令"。孔子"以奸者七十二君"与"饰小说以干县令"，皆通过某种手段干谒当道者。孔子以"六艺"大道干谒君王以图复兴周礼，而"辁才讽说之徒"则以"小说"这种小道来干谒作为地方长官的县令，企图求取个人的"发达"，所

---

① 顾炎武著，周苏平、陈国庆点注. 日知录 [M]. 兰州：甘肃民族出版社，1997：1391.
② 班固：汉书 [M]. 北京：中华书局，1962：1746.
③ 班固：汉书 [M]. 北京：中华书局，1962：1746.

以《外物》篇云"其于大达亦远矣"。《荀子·正名》说："故知者论道而已矣，小家珍说之所愿者皆衰矣。""知者论道"与"小家珍说"的对比意味颇似孔子"以奸者七十二君"与"辁才讽说之徒""饰小说以干县令"二者之间的关系。

马克思在《经济学手稿》中说："人体解剖对于猴体解剖是一把钥匙。反过来说，低等动物身上表露的高等动物的征兆，只有在高等动物本身已被认识之后才能理解。"① 这启发我们注意到后世的某些文化制度对于了解前代的文化传统具有一定的参考价值。比如，唐代科举文化中的行卷风气，即有助于加深人们对《庄子》"饰小说以干县令"的理解。

唐人行卷用传奇小说的记载见于宋赵彦卫《云麓漫钞》："唐之举人，先藉当世显人，以姓名达之主司，然后以所业投献；逾数日又投，谓之温卷，如《幽怪录》《传奇》等皆是也。盖此等文备众体，可以见史才、诗笔、议论。"② 这种为求取功名而以传奇小说干谒当道的行卷风气类似战国时期"辁才讽说之徒""饰小说以干县令"的行为，有助于我们理解《庄子·外物》篇中"小说"的文体性质。

五

正确认识《庄子·外物》"饰小说以干县令"所表达的小说观，须先厘清今人所讨论的"小说"概念。

古人观念中的小说与今人所讨论的小说，在概念上相差甚远。中国古代所指称的"小说"范畴庞博芜杂。例如，宋代史学家郑樵《通志·校雠略》云："古今编书所不能分者五：一曰传记，二曰杂家，三曰小说，四曰杂史，五曰故事。凡此五类之书，足相紊乱。"③ 胡应麟亦云："小说，子书流也。然

---

① 中共中央马克思、恩格斯、列宁、斯大林著作编译局.马克思恩格斯全集（第四十六集上册）[M].北京：人民出版社，1979：43.
② 赵彦卫撰，傅根清点校.云麓漫钞[M].北京：中华书局，1996：135.
③ 郑樵撰，王树民点校.通志二十略[M].北京：中华书局，1995：1817.

谈说理道，或近于经，又有类注疏者；纪述事迹，或通于史，又有类志传者；他如孟启《本事》卢瑰《抒情》，例以诗话文评，附见集类，究其体制，实小说者流也。至于子类、杂家，尤相出入。郑氏谓古今书家所不能分有九，而不知最易混淆者小说也。"① 这些都说明中国早期小说具有与经、史、子、集相依托、渗透、交叉的特点。

今人所讨论的"小说"，是当代文学体裁分类中的一种文学样式，它主要来自西方文艺理论中的概念，侧重于虚构叙事。小说通常被定义为以人物形象为主体，以情节与环境为两翼的叙事文学作品。② 例如，韦勒克、沃伦《文学理论》言："小说的分析批评通常把小说区分出三个构成部分，即情节、人物塑造和背景。最后一个因素即背景很容易具有象征性，在一些现代理论中，它变成了'气氛'或'情调'。不用说，这三个构成因素是互相影响互相决定的。"③ 有必要说明的是，我们在这里所讨论的《庄子·外物》篇中的"小说"，就是以现代小说概念为基础的。

从现代小说的概念范畴来看，《庄子·外物》篇所记"任公子为大钩巨缁"的故事，本身就是一篇小说：

> 任公子为大钩巨缁，五十犗以为饵，蹲乎会稽，投竿东海，旦旦而钓，期年不得鱼。已而大鱼食之，牵巨钩，䧟没而下（骛）〔鹜〕扬而奋鬐，白波若山，海水震荡，声侔鬼神，惮赫千里。任公子得若鱼，离而腊之，自制河以东，苍梧以北，莫不厌若鱼者。已而后世辁才讽说之徒，皆惊而相告也。夫揭竿累，趣灌渎，守鲵鲋，其于得大鱼难矣，饰小说以干县令，其于大达亦远矣，是以未尝闻任氏之风俗，其不可与经于世亦远矣。④

---

① 胡应麟.少室山房笔丛[M].上海：中华书局上海编辑所，1958：374.
② 林辰.古代小说概论[M].沈阳：春风文艺出版社，2006：14、64.
③ （美）雷·韦勒克，奥·沃伦.文学理论[M].北京：生活·读书·新知三联书店，1984：242.
④ 郭庆藩撰，王孝鱼点校.庄子集释[M].北京：中华书局，2004：925.

鲁迅先生在评价庄子其人、其文时说，其"著书十余万言，大抵寓言，人物土地，皆空言无事实，而其文则汪洋辟阖，仪态万方，晚周诸子之作，莫能先也"。①"任公子为大钩巨缁"的故事亦也如此。故事夸饰任公子制作的大钩，竟用五十头犗牛作钓饵，更为奇特的是，任公子钓得的大鱼足以令浙江以东至苍梧以北的人们饱餐。故事对捕鱼过程的描述极具形象性，"已而大鱼食之，牵巨钩，錎没而下（鹜）〔骛〕扬而奋鬐，白波若山，海水震荡，声侔鬼神，惮赫千里"，生动地再现了钓得大鱼时惊险而刺激的画面。故学者多以"寓言小说"称之，如陈蒲清等选编《中国古代寓言选》、公木主编《历代寓言选》及李水海主编《中国小说大辞典》（先秦至南北朝卷）均视"任公子为大钩巨缁"的故事为小说。②

汉代以前的文献，如《山海经》《穆天子传》《汲冢琐语》等，皆具一定的小说要素。有学者指出："《山海经》在繁杂的记事状物过程中，无论是以人为中心的叙述还是一般性的叙述，都表现出了很高的叙事能力和对人物的表现力，显示出优秀的小说品格。"③《穆天子传》系汲冢竹书中的一篇，近代以来，治史者多以其为史书，治小说者则视其为小说作品。④《汲冢琐语》与《穆天子传》同出汲冢，学者从现存遗文分析，认为系"杂史类志怪著作""为志怪小说奠定了基础"⑤ "是志怪小说的开端"。⑥

---

① 鲁迅.汉文学史纲要［M］.北京：人民文学出版社，1973：17.
② 陈蒲清等选编.中国古代寓言（增订本）［M］.长沙：湖南教育出版社，1985.公木，朱靖华选注.历代寓言选［M］.北京：中国青年出版社，1990.李水海主编.中国小说大辞典（先秦至南北朝卷）［M］.西安：陕西人民出版社，1994.
③ 刘新生.《山海经》小说叙述元素分析［J］.东岳论丛，2001，（5）.
④ 顾实、赵俪生等认为《穆天子传》应为史书；石昌渝、孟瑶、吴志达等认为其属于神话传说性质的书；马振方认为其是"我国小说的开山之祖"。顾实编.穆天子传西征讲疏［M］.北京：商务印书馆，1934.赵俪生.《穆天子传》中一些部落的方位考实［C］//寄陇居论文集.济南：齐鲁书社，1981：200—216.石昌渝.中国小说源流论［M］.生活·读书·新知三联书店，1994：62.孟瑶.中国小说史［M］.台北：传记文学出版社，1986：4.吴志达.中国文言小说史［M］.济南：齐鲁书社，1994：27.马振方.大气磅礴开山祖——《穆天子传》的小说品格及小说史地位［J］.北京大学学报，2003（1）.
⑤ 冯维林，王恒展.论所谓先秦小说［J］.山东师大学报，1995，（3）.
⑥ 李剑国.唐前志怪小说史［M］.天津：南开大学出版社，1984：96.

近年来，出土文献中的《墓主记》及《妄稽》篇的文体性质引起人们的关注。《墓主记》系甘肃放马滩一号墓出土的战国末至秦代的竹简。李学勤先生认为，其所记丹死而复生的故事，"颇与《搜神记》等书的一些内容相似，而时代早了五百来年"。① 学者据此论断加以补充，认为"《墓主记》的故事，可以说是志怪小说的嚆矢……在文学史上，弥补了秦代志怪小说的一段空白"。②

《妄稽》是《北京大学藏西汉竹书》中的一篇，现存竹简110余枚，近3000字，"记录了一个士人家庭内部因妻妾矛盾而引发的故事，情节曲折，语言生动，应是目前所知时代最早、篇幅最长的古小说"。③ 整篇小说中出场的人物，"除了妄稽、周春、虞士，还有乡党、姑舅、少母、吏，有的在外围起着场景烘托的作用，有的则深度参与故事情节的发展，各种人物之间的关系复杂""以我们今天'小说'的概念范畴来看，说《妄稽》是一篇目前所知时代最早、篇幅最长的'古小说'，可以说它当之无愧"。④ 有关《妄稽》的篇名，陈伟武认为："'妄'有虚无的意思，'妄稽'也许就是'无稽'，就是子虚乌有的意思，跟这篇文献属于小说的性质有关。"⑤ 何晋据此指出，篇中的"虞士"也可解为"无事"，仅从作品中人物命名的方式来看，《妄稽》篇具备小说的虚构叙事意味。⑥

《妄稽》篇中"妄稽"与"虞士"意指"无稽"与"无事"，与司马相如《子虚赋》《上林赋》中假托子虚、亡是公和乌有先生三人互相问答的形式相同。⑦《史记·司马相如列传》记载：

---

① 李学勤.简帛佚籍与学术史[M].南昌：江西教育出版社，2001：167.
② 张宁.《放马滩〈墓主记〉的文学价值》[C]//秦文化论丛（第七辑）.兰州：西北大学出版社，1999：457.
③ 北京大学出土文献研究所工作简报，2009，（1）.
④ 何晋.北大汉简〈妄稽〉简述[J].《文物》，2011，（6）.
⑤ 北京大学出土文献研究所工作简报，2009，（1）.
⑥ 何晋.北大汉简〈妄稽〉简述[J].《文物》，2011，（6）.
⑦ 司马相如撰，朱一清、孙以昭校注.司马相如集校注[M].北京：人民文学出版社，1996.

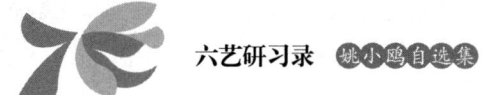

> 相如以"子虚",虚言也,为楚称;"乌有先生"者,乌有此事也,为齐难;"无是公"者,无是人也,明天子之义。故空藉此三人为辞,以推天子诸侯之苑囿。①

司马迁的上述论断指出了司马相如赋作中言、事、人的虚构本质。《妄稽》篇中人物的命名原则与司马相如《子虚赋》《上林赋》相同,语言韵散错出,叙事曲折生动,人物关系复杂,符合小说虚构叙事的基本特征,其为西汉时期的小说作品当无疑问。

上述关于先秦两汉时期小说作品的讨论,可证《赤鹄》篇作为小说出现不是偶然的。《赤鹄》篇中众鸟与巫乌的对话、巫乌告知小臣夏后患病之由以及巫乌解救小臣等是典型的虚构叙事。众鸟、巫乌是故事发展中举足轻重的人物,其谈话内容为《赤鹄》篇故事的重要节节。巫乌拯救小臣的方法,是与神话传说中的"法术"相类似的巫术。这一切都是作者艺术想象的产物。

《赤鹄》篇全文不足500字,其中却出现了成汤、小臣、纴巟、众鸟、巫乌、夏后、帝、黄蛇、白兔、后土等一系列形象。作为次要人物出现的成汤的妻子纴巟,简文虽然对其着墨不多,但她在故事中却是一个活灵活现、充满趣味性色彩的人物。纴巟向小臣索取鹄羹时,命令道,"尝我于而羹",遭到小臣的拒绝后,又威胁小臣说:"尔不我尝,吾不亦杀尔?"地位高贵,盛气凌人的王后形象刻画得入木三分。简文中出现的复杂的人物关系,与故事的发展相辅相成,是作者为编造故事有意设计而成。

简文中小臣与纴巟的对话、众鸟与巫乌的对话及夏后与小臣的对话等,虽然只有寥寥数笔,但是充满戏剧性效果。《赤鹄》篇情节起伏,故事具备开端、发展、高潮及结局四个部分。在结尾处,巫乌的谕示应验,夏后病瘳,作者巧妙地以一只白兔未被捉到作为故事的尾声,饶有余味。从整体上说,《赤鹄》篇语言生动有趣,与故事节奏相配合,显示出作者高超的叙事艺术。

---

① 司马迁.史记[M].北京:中华书局,1959:3002.

六

到目前为止，虽有学者提出了"中国小说发端于战国"，[1]但尚未有论者在理论方面对此作出令人可信的解释。要弥补这一理论缺陷，必须理清中国小说史建构中存在的一些问题。

通行小说史著作一般以鲁迅《中国小说史略》的小说史观为基准，认为中国小说在魏晋时期初步形成，至唐"则始有意为小说"。[2]鲁迅的小说史观源自他对中国文学史的总体判断，即"魏晋文学自觉"说。[3]"魏晋文学自觉"说的论断对中国文学史的研究产生了深远的影响。近年来，一些学者对此质疑，提出了"春秋文学自觉"说以及"汉代文学自觉"说等。[4]诸家多从《诗经》《尚书》《楚辞》以及汉赋中寻找依据，较少有学者从小说史的角度加以阐释。

鲁迅在《中国小说的历史的变迁》中论及魏晋六朝小说的相关问题时说：

> 六朝时之志怪与志人底文章，都很简短，而且当作记事实；及到唐时，则为有意识的作小说，这在小说史上可算是一大进步。而且文章很长，并能描写得曲折，和前之简古的文体，大不相同了，

---

[1] 杨义.杨义文存（第六卷）[M].北京：人民文学出版社，1998：5-8.
[2] 鲁迅.中国小说史略[M].北京：人民文学出版社，1975：54.
[3] 鲁迅.鲁迅全集（第三卷）[M].北京：人民文学出版社，2005：526.
[4] 傅道彬、李永祥等主"春秋文学自觉"说，龚克昌、张少康、詹福瑞、李炳海主"汉代文学自觉"说。参见傅道彬.《春秋时代的"文言"变革与文学繁荣》[J].中国社会科学，2007，（6）.李永祥."春秋文学自觉论"——兼与赵敏俐先生《"汉代文学自觉说"反思》商榷[J].汕头大学学报，2010，（2）.龚克昌.汉赋——文学自觉时代的起点[J].文史哲，1988.张少康.论文学的独立和自觉非魏晋始[J].北京大学学报，1996，（2）.詹福瑞.从汉代人对屈原的批评看汉代文学的自觉[J].文艺理论研究，2000，（5）.李炳海.黄钟大吕之音——古代辞赋的文本阐释[M].长春：吉林人民出版社，2005.

这在文体上也算是一大进步。①

鲁迅认为六朝志人、志怪的文章"当作记事实"。他以刘向《列仙传》为例,说:"在当时并非有意作小说,乃是当作真实事情做的,不过我们以现在的眼光看去,只可作小说观而已。"②据此,他认为"小说亦如诗,至唐代而一变,虽尚不离于搜奇记逸,然叙述宛转,文辞华艳,与六朝之粗陈梗概者较,演进之迹甚明,而尤显者乃在是时则有意为小说"。③鲁迅认为六朝时期尚处于不自觉地、无意识地作小说的阶段,遑论先秦两汉。从我们今天所掌握的史料来看,鲁迅的上述论断并不符合中国小说发展的实际情况。

以《搜神记》而言,作者干宝自称其创作宗旨是"发明神道之不诬"④,但这并不意味着其著录的内容为实录。《晋书·干宝传》认为其父婢死后十余年复活,其兄气绝数日而见天地间鬼神事,乃干宝撰述《搜神记》的缘起,⑤不可尽信。干宝撰述《搜神记》有其主客观原因:第一,他本人"性好阴阳术数"。第二,他所生活的时代鬼神迷信风气十分盛行。⑥《晋书·干宝传》在评论干宝著述时说"博采异同,遂混虚实"。⑦"博采异同"是指其著述的"考先志于载籍,收遗逸于当时"⑧的辑遗性质。有学者指出,"遂混虚实""确是始于干宝的一种新的小说创作方式",⑨它揭示出《搜神记》虚构叙事的文体特质。

自亚里士多德《诗学》开始,"长度"就是研究叙事艺术必须关注的问

---

① 鲁迅.中国小说史略[M].北京:人民文学出版社,1975:280.
② 鲁迅.中国小说史略[M].北京:人民文学出版社,1975:273.
③ 鲁迅.中国小说史略[M].北京:人民文学出版社,1975:54.
④ 干宝撰,汪绍楹点校.搜神记[M].北京:中华书局,1979:2.
⑤ 房玄龄等.晋书[M].北京:中华书局,1974:2150.
⑥ 房玄龄等.晋书[M].北京:中华书局,1974:2150.
⑦ 房玄龄等.晋书[M].北京:中华书局,1974:2150.
⑧ 干宝撰,汪绍楹点校.搜神记[M].北京:中华书局,1979:2.
⑨ 林辰.古代小说概论[M].沈阳:春风文艺出版社,2006:14、64.

题，^①故鲁迅言唐传奇成就时，特意指出其"大率篇幅曼长"[2]，我们以汪辟疆辑录的《唐人小说》[3]为据，将唐人小说篇幅列表如下，以与出土文献中的先秦两汉小说进行比较。

每篇字数	小说名目
0—1000字左右	《离魂记》《庐江冯媪传》《湘中怨解》《异梦录》《冯燕传》《秀师言记》《杨娟传》《玄怪录·元无有》《纪闻·牛应贞》《集异记·徐佐卿》《集异记·蔡少霞》《集异记·王维》《集异记·王涣之》《集异记·韦宥》《甘泽谣·陶岘》《甘泽谣·圆观》《甘泽谣·嬾残》《甘泽谣·红线》《三水小牍·王𧂇冲》《三水小牍·绿翘》《三水小牍·却要》《三水小牍·王公直》
1000—4000字左右	《补江总白猿传》《枕中记》《任氏传》《柳氏传》《李章武传》《霍小玉传》《南柯太守传》《谢小娥传》《三梦记》《东城老父传》《长恨歌传》《莺莺传》《周秦行记》《秦梦记》《无双传》《上清传》《虬髯客传》《郑德璘》《冥音录》《玄怪录·崔书生》《玄怪录·张佐》《玄怪录·岑顺》《玄怪录·齐推女》《玄怪录·郭元振》《续玄怪录·杨恭政》《续玄怪录·张逢》《续玄怪录·定婚店》《续玄怪录·薛伟》《续玄怪录·李卫公靖》《续玄怪录·杜子春》《续玄怪录·张老》《纪闻·吴保安》《甘泽谣·许云封》《传奇·昆仑奴》《传奇·聂隐娘》《传奇·裴航》《传奇·崔炜》《传奇·孙恪》《传奇·韦自东》《传奇·陶尹二君》《三水小牍·王知古》《三水小牍·步飞烟》
4000字以上	《古镜记》《游仙窟》《柳毅》《李娃传》

两相比较可以发现：唐传奇中虽出现了如《古镜记》《游仙窟》《柳毅》等篇幅较长的作品，但也有大量近于五六百字的篇章，如《离魂记》等名篇。《赤鹄》篇与之相近。北京大学藏西汉竹简《妄稽》篇则已近于唐传奇中的篇幅长者。

---

① 亚里士多德著，罗念生译.诗学[M].上海：上海人民出版社，2006：30-36.
② 鲁迅.中国小说史略[M].北京：人民文学出版社，1975：54.
③ 汪辟疆校录.唐人小说（原中华上编版）[M].上海：上海古籍出版社，1978.

结语

  《清华简·赤鹄之集汤之屋》以战国以前广泛流传的伊尹传说为底本敷衍而成，带有强烈的巫术色彩，符合中国早期小说的文体特征。它的发现，在中国小说史上具有划时代的意义。《庄子·外物》有关小说的描述较《汉书·艺文志》的小说断语更接近于现代小说观念。凡此，启发我们对中国早期小说史乃至整个中国古代文化史作出新的认识。

《史记》《汉书》与古史研究

孔子与中华五千年文明史观[*]

中华民族悠久历史最为精要的理论概括是"中华五千年文明史观",这一历史观由《史记》而确立其在中国史学中的主流地位。《史记·太史公自序》说,其撰著"述陶唐以来""自黄帝始",即以黄帝起始的古代世系记述为根基,建立中国上古史的年代学坐标。这一古史系统的建立基于深厚的中国史学传统,其学术渊源可上溯孔子。

一

《史记·五帝本纪·赞语》说:

> 学者多称五帝,尚矣。然《尚书》独载尧以来;而百家言黄帝,其文不雅驯,荐绅先生难言之。孔子所传《宰予问五帝德》及《帝系姓》,儒者或不传。余尝西至空桐,北过涿鹿,东渐于海,南浮江淮矣,至长老皆各往往称黄帝、尧、舜之处,风教固殊焉,总之不离古文者近是。予观《春秋》《国语》,其发明《五帝德》《帝系姓》章矣,顾弟弗深考,其所表见皆不虚。书缺有间矣,其轶乃时时见于他说。非好学深思,心知其意,固难为浅见寡闻道也。余并论次,择其言尤雅者,故著为本纪书首。

---

[*] 本文原载于《光明日报》2020年6月20日,第11版。

由上引文可见，司马迁撰《五帝本纪》，凡中国古史的开端及上古史系统的书写，均取自孔子所传之《五帝德》及《帝系姓》。太史公稽考《春秋》（实为《左传》）《国语》等多种上古文献，并赴各地进行田野调查，采录口传历史资料，印证了孔子所传上述两种文献之可靠性，从而以此作为撰写《五帝本纪》的史料基础。

《五帝德》及《帝系姓》保存于《大戴礼记》中。《帝系姓》在《大戴礼记》中称《帝系》。将《史记·五帝本纪》与《五帝德》进行比较，可知所述黄帝史迹主要依据后者而稍有加工。《五帝本纪》关于颛顼、帝喾、尧、舜、禹的历史记述，也与《五帝德》相类。《五帝德》和《帝系》记述了五帝的统属关系，包括五帝之间的亲缘关系，其所载中国上古史的世系可简化为：黄帝—颛顼—帝喾—尧—舜—禹。

由《五帝本纪》所载可知，自上古时代起，中国就是一个诸族共存而统一于华夏文化的共同体。在中国古代的历史记载中，皆认为五帝出黄帝一系。《帝系》与《五帝德》相比，有关五帝间世系关系的记载更为详尽。楚史的记载是很好的例证，《史记·楚世家》与《五帝本纪》一样，和《帝系》的记载若合符节，所异甚微。例如，都记载了楚人的先祖为承继黄帝的高阳氏颛顼乃"黄帝之孙，昌意之子"。《楚世家》所说"陆终生子六人，坼剖而产焉"，显然是精简了《帝系》"鬼方氏之妹谓之女隤氏，产六子，孕而不粥，三年，启其左胁，六人出焉"的记述。楚史不但记载了楚人先祖所出，且涉及旁支族姓，部分内容也得到《清华简·楚居》的支持。孔子所传之古史系统由《史记》的郑重记载而得以传承，对于中华民族的认知和凝聚有着重要的意义。

二

"五帝德"，即"五帝"时期各历史阶段的主要文化特征及其对中华文明的一系列具体贡献。《五帝德》不仅记录史实，而且具有明确的史学思想。历史是特定人群生存与发展的历程，史学著作则是对这一历程的记录和解释。

社会制度，以物质文明为基础，体现精神文明的成就，是中国历代史家关注的对象。孔子在《五帝德》和《帝系姓》中所传递的古史系统，充分注意到重要历史要素的记载，体现出孔子高超的史学思想。下面以对黄帝的记述为例略作说明。

《五帝德》对黄帝之"德"的描述，可分为如下几个方面：

"少典之子"，述其所由生。

"生而神灵，弱而能言，幼而慧齐，长而敦敏，成而聪明"，述其个性特征。

"治五气，设五量，抚万民，度四方；教熊罴貔豹虎，以与赤帝战于版泉之野，三战然后得行其志"。这段话的内涵极为丰富，兹略述如下：

"治五气"，《汉书·律历志》表述为黄帝起五部："盖闻古者黄帝合而不死，名察发敛，定清浊，起五部，建气物分数。""起五部"者，颜师古注引应劭曰："五部，金、木、水、火、土也。建气物分数，皆叙历之意也。"颜注又引孟康曰："五部，为五行也。天有四时，分为五行也。"① 这里的"五行"是否与后代所述"五行"这一著名的哲学概念完全一致，容当讨论，但其与历法相关，应无疑义。历法的制定是文明发展水平的标志性事件。《史记》记黄帝"迎日推筴"，"筴"即"策"。《索隐》：《封禅书》曰：'黄帝得宝鼎神策'，下云'于是推策迎日'，则神策者，神蓍也。黄帝得蓍以推算历数，于是逆知节气日辰之将来，故曰推策迎日也。"由此可知，这一内容是太史公依据其他文献对《五帝德》"治五气"之说进行的补充和解说。

2020年5月7日，郑州考古研究院公布的的河南巩义双槐树遗址，距今五千余年，正是史书记载的黄帝时期。遗址中，用陶罐模拟的"北斗九星"天文遗迹，印证了其时中原地区文明发展的水平与史书记载相符。

"设五量"即制定度量衡。《汉书·律历志》说："量者，龠、合、升、斗、斛也，所以量多少也。"制定度量衡，为生产资料与生活资料确立衡量标准，是文明发展到一定程度才得以产生的现象。

---

① 《汉书》，中华书局1962年版，第975—976页。

"与赤帝战于版泉之野，三战然后得行其志"，记述了黄帝通过战争取得统治权力的过程。古代的民族融合，战争是必要的程序，世界各民族皆如此。黄帝与炎帝战于版泉之野（"版泉"《史记》作"阪泉"），是中华民族整合统一过程中的重要事件。

"黼黻衣，大带黼裳，乘龙扆云，以顺天地之纪，幽明之故，死生之说，存亡之难。时播百谷草木，故教化淳鸟兽昆虫，历离日月星辰；极畋土石金玉，劳心力耳目，节用水火材物。"分别叙述黄帝制礼服、兴农业、订律历等方面的贡献。从文明的发展过程来说，由采集、游猎到农业定居，是中国文明基本特征形成的关键。中国境内的农业考古发现证明，在相当于黄帝时期，中国境内已经有高度发展的农业文明。这些，都从侧面证明了《五帝德》所述有据。

"极畋土石金玉""节用水火材物"，涉及制陶、冶金及石器（含玉器）打制等各种工艺的发明与材料的开发。与《五帝德》和《帝系》性质相似的先秦文献还有《世本》。《汉书·艺文志》"六艺略春秋类"著录"《世本》十五篇"。班固自注："古史官记黄帝以来讫春秋时诸侯大夫。"《世本》原书已亡，现存明代以来多种辑本。结合《世本》的《作篇》所载黄帝时期的多种发明，可知《五帝德》"极畋土石金玉"涉及古代制度建立的许多问题，其中包含着乐器制造。乐器是礼乐文化操作系统中的必备要素。"土石金玉"原意为诸种乐器的材质，这里代指各种乐器。根据《尚书》记载，帝舜时，乐器体系发展为完备的"八音"，即金、石、丝、竹、匏、土、革、木等八类材质制作的乐器，其代表性乐器分别为：钟、磬、琴瑟、箫笛、笙、埙、鼓、柷敔。《五帝德》中有关上古礼乐文化的吉光片羽，提供了中国礼乐文化的渊源追溯的线索。

上引资料有些在《五帝德》中缺载，如何解释这一现象呢？我们知道，《五帝德》是一种极为扼要的上古史叙述。孔子所传上古史的系统，在战国纵横、诸子纷争之时，有各种传承。《世本》就是其中之一，不仅《世本》，在《礼记·祭法》等先秦文献中，也有相关记载，这些都说明孔子开创的儒家学派上古史学内容丰富、传承有绪。

三

现存文献显示,春秋时期有着丰富的上古史资料,孔子作为中国文化的"集大成"者,将之整合为《五帝德》《帝系姓》等系统的古史著作,并使之得以传承。纵观文献所载孔子有关上古历史的叙述与评论,如《礼记·礼运》篇所言"大道之行"与"三代之英"的认识,可知孔子的社会理想有着深厚的史学背景。《礼运》篇还提到,孔子欲观夏道,之杞而得夏时;欲观殷道,之宋而得坤乾。可见其对古代文献的掌握与对古代制度的研究非一日之功。

孔子在史学方面"转益多师"。最为著名的是他曾问礼于老子。考虑到老子的周王朝史官身份,可知孔子所问必包含史学内容。《左传·昭公十七》载,郯子述少皞氏以鸟名官。"仲尼闻之,见于郯子而学之"。《礼记·乐记》记载孔子曾自苌弘处叩问有关《大武舞》的问题,这涉及商周的历史。凡此,皆为孔子精研古史的例证。

人们在谈到孔子对中华文化的贡献时,往往指出他是一个伟大的思想家(建立儒学)、伟大的教育家(开创私人教育)、伟大的哲学家(《易传》撰著者)。就历史学而言,自孟子以来,人们多注目于孔子"作《春秋》"。然而由《五帝德》和《帝系姓》之传承,中华五千年文明史的历史观,岂非由夫子树立?关于这一点,当代史学工作者应当深入研究。太史公在《五帝本纪·赞语》中说,治史须"好学深思",否则难"心知其意",信然!

简帛文献与中华文明的历史传承*

自20世纪二十年代"古史辨派""审查古史",到20世纪末、21世纪初李学勤先生倡言"走出疑古时代",对中国上古时期历史的研究日渐深入,中华五千年的文明史观念的重新确立是其中的关键。中华文明的源流追溯和历史传承成为社会关注的文化事象,而简帛文献的发现和研究,是中华文明历史传承研究中的重要环节。

一、简帛文献与中国古代历史记述的特点与优长

考古学专家指出:"20多年来,中华文明探源工程经过对浙江良渚、湖北石家河、山西陶寺、陕西石峁、河南二里头等众多都邑性遗址的调查和发掘,逐步掀开了中华文明起源的神秘面纱。中华文明探源工程基本厘清了中华文明起源和早期发展历程"。(陈星灿:《促进中华优秀传统文化的传播》,《人民日报》2022年8月18日第20版)世界历史研究的通例,通过考古成果来对历史年代进行判定,无不与文献结合,而中国历史文献之丰富及传承不绝,有目共睹。

有关中国历史文献的特点与优长,著名书籍与文献专家、美籍华裔学者钱存训先生在其名著《书于竹帛——中国古代的文字记录》一书中,有精要的论述。他说:"人类的历史,大部分多赖文字记录的流传,是以保存至今。中国人对于思想与活动的记载方式和技术,在世界文化发展史上,自有其特

---

* 本文原载于《光明日报》2024年3月16日,第11版。

殊的地位。"钱先生指出:"中国文字记录的一个重大特点,便是它独有的持久性和连续性。这一特点使得世界上一个有创造性的远古文化得以继继绳绳,绵延至今。中国文字除了一般文字通有的音、义以外,还有其特殊的形体,这种具有特殊形体的文字,超越了时间上的变化和空间上的限制,团结了中华民族,更造成了世界上一个最伟大的文化整体。"

李学勤先生在给该书所作的《序》中,援引上文后评论说:"我相信,凡是读过《书于竹帛》的人,都会被这一意义重大的论断所感动。"李先生所说的"意义重大的论断",包括其在阐明中华文明源流方面的重要意义。《书于竹帛》对中国书籍的源流,从甲骨刻辞、金文、碑碣文字到竹简与帛书都有全面的叙述。总其要者,从文献传承的角度来说,简牍与帛书,尤其是记载书籍的简牍文献,特别具有论述的价值。

简牍文献的载体是简牍,它是使用竹、木所制成的各种书写材料,包括简、牍、觚、楬等。因简为大宗,所以往往将上述书写材料统称为"简"。以简编连而成的册,是古代书籍最常见的形式。

简册书写文献的使用很早。《尚书·多士》:"猷!告尔多士,……惟尔知,惟殷先人有册有典,殷革夏命。"上引《多士》篇话语出自周公之口,诰教对象为商王朝遗民。由此可知,商代简册文献的存在状况及其内容为当时人们所熟知,其可信性不容置疑。甲骨文中,也多有"册"及用"册"的记载。学术界对殷商时期已经使用简册的事实有肯定性的研究结论。据此可知,现存《尚书》中的《商书·盘庚》等篇,以及《诗经》中《商颂》的来源有着文化和制度方面的根基。

另外,简帛文献载体因有机材料的物质属性,决定其难以在通常条件下保存,这就使得在壁中、地下等场所埋藏,而被后人重新发现的古代简帛数量不多,故应该特别珍视。

二、历代简帛文献的发现及其意义

秦始皇焚书坑儒,使得中国文献的传承在很大程度上受到阻断。汉代拨乱反正，惠帝四年除挟书律后，各种先秦典籍纷纷出现。武帝时期，在孔子旧宅壁中及其他地方，有先秦古书的出土。当时还有人献出所藏先秦旧书。汉代发现的先秦古书，主要有以下三个方面：

一，孔子壁中书。《史记．儒林列传》："孔氏有古文《尚书》，而安国以今文读之，因以起其家。逸《书》得十余篇，盖《尚书》滋多於是矣。"《汉书·艺文志》说："《古文尚书》者，出孔子壁中。武帝末，鲁共王坏孔子宅，欲以广其宫，而得《古文尚书》及《礼记》《论语》《孝经》凡数十篇，皆古字也。"刘歆《移让太常博士书》："及鲁恭王坏孔子宅，欲以为官而得古文于坏壁之中，《逸礼》有三十九，《书》十六篇。……及《春秋》——左氏丘明所修，皆古文旧书，多者二十余通，藏于秘府，伏而未发。"

二，汉代其他出土文献书籍，包括《礼》《尚书》《孝经》等。《汉书·艺文志》："《礼古经》者，出于鲁淹中及孔氏，与十七篇文相似，多三十九篇。"孔颖达《尚书正义》引刘向《别录》："武帝末，民有得《泰誓》书于壁内者，献之。"孔氏又引《后汉史》献帝建安十四年黄门侍郎房宏等说云："宣帝泰和元年，河内女子有坏老子屋，得古文《泰誓》三篇。"许冲《上〈说文解字〉表》："《古文孝经》者，孝昭帝时鲁国三老所献。"

三，张苍所献《左传》，以及河间献王得所古书等。许慎《说文解字·前叙》称："北平侯张苍献《春秋左氏传》。"其文字与孔子壁中书和出土的鼎彝铭文"皆自相似"。《汉书·河间献王传》："河间献王德以孝景前二年立，修学好古，实事求是。从民间得善书，必为好写与之，留其真，加金帛赐以招之。由是四方道术之人不远千里，或有先祖旧书，多奉以奏献王者，故得书多。与汉朝等……献王所得书皆古文先秦旧书，《周官》《尚书》《礼》《礼记》《孟子》《老子》之属，皆经传说记，七十子之徒所论。"

我们今天所使用的各种典籍，都是经过汉代学者整理传承下来的。汉代出现的各种先秦古书，对于汉代学统的建立有重要意义，其影响一直持续到现在。

汉代以后，墓葬中发现古代简册书籍的著名事件是"汲冢竹书"的发现。王国维对包括"汲冢竹书"在内的简帛文献的发现，在中国古代历史研究方面的意义有精辟的论断，他说："有孔子壁中书之发见，而后有汉以来古文学家之学。有赵宋时古器之出土，而后有宋以来古器物古文字之学。唯晋时汲冢竹书出土后，因永嘉之乱，故其结果不甚显著。然如杜预之注《左传》、郭璞之注《山海经》，皆曾引用其说，而《竹书纪年》所记禹、益、伊尹事迹，至今成为中国文学上之重大问题。然则中国书本上之学问，有赖于地底之发现者，固不自今日始也。"（王国维：《近二三十年中中国新发见之学问》）

《竹书纪年》所言"有共伯和者摄行天子事，非二相共和"，与《史记·周本纪》的记述不同，但得到清华简《系年》的支持。总之，汉代以降简帛文献的出土和发现，对中国古代历史的叙述及中华文明的传承，意义重大，影响深远。

三、20 世纪以来的简帛文献的发现及其意义

出土文献在二十世纪学术研究的许多重要进展中，曾起到关键性的作用。王国维在二十世纪初，利用当时新发现的甲骨卜辞撰写《殷卜辞中所见先公先王考》《殷卜辞中所见先公先王续考》等论文，证明了《史记》所述殷商史基本正确，并由此推断出"夏后氏世系之确实"。这一论断将中国有文字记载的历史向前延伸了一千多年。

20 世纪末到 21 世纪初，是简帛文献众多发现与研究极大推进的时期。从载体上来说，除简帛外，还有甲骨文、金文、陶文及碑铭文献等。简牍类文献，主要包括两大类，一是文书类，二是书籍类。文书类既包括常见的墓葬遣册，也包括古代的档案、公文、律令、簿记，还有岁记、历日、日书、医杂方等。这些类型的文献对研究当时的社会制度和古代人们的生活状况是第一手的资料，自然是宝贵的，然而从中华文明历史传承的角度来说，传世典籍和与传世典籍相类的书籍，具有更大的意义。《郭店楚墓竹简》《上海博物馆藏战国楚竹书》《清华大学藏战国竹简》《安徽大学藏战国竹简》等，多载有经籍类文献。例如，郭店简中的《老子》三种及《缁衣》等，上博简中的《诗经》类文献及多种儒家文献，清华简中的《诗经》类、《尚书》类文献，

安大简中的《诗经·国风》及《论语》类文献。除此以外，北京大学所藏西汉竹简及秦简，海昏侯墓西汉简等，也都有重要历史文献价值。

经典类简册文献的历史意义，有两方面值得特别注意：一是对春秋战国时期以孔子为代表的思想家的研究，包括其思想渊源、统绪形成及其在后世的传递。二是中国古代历史的探索，包括夏、商、周三代及其以前古史的断代及历史定位。

关于第一个方面的研究，因《郭店楚简》的发表而首先取得了突破。1999年11月7日《中国青年报》第3版以"郭店楚墓竹简如何改写中国思想史"为题，发表了著名哲学家和思想史家庞朴等人所撰写的一组文章。这组文章的中心是论述郭店简对孔子到孟子之间思想的传承，而简本《老子》则有另一方面的意义。《郭店楚简》的整理者指出："简本《老子》甲、丙是迄今所见年代最早的《老子》传抄本。它的绝大部分文句与今本《老子》相近或相同"。这对于肯定历史文献所记载老子其人其书是有力的证据。老子与孔子关系的研究，也可由此而得到进一步的深入。《缁衣》《五行》等文献，"暗示当时思孟学派在楚地流传甚广"。《性自命出》《穷达以时》《唐虞之道》等新见儒家类文献对于中国思想史有着重要意义。这些，显示出战国时期，甚至前推若干时段，楚文化与中原地区文化的密不可分的关系。这对于中华文化的多元统一，是极好的说明。

就中国"三代"史而言，夏代的存在曾受到"古史辨派"的质疑，而如前所述，王国维曾据殷墟所出甲骨卜辞，推断《史记》所载"夏后氏世系之确实"。据《国语·鲁语》记，被汤击败后，"桀奔南巢"。上博简《容成氏》对这一重大历史事件有更详细的记述："桀乃逃之歷山氏，湯又從而攻之，降自鳴條之遂，以伐高神之門。桀乃逃之南巢氏，湯又從而攻之。遂逃去之桑梧之野。"两相比较，传世文献与出土文献有关夏桀结局的主要内容一致。后者还提到桀最后的归宿之地为"苍梧之野"，这是耐人寻味的。历史上"苍梧之野"与舜相关，而这一带的相邻地区，出土的青铜器有被断为"早商时期"的，十分精美，其文化来源值得研究。清华简《厚父》《参不韦》等出土文献，为夏代历史的研究提供了新的资料。

四、结语

在世界各古老文明中,中华文明的内涵及传承方式有着自身的特点。就文明的传承来说,经孔子总结的三代历史文化,以《大戴礼记》中的《宰予问五帝德》及《帝系姓》和《礼记·礼运》篇为代表,传之后世,绵绵不绝,皆有所本。二十世纪以来简帛文献的出土,对当代中华文明的传承起到了重要作用,值得我们进一步深入研究。

什么是"李广难封"的真正原因？*
——兼与高敏先生商榷

汉代名将李广，英勇善战、才略过人，是中国历史上著名的军事将领。以李广名气之大，竟然终身未得封侯，这似乎是不合理的。如何解释这一现象？高敏先生在《"李广难封"的原因何在？》一文中认为，李广"不得重用而封侯赐爵"的真实原因主要有两条："一是当时官府以年龄取人而不以德才取人；二是有嫉贤妒能的人对李广进行诬蔑陷害。"[1] 笔者认为，高先生的观点值得商榷。故不揣冒昧，陈布陋见，以就正于高先生和史学界方家。

我们认为，"李广难封"的直接原因在于李广积功未达到封侯标准。如所周知，《史记》《汉书》中屡次提到高祖约言"非有功不得侯"，[2] 景帝时周亚夫为了坚持这项原则乃至谢病免相。尽管以后对外戚、匈奴降者等特殊情况另有政策，但对一般人来说，这条原则是一直坚持的，即要得封侯，积功需达到一定的标准，符合标准称为"中率"。除拥立新帝等政治上的功劳外，军人的功绩主要表现为战果，如高先生文中所提到的李广的从弟李蔡，虽"为

---

* 本文原载于《东北师大学报》哲学社会科学版1991年第1期，第50—53页、第15页。

① 高敏．"李广难封"的原因何在？[N]．光明日报，1987-04-08 "史学专刊"第435期．以下所引高敏先生的观点皆出此文，不再注明。

② 《史记·绛侯周勃世家》《汉书·张陈王周传》均记载：丞相议之，亚夫曰："高皇帝约'非刘氏不得王，非有功不得侯。不如约，天下共击之'。今信虽皇后兄，无功，侯之，非约也。"司马迁．史记[M]．北京：中华书局，1963：2077．班固．汉书[M]．北京：中华书局，1964：2060．

什么是"李广难封"的真正原因？

人在下中，名声出广下甚远"，然从卫青击匈奴"有功中率，封为乐安侯"，① 李蔡的功状是"以将军再击匈奴得王"②。再如，郝贤封众利侯的功状为："以上谷太守四从大将军击匈奴首虏千级以上"③"得王"以及"首虏千级以上"都是很大的战果，可见当时封侯要以建立相当大的战功为前提。尽管李蔡等人在人品、才干和名声等方面比李广差得很远，但不能不承认，他们取得的战果为李广所不及。通观《史记》《汉书》，可以发现其中虽不乏关于李广骁勇善战、清廉朴讷、体恤士卒的描写，却没有一处写到他获得了足以封侯的战果。

那么，是什么原因使李广未能立功封侯？高先生认为李广一生未能封侯的第一个原因是时代的用人风尚。文景时用老臣，李广当时因年青而不被重用；至武帝时，任用年青人，对"年老而体力强健能战之将领，却不加重用"。李广即是这种时代风尚的牺牲品。但据《史记》等记载，李广少年从军，年纪很轻就被擢为边郡太守（是品秩二千石的高级地方长官），时在景帝初年。武帝立，又以名将调任未央卫尉，后又任郎中令（二者皆品秩二千石，位列九卿之要职），出击匈奴多次，则为将军，皆独当一面之重任。"终广之身，为二千石四十余年"，官至九卿，怎么还能说不被重用呢？恰恰相反，汉室对李广的任用可以说是量才而用、使得其所，况且是否被重用与能否封侯赐爵二者之间并没有必然的联系。以李广生活的文、景、武三帝时期为例，位列三公九卿而未被封侯赐爵者大有人在（唯自公孙弘后，丞相可援例封侯，其余皆不能例外），未为三公九卿得封侯者也不乏其人。高先生文中曾举冯唐为例，说明文景时期青年人不被重用。查《史记·冯唐传》载，文帝时冯唐已年过半百，故文帝称其为"父老"，以能谏拜车骑都尉；景帝立，冯唐已逾古稀，尚任为楚相；至"武帝立，求贤良，举冯唐。唐时年九十余，不能复为官"而止。这样一个屡任高位的老人怎能被称作不被重用的青年人的典型呢？

---

① 司马迁.史记[M].北京：中华书局，1963：2873.
② 班固.汉书[M].北京：中华书局，1964：644.
③ 班固.汉书[M].北京：中华书局，1964：647. 此据《汉书》，《史记》作"首虏二千余人"。

高先生认为李广未能封侯的第二个主要原因是有嫉贤妒能的人对他进行诬蔑陷害，并指实由于典属国公孙昆邪诬陷他欲投降匈奴，"致使李广辗转边郡四十余年而不得封侯赐爵"。

《史记》载李广任上谷太守后，常与匈奴作战。公孙昆邪向景帝泣诉，请求将他调离。这本是为国家爱惜人才的意思，从中实在看不出有诽谤李广想投降匈奴的话来。思之再三，难道是高先生将："数与虏敌战，恐亡之"一句中的"亡之"解为逃亡到匈奴方面去吗？百思不得其解，姑且存疑。

至于高先生言"致使李广辗转边郡四十余年而不得封侯赐爵"，我们认为值得商榷。李广身为武将正宜在疆场之上立功取侯，做边郡太守不恰恰是给他提供机会了吗？况且李广在景帝三年（公元前154年）击吴楚乱后徙为上谷太守，假定公孙昆邪在当年即向景帝"诽谤"了他，至武帝元狩四年（公元前119年）李广从卫青击匈奴失道自杀，前后总共35年。在此期间，李广曾担任未央卫尉、郎中令等中央官职，又曾赋闲在乡数年，他何以能在边郡辗转40余年呢？为了更清楚地说明这一情况，我们从《史记》《汉书》中勾稽有关材料，列出李广军政活动大事年表如下：

文帝十四年（公元前166年）始从军。

景帝元年至二年（公元前156—公元前155年）先后为陇西都尉、骑郎将。

景帝三年（公元前154年）以骁骑都尉从周亚夫击吴楚军，遂徙为上谷太守。

景帝三年至武帝建元元年（公元前154—公元前140年）先后为上郡、陇西、北地、雁门、代郡、云中太守。

武帝建元元年至元光五年（公元前140—公元前130年）任未央卫尉。

武帝元光五年至武帝元朔二年（公元前130—公元前127年）赋闲家居。

武帝元朔二年至元朔六年（公元前127—公元前123年）为右北

平太守。

武帝元朔六年至武帝元狩四年（公元前123—公元前119年）为郎中令。

武帝元狩四年（公元前119年）击匈奴，失道后期自杀。[①]

从上表可推算出李广在景帝三年至武帝元狩四年间任卫尉10年、郎中令4年、赋闲乡居3年，共17年。故其任边郡太守不超过18年。与高先生所言40余年相差实在太大了。

高先生此误可能袭自《汉书·李广传》。《汉书·李广传》说，"广历七郡太守，前后四十余年，……家无余财"，[②]实抄自《史记》而误改铸错。《史记》言李广历任八郡太守，即上谷、上郡、陇西、北地、雁门、代郡、云中、右北平，见上列年表。又言："终广之身，为二千石四十余年，家无余财。"盖因郡守与卫尉、郎中令等皆为二千石，故统而言其秩，四十年亦举其略数而已。

我们认为，李广未能封侯，原因是复杂的。其中既有他个人的因素，也有社会的因素；既有一定的偶然性，更有历史的必然性。我们知道，李广早年曾"从太尉亚夫击军吴楚军，取旗，显功名昌邑下。"这本来可以作为日后封侯的一个条件，但由于他私下接受了梁王所授的将军印，故不得封赏。中央官吏私下与诸侯王交通，在当时是大忌。梁王虽因时势而与中央政府友善，其实怀有觊觎皇位的野心。景帝虽虚与委蛇，甚至说过"千秋万岁后传于王"[③]这样的话，但对梁王的野心是心怀不满和持有警惕的。梁王授李广印，不言而喻是笼络人心、挖中央墙脚的不轨行为，而景帝对李广接受梁王印的事件不满也是很自然的。武安侯田蚡生前受淮南王金，死后事发，武帝表示田蚡若还活着，罪该灭族了。汉室对李广的处理大体上以功过相抵论，只是从中央调往边郡任职，略有令将功补过的意味，边郡多事，正是立功之所，而郡守品秩二千石，并未降级，相比而言，这种处理还算是比较宽大的。但

[①] 参见《史记》的《韩长孺列传》《卫将军骠骑列传》《万石张叔列传》《汉书·百官公卿表》。
[②] 班固. 汉书[M]. 北京：中华书局，1964：2446.
[③] 司马迁. 史记[M]. 北京：中华书局，1963：2082.

是这件事对李广一生却产生了极重大的影响，使李广失去了前半生唯一的一次以功取侯的机会。

从《史记》和《汉书》诸表可以检出，景帝时期除去王子、外戚及匈奴降者外，得封侯者共十人，这十个人全是和吴楚之乱有关人员。其中，四人是因为父亲任叛乱的诸侯国的官吏，"不听王反，死事；子侯"。其余六人全以"击吴楚功侯"（其中一人以"前有将兵击吴楚功""得侯"）①。可见这个机会对李广来说，是多么关键。

如果说受梁王印事件的发生，他个人尚负有一定责任，还是比较偶然的，那么，在李广此后数十年的戎马生涯中，与匈奴数十战而未能"以击胡军功取侯"，就是由社会历史条件决定的了。从战国到秦代，中原各国和统一后的中央政府，对匈奴皆采取战略防御的方针，如修筑长城和边塞亭障、屯兵防守等。汉兴，匈奴为患更甚，经过秦末和楚汉战争，中原凋弊已甚，汉朝政府不得已对匈奴采取外交上和亲与军事上防御相结合的政策，至武帝前期，汉朝在军事上对匈奴仍采用前代旧战略，即消极防御为主。在战术上也是前代老办法，即以步兵集团为主力，依托边塞亭障对入侵的匈奴骑兵进行堵截、伏击、间辅之以局部出击。在这种战略思想和战术方针指导下，汉朝对匈奴的战争不可能取得很大的战果，军事将领们当然也就没有机会立功取侯了。所以文景两代无一人以击匈奴积功为侯的。命运所捉弄的不止李广一人，与李广同时代的将领，如程不识、韩安国等人亦皆名重一时而不得立功封侯，此乃时代使然。故文帝惋惜李广不遇时，真乃中的之言。高先生以为文帝此言乃"推脱责任"，笔者不敢苟同。

及武帝壮，经过数十年休养生息，汉的国力增强，有了战胜匈奴的经济和军事实力，汉室所用卫青、霍去病等新一代军事将领，在战略战术思想上勇于革新。他们一反旧时以步兵集团为主力、主要依托边塞亭障消极防御的姿态，着眼于从根本上消除匈奴对汉朝的威胁。在战术上，以大规模骑兵兵

---

① 《汉书·景武昭宣元成功臣表》。

团为主力,一次战役中动员的公私马匹竟多达十四万匹,[①]长途奔袭,直捣匈奴根据地,包抄消灭其有生力量,迫使匈奴投降或远遁。汉军采取的这个正确的战略方针,获得了在旧的历史条件下和旧的战略战术方针指导下所绝对不可能取得的空前胜利。由于战果辉煌,不但主帅卫青、霍去病得到厚赏,从行将校也有许多人因此叙功得侯,包括一些才能和名声都比李广差得远的人,如高先生提到的"虽无大功,而再侯,为丞相"的公孙贺和李蔡等人。李蔡功状已见前述,公孙贺封南奅侯的功状是:"以骑将军从大将军青击匈奴得王功。[②]"可见,在正确战略战术指导下,在指挥得当的整个大军中,某些局部动作并不需要特别的创造才能,只要按步就班地进行,就可取得相当大的战绩,而在极为不利的条件下,虽个别将领具有杰出的才能,也往往无法力挽狂澜,这就是时势造英雄。

李广壮年时固无战胜匈奴,立功封侯的历史条件。到其晚年,社会历史条件成熟,诸校尉立功取侯者纷然,为什么李广不能加入他们的行列呢?是否如高先生所言,可视为公孙贺、公孙敖等勾结卫青对李广进行陷害的继续呢?回答是否定的。根据有关史料我们探讨了李广晚年未能立功封侯的原因。

首先,卫青等人所领导的对匈奴的大规模进攻战役,李广参加的次数较少。这样不可避免地减少了立功的机会。

据记载,元光五年汉朝遣卫青、公孙贺、李广、公孙敖等人为将军出击匈奴。这次战役本身意义并不大,但它是对匈奴全面战略进攻的序曲。可惜李广运气不佳,这场威武雄壮的活剧刚拉开序幕,他就被迫离开舞台,即在这次战役中被敌人的优势兵力打败。"匈奴兵多,破败广军,生得广。""吏当广所亡失多,为虏所生得,当斩,赎为庶人。"此后数年间,正是卫青等率领的大军对匈奴作战取得重大战果的时期,尤其是元朔元年及元朔五年的大胜仗,李蔡、公孙贺及诸多将校都在此役中立功封侯,而李广却无由参与。此期他先是赋闲在家,继之又到远离中心战场的右北平任太守,直到元朔六年

[①]《史记·卫将军骠骑列传》载,两军之出塞,塞阅官及私马凡十四万匹。司马迁.史记[M]. 北京:中华书局,1963:2938.
[②]《史记·建元以来侯者年表》,《史记》,中华书局1982年版,第1032页。

才有机会加入卫青所率领的大军行列。

其次，元朔六年以后，李广年事已高。无庸讳言，虽然作为军队中的前辈著名将领，他仍享有很大的名声，但以一名武将来说确实已过了他的全盛时期，当局在对他的使用上，显然要慎重一些。故元朔六年，仅任命他为后将军，以致遇不上敌人。"诸将多中首虏率，以功为侯者，而广军无功。"到元狩四年，干脆不许他再随军出征。"广数自请行，天子以为老，弗许，良久乃许之。"暗中武帝却告诫主帅卫青"以为广老，数奇，毋令当单于，恐不得所欲"。一般都强调卫青为给公孙敖提供立功机会而冷落了李广，造成李广失道后期自杀。事实上在这个事件中公孙敖只是一个偶然因素，既使没有他的存在，卫青也必须遵循武帝的指示。虽然在实际上，此役卫青全军无一人立功，"而大将军不得益封，军吏卒皆无封侯者"。① 因而此事和李广一生不得封侯并无直接关系。但它的意义在于，对于李广这样一个在历史上享有盛名的老将军来说，在新的历史时期的军事舞台上，他已经是一个多余的人了。这一点是导致李广自杀的根本原因。

据记载，李广出身在一个世代骑射的家庭。他的骑士荣誉感特别强烈，并表现为过分强烈的功名欲望和狭隘自尊心。前者驱使他不顾后果私下接受梁王授与的将军印，反使他失去了一个极好的封侯机会。后者使他在奉命出征之时，公报私仇杀死了曾羞辱过他的霸陵尉。对于此事，武帝虽然批示说："夫报忿除害，捐残去杀，朕之所图于将军也；若乃免冠徒跣，稽颡请罪，岂朕之指哉！"② 表示不予以追究。事实上，皇帝是要李广快速赴任，"率师东辕，弥节白檀，以临右北平盛秋"。③ 心中不会不存丝毫芥蒂。《史记》说李广为了保证自己百发百中，"非在数十步之内，度不中不发，发即应弦而倒。用此，其将兵数困辱，……"他为虏生得而失去参加对匈奴大进攻的机会是否与此有关？李广性格上又是讷口少言，不善交游，在官场中这是不是影响其自身利益的一个不利因素？如果仔细加以研究，不难从一系列仿佛是互不关

---

① 司马迁.史记[M].北京：中华书局，1963：2938.

② 班固.汉书[M].北京：中华书局，1964：2444.

③ 班固.汉书[M].北京：中华书局，1964：2444.

什么是"李广难封"的真正原因？

联的偶然因素中，发现使李广一生未能封侯的带有规律性、必然性的因素。

司马迁对李广怀有崇高的敬意与深刻的同情。他将自己的这种深沉的情感倾注在《李将军列传》这篇史传名作之中，使之成为堪称"史家之绝唱"（鲁迅语）的佳篇，感动了历代的人们。李广的命运激起了人们的广泛同情，"李广难封"的问题也自然引起人们的注目。但是，作为历史科学工作者，我们对这个问题的探讨不能简单地附会前人的咏叹，更不能脱离史料和史实来研究，而是要从事实出发，从对历史人物命运的分析中把掘、总结历史发展的规律才是我们的出发点。

屈原楚之同姓辨*

屈原"楚之同姓"说出于《史记》。《史记·屈原贾生列传》曰:"屈原者,名平,楚之同姓也。"① 此说不断被后世学者重复与申述。刘向《新序·节士》:"屈原者,名平,楚之同姓大夫。"② 王逸《楚辞章句·离骚经序》:"屈原与楚同姓。"③ 朱熹《楚辞集注》:"屈原名平,与楚同姓。"④ 黄中松《诗疑辨证》:"盖屈原者,楚之同姓也。"⑤ 王夫之《楚辞通释》:"言己与楚同姓,情不可离。"⑥ 蒋骥《山带阁注楚辞》:"首叙己与楚同姓而为世臣,《橘颂》所谓受命不迁,生南国者也。"⑦ 在屈原"楚之同姓"说的阐释史上,又演绎出"同姓"之臣与"异姓"之臣的对举关系,用以解释屈原至死不肯离楚的原因。兹列举如下:

异姓事君,不合则去;同姓事君,有死而已。屈原去之,则是不察于同姓事君之道。(洪兴祖《楚辞补注》)⑧

---

* 本文原载于《文艺研究》2013年第6期,第85—89页,与杨晓丽合作。
① 司马迁.史记[M].北京:中华书局,1982:2481.
② 卢元骏.新序今注今译[M].天津:天津古籍出版社,1987:240.
③ 洪兴祖撰,白化文等点校.楚辞补注[M].北京:中华书局,1983:1.
④ 朱熹.楚辞集注[M].上海:上海古籍出版社,1979:1.
⑤ 黄中松.诗疑辨证·卷二[M].影印《文渊阁四库全书本》本.北京:商务印书馆,1986:5.
⑥ 王夫之.楚辞通释[M].上海:上海人民出版社,1975:2.
⑦ 蒋骥.山带阁注楚辞[M].上海:上海古籍出版社,1984:33.
⑧ 洪兴祖撰,白化文等点校.楚辞补注[M].北京:中华书局,1983:16.

> 屈原，楚同姓也。为人臣者，三谏不从，则去之。同姓无可去之义，有死而已。（朱熹《楚辞后语》）①

> 同姓之臣，义无可去，死国之志，已定于此。（马其昶《屈赋微》）②

"同姓"之臣与"异姓"之臣对举，嬗变于《孟子》"贵戚之卿"与"异姓之卿"说。《孟子·万章下》：

> 齐宣王问卿。孟子曰："王何卿之问也？"王曰："卿不同乎？"曰："不同，有贵戚之卿，有异姓之卿。"王曰："请问贵戚之卿。"曰："君有大过则谏，反覆之而不听，则易位。"王勃然变乎色。曰："王勿异也。王问臣，臣不敢不以正对。"王色定，然后请问异姓之卿。曰："君有过则谏，反覆之而不听，则去。"③

关于"贵戚之卿"与"异姓之卿"，《孟子》赵岐《注》："贵戚之卿谓内外亲族也，异姓之卿谓有德命为王卿也。"④按，赵岐以"内外亲族"释"贵戚之卿"，不确。《孟子》中的"贵戚之卿"与"异姓之卿"，系按血缘关系来划分卿大夫与国君的亲疏远近。"贵戚"既与"异姓"相对，从逻辑关系来说，"贵戚之卿"中必不包含"异姓"。

先秦时期，"外亲"谓异姓姻亲。《周礼·大司徒》："六行，孝、友、睦、姻、任、恤。"郑玄《注》："睦，亲于九族；姻，亲于外亲。"贾公彦《疏》："外亲者，则妻族、母族是也。"⑤《周礼·大宗伯》："以贺庆之礼，亲异姓之

---

① 朱熹.楚辞集注［M］.上海：上海古籍出版社，1979：241.
② 马其昶.屈赋微［M］.广州：广文书局，2007：1.
③ 赵岐注，孙奭疏.孟子注疏［M］//阮元.十三经注疏.北京：中华书局，1980：2746.
④ 赵岐注，孙奭疏.孟子注疏［M］//阮元.十三经注疏.北京：中华书局，1980：2746.
⑤ 郑玄注，贾公彦疏.周礼注疏［M］//阮元.十三经注疏.北京：中华书局，1980：707.

国。"郑玄《注》:"异姓,王昏姻甥舅。"①

《孟子》所言"贵戚之卿"指王的"内亲",即同族血亲,先秦时期,一般指上至高祖下及玄孙的父系亲属。《左传·襄公十二年》:"凡诸侯之丧,异姓临于外,同姓于宗庙,同宗于祖庙,同族于祢庙。"祢庙,杜预《注》:"父庙也。同族,谓高祖以下。"②《礼记·丧服小记》:"亲亲,以三为五,以五为九。上杀,下杀,旁杀,而亲毕矣。"③王国维《殷周制度论》就此总结说:"亲,上不过高祖,下不过玄孙,故宗法服术,皆以五为节……此亲亲之界也,过是则亲属竭矣。"④

"贵戚"是"亲戚"的衍生词。先秦时期,"亲戚"指血缘关系近密的亲族,尤指父母兄弟。"亲"谓亲人,狭义则指父母。《公羊传·庄公三十二年》:"君亲无将。"何休解诂:"亲,谓父母。"⑤《说文》:"亲,至也。"⑥段注:"情意恳到曰至,父母者,情之最至者也。故谓之亲。"⑦"戚"谓近密,与"疏"相对。《孟子·梁惠王下》:"将使卑逾尊,疏逾戚,可不慎与?"⑧先秦文献中,亲戚合称多指父母及近密的其他亲族。《墨子·天志上》:"亲戚兄弟所知识。"孙诒让《间诂》:"亲戚,即父母也。"⑨《大戴礼记·文王官人》:"伐名以事其亲戚。"王聘珍《解诂》:"亲戚,父母也。"⑩《左传·僖公二十四年》:"昔周公吊二叔之不咸,故封建亲戚,以蕃屏周。管、蔡、郕、霍、鲁、卫、毛、聃、郜、雍、曹、滕、毕、原、酆、郇,文之昭也。"杜预《注》:"十六

---

① 郑玄注,贾公彦疏.周礼注疏[M]//阮元.十三经注疏.北京:中华书局,1980:761.
② 杜预注,孔颖达疏.春秋左传正义[M]//阮元.十三经注疏.北京:中华书局,1980:1951.
③ 郑玄注,孔颖达疏.礼记正义[M]//阮元.十三经注疏.北京:中华书局,1980:1495.
④ 王国维.殷周制度论[M]//王国维.观堂集林.北京:中华书局,1959:470.
⑤ 何休注,徐彦疏.春秋公羊传注疏[M]//阮元.十三经注疏.北京:中华书局,1980:2242.
⑥ 许慎.说文解字[M].北京:中华书局,1963:178.
⑦ 段玉裁注.说文解字注[M].上海:上海古籍出版社,1988:409.
⑧ 赵岐注,孙奭疏.孟子注疏[M]//阮元.十三经注疏.北京:中华书局,1980:2679.
⑨ 孙诒让.墨子间诂[M]//新编诸子集成.上海:上海古籍出版社,1986:118.
⑩ 王聘珍.大戴礼记解诂[M].北京:中华书局,1983:193.

国皆文王子也。"①《逸周书·大开解》："无远亲戚。"朱右曾云："亲戚，宗族兄弟。"②"贵戚"一词为偏正结构。"贵"言其近、尊。《广雅·释言》："贵，尊也。"③ 由以上讨论可知，《孟子》中所说的"贵戚"指王族中与王关系近密、地位崇高者。

文献中不乏"贵戚"指同族血亲的例证。例如，《礼记·月令》："省妇事，毋得淫。虽有贵戚近习，毋有不禁。"郑玄《注》："贵戚，谓姑姊妹之属。"④《仪礼·丧服》记载君为姑、姊妹的丧服级别为"期服"。⑤ 姑、姊妹为同族之亲。《史记·秦本纪》载商鞅为秦变法，太子犯禁，商鞅曰："法之不行，自于贵戚。"⑥ 惠文君为秦孝公嫡子，乃孝公最为近密的血亲。《史记·廉颇蔺相如列传》中，赵奢谓平原君曰："君为贵戚，岂轻于天下邪？"⑦ 平原君赵胜为赵诸公子、赵惠文王弟，乃赵惠文王"亲戚"中最为尊贵者。⑧

在古代政治生活中，"贵戚之卿"若对王的逆行反复劝谏无果，为了维护邦国的根本利益、保全宗族的统治权，可另择贤者代之。历史上的思想家对之有所解释，朱熹《孟子集注》说："盖与君有亲亲之恩，无可去之义。以宗庙为重，不忍坐视其亡，故不得已而至于此也。"⑨《国语·周语》载周厉王暴虐，国人流王于彘，后王室贵族共立王子静为宣王，为其著例。⑩

汉代以后，"亲戚"一语的含义发生了变化。姻亲被纳入"亲戚"的范围。汉代"外戚"之近贵亲幸以至干政者屡见，在汉以后的人们的观念中

---

① 杜预注，孔颖达疏.春秋左传正义[M]//阮元.十三经注疏.北京：中华书局，1980：1817.
② 黄怀信，张懋镕，田旭东撰；李学勤审定.逸周书汇校集注[M].上海：上海古籍出版社，1995：227-228.
③ 王念孙.广雅疏证[M].北京：中华书局，1983：160.
④ 郑玄注，孔颖达疏.礼记正义[M]//阮元.十三经注疏.北京：中华书局，1980：1382.
⑤ 郑玄注，孔颖达疏.礼记正义[M]//阮元.十三经注疏.北京：中华书局，1980：1495.
⑥ 司马迁.史记[M].北京：中华书局，1982：205.
⑦ 司马迁.史记[M].北京：中华书局，1982：2445.
⑧ 司马迁.史记[M].北京：中华书局，1982：2365.
⑨ 朱熹.孟子集注[M]//朱熹.四书章句集注.北京：中华书局，2011：302.
⑩ 徐元诰撰，王树民、沈长云点校.国语集解[M].北京：中华书局，2002：10-15.

"贵戚"包括姻亲在内。《汉书·五行志》:"王莽擅朝,诛贵戚丁、傅。"①丁氏、傅氏分别为丁太后与傅太后族人,是哀帝的外戚。②《后汉书·蔡茂传》有"贵戚椒房之家"语。③"贵戚椒房"指外戚。《世说新语·汰侈篇》记载石崇与王恺斗富,徐震堮引《晋诸公赞》曰:"(恺)既自以外戚,晋氏政宽,又性至豪。"④王恺为晋武帝的舅舅,《晋书·外戚》言其为"世族国戚"。⑤《太平御览》引《晋书》作"贵戚王恺"。⑥赵岐将贵戚之卿注为"内外亲族",而异议无多,是由于汉代以后人们的观念如此。

由上述可知,《孟子》"贵戚之卿"所演化出的"同姓"当指同族血亲,而《史记·屈原贾生列传》中所言"同姓"则不然。

《史记》在记述不同阶段的历史时,"同姓"一词的含义不同。先秦时期人名有姓有氏,⑦姓与氏是两个不同级别且相联系的称谓单位。姓因生而定,世代不变;氏则因家族而分,在家族发展史上不断增生变化。有学者在谈到《史记》的相关书法体例时指出:"司马迁在记述先秦人物时,很注意交待这个人物本身及其祖先的姓、氏、名,而记述战国以后的人物,则只记其姓名籍贯,而不再追溯其祖先姓氏。"⑧这段论述中所说的"先秦人物"当指春秋及之前的人物,"战国以后的人物"当包括战国时期的人物。

《史记》记载春秋及之前的历史时,"同姓"指邦国间有共同的远祖,时人以"同姓"或"异姓"来辨别邦国间的亲疏关系。例如,《秦本纪》追述秦缪公虏获晋君,"周天子闻之,曰'晋我同姓',为请晋君"⑨。《燕召公世家》言:"召公奭与周同姓,姓姬氏。"⑩上引文中的"同姓"指晋国、燕国的国君

---

① 班固.汉书[M].北京:中华书局,1962:1421.
② 班固.汉书[M].北京:中华书局,1962:1450.
③ 范晔撰,李贤等注.后汉书[M].北京:中华书局,1965:907.
④ 徐震堮.世说新语校笺[M].北京:中华书局,1984:469.
⑤ 房玄龄等撰.晋书[M].北京:中华书局,1974:2412.
⑥ 李昉等撰.太平御览[M].北京:中华书局,1960:3987.
⑦ 李学勤.考古发现与古代姓氏制度[J].考古,1987(3):253-257.
⑧ 俞樟华.《史记》与古代姓氏[J].人文杂志,1991(01):80-85.
⑨ 司马迁.史记[M].北京:中华书局,1982:189.
⑩ 司马迁.史记[M].北京:中华书局,1982:1549.

为姬姓，晋国和燕国都是与周王室同姓的诸侯国。

因为姓氏之辨是春秋及之前邦国间同盟及人们确认亲疏关系的重要依据，①故《史记》记述三代人物，多追述其先祖的姓、氏。例如，《齐太公世家》言太公吕尚时说："其先祖尝为四岳……虞夏之际封于吕，或封于申，姓姜氏……本姓姜氏，从其封姓，故曰吕尚。"②引文中的"姓姜氏"，指姜太公的"姓"为"姜"，"封姓"指其氏为"吕"。

《史记》记载战国以后的人物时，"同姓"多指同宗族之人，即本文前面所论证的内亲。例如，《荆燕世家》说："当是时也，高祖子幼，昆弟少，又不贤，欲王同姓以镇天下。"③《齐悼惠王世家》说："以海内初定，子弟少，激秦之无尺土封，故大封同姓，以填万民之心。"④汉初分封诸王，受封对象多为刘氏宗亲子弟，以上所提及的荆王刘贾为汉高祖从父兄，齐悼惠王为高祖长庶男。

《史记》记载战国以后的历史时，"同姓"一词的含义之所以与春秋及之前不同，与古代姓氏制度的变革有关。春秋中后期，社会从血缘国家向地缘国家转变。以血缘为依托的姓氏制度随着氏族社会的瓦解而发生变化。姓、氏间的区别逐渐泯灭，战国以后，姓与氏已无区别。所以顾炎武在《日知录》中说："自战国以下之人，以氏为姓，而五帝以来之姓亡矣。"⑤《史记》记载春秋及之前的人物多不称姓而举氏，如孔子本为殷商王室之后，为子姓，《孔子世家》说他"字仲尼，姓孔氏"。这是因为孔子一支得氏于其七世祖孔父嘉。⑥记述战国以后的人物，多直称姓名，如《史记·老子韩非列传》中的庄周、

---

① 《周礼·秋官·司仪》："土揖庶姓，时揖异姓，天揖同姓。"郑玄注，贾公彦疏.周礼注疏［M］//阮元.十三经注疏.北京：中华书局，1980：896.《左传·隐公十一年》："周之宗盟，异姓为后。"杜预注，孔颖达疏.春秋左传正义［M］//阮元.十三经注疏.北京：中华书局，1980：1735.《国语·晋语》："异姓则异德，异德则异类……同姓则同德，同德则同心，同心则同志。"徐元诰撰，王树民、沈长云点校.国语集解［M］.北京：中华书局，2002：337.
② 司马迁.史记［M］.北京：中华书局，1982：1477.
③ 司马迁.史记［M］.北京：中华书局，1982：1994.
④ 司马迁.史记［M］.北京：中华书局，1982：2012.
⑤ 顾炎武著，陈垣校注.日知录校注［M］.合肥：安徽大学出版社，2007：1246.
⑥ 司马迁.史记［M］.北京：中华书局，1982：1905-1906.

申不害、韩非、李斯等，就出于这一原因①。

《史记》人物在姓氏称谓上的上述差异，还由于太史公在记述不同阶段的历史时所依据的史料不同。《史记》记述春秋及之前的历史时，主要依据的材料是《左传》，如《史记·十二诸侯年表》即据《左传》编撰。②记述战国及之后的历史时，《史记》使用的材料除各国史书外，还采纳了《孟子》等诸子论谈以及秦汉间的历史传说。③

《史记》的这种书法原则在记述秦的历史时尤为引人注目。《秦本纪》追述秦国先祖时，用"姓嬴氏"④，而《秦始皇帝本纪》记述秦始皇时，则言"秦始皇帝者……名为政，姓赵氏"⑤。秦始皇的名字是"赵政"，坊间许多著作及教材称其名为"嬴政"是错误的。

《屈原贾生列传》称屈原与楚同姓，这与《史记》记载战国人物姓氏的书法体例不符。其与《商君列传》对商鞅姓氏的记载对比，这点尤为明显。商鞅为战国时期卫国的王室宗亲，《商君列传》曰："商君者，卫之诸庶孽公子也，名鞅，姓公孙氏。"⑥《史记》言商鞅不曰"卫之同姓"，谈屈原时却说其为"楚之同姓"。事实上，楚为芈姓国，自鬻熊以后楚王族皆以"熊"为氏。⑦一般认为，屈氏家族得氏于楚武王时期。⑧自武王至怀王，三百六十几年，楚国历二十王，⑨到屈原的时代，屈氏与楚王室之间的关系已非常疏远。从制度和观念两方面看，绝不能算是楚王室的同族。《屈原贾生列传》言屈原"楚之同

---

① 司马迁.史记［M］.北京：中华书局，1982：2139-2156.
② 李学勤.《左传》是研究古代历史文化的基础［J］.中国文化研究，2009（4）：19-22.
③ 张玉春.紬典册网放佚靡遗巨细考六艺齐百家熔铸宏篇——论《史记》的材料来源与整理［J］.中国典籍与文化，2003（2）：12-16.
④ 司马迁.史记［M］.北京：中华书局，1982：173.
⑤ 司马迁.史记［M］.北京：中华书局，1982：223.
⑥ 司马迁.史记［M］.北京：中华书局，1982：2227.
⑦ 司马迁.史记［M］.北京：中华书局，1982：512.
⑧《楚辞补注》引唐林宝《元和姓纂》："屈，楚公族芈姓之后。楚武王子瑕食采于屈，因氏焉。屈重、屈荡、屈建、屈平，并其后。"洪兴祖撰，白化文等点校.楚辞补注［M］.北京：中华书局，1983：1.
⑨ 参见《史记·楚世家》《史记·十二诸侯年表》《史记·六国年表》。司马迁.史记［M］.北京：中华书局，1982：1694-1728，542-638，687-737.

姓",实乃太史公罕见地不合《史记》书法之举。

战国时期,"楚材晋用"成为社会风气。① "合则留,不合则去",士人往往仕于他国,甚至有助他国攻伐故国者②。在这样的社会潮流中,屈原去楚远适,本无可非议。从《史记》的行文来看,司马迁似乎也是赞成屈原离开楚国的。太史公在《屈原贾生列传》的赞语中说:"余读《离骚》《天问》《招魂》《哀郢》,悲其志。适长沙,观屈原所自沉渊,未尝不垂涕,想见其为人。及见贾生吊之,又怪屈原以彼其材,游诸侯,何国不容,而自令若是。"③太史公对屈原的悲剧结局抱有深刻的同情,对屈原的行止有着深刻的思考。其所言"怪"者,疑也,疑而不得解,于是有本文所讨论的太史公对屈原姓氏的特殊表述。

后世学者未虑及《史记》的书法体例,困惑于屈原之终不离楚,误联系《孟子》"贵戚之卿"与"异姓之卿"说,将屈原"楚之同姓"说生发开来,造成广泛误解,这是屈原研究中不能不予以辨明的重要问题。至于屈原为何至死不离楚国,有其复杂的社会及个人原因,应另行探究路径,笔者异日或撰文另述之。

---

① 陈子展在谈及战国之际的社会现象时指出:"在那一时代里,这一国的人材一点不避嫌疑的出仕那一国,那一国的君主一点不生猜忌的延揽这一国的人材。楚材晋用,朝秦暮楚,不算一回事。"陈子展.楚辞直解[M].南京:江苏古籍出版社,1988:538.出土文献对这一社会现象做过政治伦理方面的阐释。《郭店楚简·父无恶》篇曰:"父无恶。君犹父也,其弗恶也,犹三军之旋也正也。所以异于父,君臣不相戴也,则可已;不悦,可去也;不义而加诸己,弗受也。"李零.郭店楚简校读记(增订本)[M].北京:中国人民大学出版社,2007:192.
② 如申公巫臣系屈氏,"教吴乘车,教之战陈,教之叛楚"。燕昭王礼贤下士,求取人材,"屈景闻之,从楚归燕。"刘向撰,向宗鲁校证.说苑校证[M].北京:中华书局,1987:17.
③ 司马迁.史记[M].北京:中华书局,1982:2503.

"汉兴""大收篇籍"考

"汉兴,改秦之败,大收篇籍,广开献书之路"说出自《汉书·艺文志》。《艺文志》开篇叙论对西汉的图书收集和整理,有如下记述:

> 战国纵横,真伪分争,诸子之言纷然殽乱。至秦患之,乃燔灭文章,以愚黔首。汉兴,改秦之败,大收篇籍,广开献书之路。迄孝武世,书缺简脱,礼坏乐崩,圣上喟然而称曰:"朕甚闵焉!"于是建藏书之策,置写书之官,下及诸子传说,皆充秘府。至成帝时,以书颇散亡,使谒者陈农求遗书于天下,诏光禄大夫刘向校经传诸子诗赋,步兵校尉任宏校兵书,太史令尹咸校数术,侍医李柱国校方技。每一书已,向辄条其篇目,撮其指意,录而奏之。会向卒,哀帝复使向子侍中奉车都尉歆卒父业。歆于是总群书而奏其《七略》……①

对"汉兴,改秦之败,大收篇籍,广开献书之路"一语,近代学者颇有异议。顾实先生《〈汉书·艺文志〉讲疏》认为,"此汉人自崇本朝之言也",并引《史记·太史公自叙》及刘歆《移书让太常博士》的有关记述后断言:"由此观之,《班志》曰:'大收篇籍,广开献书之路。'未尽然也。"② 钟肇鹏先生的《〈汉书·艺文志〉释疑》则明确提出汉初本无"大收篇籍,广开献书之

---

* 本文原载于《历史研究》2007 年第 2 期,第 184—189 页。
① 《汉书·艺文志》,北京:中华书局,1962 年,第 1701 页。
② 顾实:《〈汉书·艺文志〉讲疏》,上海:上海古籍出版社,1987 年,第 5—6 页。

路"之事:

> 案"大收篇籍,广开献书之路"二句乃承上"改秦之败"句,连类而及,此行文之便也。实则"改秦之败",指孝惠四年三月除挟书之律(见《惠帝纪》),而"大收篇籍"二句,指武帝时言。故《七略》曰"孝武皇帝敕丞相公孙弘广开献书之路,百年之间书籍(积)如丘山"。(《文选·为范始兴求立太宰碑表》注引)又曰:"外则有太常太史博士之藏,内则有延阁广内秘室之府。"(《汉志》如淳注引)足见藏书之盛,班志本之。《七略》此所云"广开献书之路"者正其事也。

该文还对王应麟、齐召南的相关考证进行了批驳:

> 王应麟《考证》泥于"汉兴"二字,乃引《移博士书》叔孙通定礼仪一段及赵氏《孟子题辞》"《论语》《孝经》《孟子》《尔雅》毕置博士"一节为证。齐召南《考证》亦云"此二句指高祖时萧何收图籍,楚元王学《诗》,惠帝除挟书之令,文帝使晁错受《尚书》,使博士作《王制》,又置《论语》《孝经》《孟子》《尔雅》博士即其事也"。不知所云除萧何收图籍及孝惠除挟书外,均与收篇籍、开献书之事无关。且即此二事亦不得云"大收""广开"也。此皆泥于"汉兴"二字,不知此乃连类顺叙,本指武帝时广开献书之事。故《隋志》正以"开献书之路"置于武帝下是其明征。[①]

《汉书·艺文志》"汉兴,改秦之败,大收篇籍,广开献书之路"是对汉初重要史实的论述,难道真是班固因"行文之便""连类顺叙"而造成的误书

[①] 钟肇鹏:《〈汉书·艺文志〉质疑》,《国学研究》第7卷,北京:北京大学出版社,2000年第1页。

吗？汉初整理搜集文献典籍的真相究竟如何？这是关系到汉初文化史的重要问题，值得重新探讨。

"汉兴"是汉代人习用的历史政治术语，特指从高祖立国、汉代兴起到文帝这段时期。①所以，讨论《汉书·艺文志》"汉兴，改秦之败，大兴篇籍，广开献书之路"一语的时间范围，应以此为准。但针对长久以来人们只注意汉武帝收书之功，本文将论述范围稍延至景帝时期，以对汉武帝前汉家收集整理文献的事实作充分的说明。

有关汉代收集整理图书文献的历史，司马迁和刘歆都有"百年"之说。《史记·太史公自序》云：

> 秦拨去古文，焚灭《诗》《书》，故明堂石室金匮玉版图籍散乱。于是汉兴，萧何次律例，韩信申军法，张苍为章程，叔孙通定礼仪，则文学彬彬稍进，《诗》《书》往往间出矣。自曹参荐盖公言黄、老，而贾谊、晁错明申、韩，公孙弘以儒显，百年之间，天下遗文古事靡不毕集。②

上引文中，太史公所言"百年"是指汉兴至武帝百年间，"遗文古事"从汉初开始征集，到武帝时经数世累积，"靡不毕集"，可见其间汉朝官方藏书已有相当规模。刘歆《七略》所言"孝武皇帝敕丞相公孙弘广开献书之路，百年之间书积如丘山"中的"百年"，则指汉武帝至汉哀帝之间的百年。若依刘歆言，自汉武帝始开收书大举，到哀帝时汉朝藏书才"积如丘山"。这种说法与司马迁所言有很大差别。仔细考校，可以发现司马迁和刘歆对汉初官方图籍状况的叙述差别是很大的。刘歆《移让太常博士书》称"汉兴，去圣帝明王遐远，仲尼之道又绝，法度无所因袭。时独有一叔孙通，略定礼仪。天

---

① 如《史记·孝景本纪》："汉兴，孝文施大德，天下怀安。"（北京：中华书局，1959年第449页）《史记·日者列传》："太卜之起，由汉兴而有。"（第3215页）《汉书·礼乐志》："汉兴，拨乱反正，日不暇给，犹命叔孙通制礼仪，以定君臣之位。"（第1030页）
② 《史记·太史公自叙》，北京：中华书局，1959年，第3319页。

下但有《易》卜,未有它书"。"至孝文皇帝……《诗》始萌芽,天下众书往往颇出。"[①] 但前引《太史公自叙》所叙述的秦焚灭《诗》《书》的后果,只是说"明堂石室金匮玉版图籍散乱"。"图籍散乱"与诸书亡失之间的差距无疑是巨大的。汉代早年的图书文献存有状况,当以太史公所言为是。

至于《隋书·经籍志》将《汉书·艺文志》中本来处于"汉兴"之下的"广开献书之路"一语移到武帝名下,显系受刘歆影响,不足为据。

班固撰写《艺文志》,所载书录虽据刘歆《七略》删要而成,但与现存《七略》佚文相较,论述与之颇有异同。其所述汉兴"大收篇籍"之语,与《史记》的有关论述一致,应该得到充分地肯定。

由《汉书·艺文志》叙论可见,汉初有收书之举。汉初至武帝已达百年,其间图书又有残缺,往往书简脱落。故武帝求遗书,自六艺经传外,兼及诸子百家,并汉人著作,藏于秘府。武帝至成帝、哀帝约百年时间,书籍又有散亡,乃命陈农等,复求遗书于天下。综上所述,可知西汉收集、整理图书之大举共有三次:即汉兴、武帝及成帝、哀帝之时,所述脉络分明,事实不应混淆。

有关"汉兴""大收篇籍"的事实,《汉书·艺文志》中颇有内证。《兵书略》谈及汉初韩信、张良整理兵书时说:"汉兴,张良、韩信序次兵法,凡百八十二家,删取要用,定著三十五家。"此百八十二家兵书,显然多为汉前旧籍,此正为汉初收书之证。

需要指出的是,"张良、韩信序次兵法"的内容,并不限于今天通常所说的"兵法"书,而是包含了诸多图书种类。《兵书略》"右兵权谋十三家,二百五十九篇"自注说:"省伊尹、太公、管子、孙卿子、鹖冠子、苏子、蒯通、陆贾、淮南王二百五十九种,出司马法入礼也。"今按:伊尹、太公、管子、孙卿子、鹖冠子、苏子、蒯通、陆贾、淮南王诸家,在《汉书·艺文志》中分别归于《诸子略》的"道家"(伊尹、太公、管子、鹖冠子)、"儒家"(孙卿子、陆贾)、"纵横家"(苏子、蒯通)、"杂家"(淮南王)等。此诸家既

---

① 《汉书·楚元王传附刘歆传》,第1968页。

由班氏自《兵书略》剔出，可见在班氏以前的图书分类中，它们是归入"兵书"类中的。《六艺略》"礼类"自注，"入司马法一家，百五十五篇"，可见汉初的兵法类书籍中包含《六艺略》的礼书类。《方技略》后自注："入三家，五十篇，省兵十家。"又《兵书略》自注："省墨子重，入蹴鞠也。"《诸子略》自注："出蹴鞠一家，二十五篇。"凡此种种，可见汉代前期的图书目录中，"方技""兵法""诸子""六艺"往往可以互见。由此可以大略了解"张良、韩信序次兵法"的内容。"张良、韩信序次兵法，凡百八十二家。"的规模，很值得人们注意。"百八十二家"在数量上大大超过了《兵书略》。其"定著三十五家"，与《汉书·艺文志·兵书略》"凡兵书五十三家"相比也差别无多。"删取要用"是对图书文献进行整理的一种具体说法，这些对我们认定汉初官方图书收集整理的事实及其所涉及的内容、形式与规模很有帮助。

收集整理先朝文献典籍对王朝政治具有重大意义。因为文献典籍是文化的重要载体，在某种意义上说，持有典籍就意味着控制了制度和文化，甚至意味着持有王朝正统。《左传·昭公二十六年》载："王子朝及召氏之族、毛伯得、尹氏固、南宫嚣奉周之典籍以奔楚。"王子朝受晋国所迫，在周王室内部的斗争中失败，出奔楚国，在仓皇出奔之时还不忘奉持周朝典籍，就是因为典籍乃王位正统的一种象征。

基于文献典籍对政权的重要意义，汉初吕氏乱汉时也曾窃取典籍。《汉书·艺文志》在论述"张良、韩信序次兵法"之后，又言"诸吕用事而盗取之"。孔安国《孔子家语序》在叙述《孔子家语》的流传情况时，谈到该书"及吕氏专汉，取归藏之"。典籍对于新兴王朝的意义非同一般，这就是汉王朝在汉初百废待兴之时注目于文献收集整理的原因所在。

秦朝对前代经典及诸侯国史籍的禁绝主要在民间。秦朝的官府和博士手中拥有大量藏书，而在秦朝可以拥有甚或管理图书典籍的博士、御史及各级秦朝官吏颇有投汉者，如叔孙通、张苍等人。这应该是汉初官方图书收藏的一部分来源。

叔孙通精于文献典籍，汉兴，定礼仪章法。张苍原为秦柱下史，熟习天下图书计籍。他"本好书，无所不观，无所不通。"故在汉初可以"绪正律历"。《史记·太史公自序》言汉初"萧何次律例,韩信申军法,张苍为章程,叔孙通定礼仪"。"次""申""为""定"都是以汉朝所接收的秦代旧档和前代典籍为对象和基础的,这些图书文献的整理和使用是西汉初年图书收集整理的重要内容。在这一过程中,萧何起了很大的作用。

萧何深谙图书的重要性。《史记·萧相国世家》载:"沛公至咸阳,……何独先入收秦丞相御史律令图书藏之。……汉王所以具知天下厄塞,户口多少,强弱之处,民所疾苦者,以何具得秦图书也。"① 应该指出,萧何所接收的秦朝图书不只是地图户籍,也包括其他各类的书籍文献,《汉书·高帝纪》言"萧何尽收秦丞相府图籍文书"。按此"秦丞相府图籍文书"当不限于地图和户籍档案,而包括李斯旧藏的其他书籍。② 李斯曾师事荀子,乃饱学之士,汉初著名学者贾谊的老师吴廷尉曾师事之。③ 李斯虽曾上书倡废私学,禁《诗》《书》,然当"秦二世尤以为娱"之时,尚谏曰:"放弃《诗》《书》,极意声色,祖伊所以惧也",④ 仍承认《诗》《书》的经典性,这就是李斯藏书的思想文化基础。

为了保存所接收的图书文献,汉代立国之初就着手建立自己的藏书制度。汉兴,萧何在主持建筑未央宫的同时,修建石渠、天禄、麒麟三阁为藏书楼。石渠阁起初用来保管入关所得秦朝书籍,后来也用于收藏其他秘籍;麒麟阁储存贤臣画像等;天禄阁则庋藏其他秘书典籍。从三阁所藏书内容可知,萧何收藏的图书文献,并不限于秦朝的地图户籍档案,后来作为"秘书"收藏的各种文献皆在收集之列。⑤

---

① 《史记·萧相国世家》,第 2014 页。
② 据《史记》秦二世二年李斯及右丞相去疾死后,秦未再任命丞相,而以赵高为中丞相。事见《史记·秦始皇帝本纪》,第 271—272 页;《史记·李斯列传》第 2562 页。
③ 《史记·屈原贾生列传》,第 1491 页。
④ 《史记·乐书》第 1177 页。
⑤ 《三辅黄图》卷 6:"石渠阁,萧何造,其下砻石为渠以导水,若今御沟,因为阁名,所藏入关所得秦之图籍,至于成帝,又于此藏秘书焉。""天禄阁,藏典籍之所。《汉官殿疏》云:'天禄、麒麟阁,萧何造,以藏秘书处贤才也。"参见陈直《三辅黄图校证》西安:陕西人民出版社,1980 年第 131—132 页。

汉初收集整理的图书文献，在武帝及其以前已经发挥了巨大的作用。司马氏父子两代"䌷史记石室金匮之书"研究历史，在此基础上，司马迁撰成"究天人之际，穷古今之变，成一家之言"的一代巨著《史记》。其所使用的文献包括相当多的六国官修史籍。这些六国官修史籍不可能是武帝时期民间所献书，多数是"汉兴"所收集的历史文献。

除汉王朝中央政府外，西汉初期诸侯王也是图书收集、文献整理的重要推动力量。

诸侯王中，汉初有楚元王好书传《诗》。"元王好《诗》，诸子皆读《诗》，申公始为《诗》传，号《鲁诗》。元王亦次之《诗》传，号曰《元王诗》，世或有之。（《汉书·楚元王传》）"汉景帝时，梁孝王"拟于天子，招延四方豪杰，自山东游士莫不至"。（《汉书·文三王传》）。淮南王刘安更以"好书"名闻天下，其"招致宾客方术之士数千人，作为《内书》二十一篇，外书甚众，又有《中篇》八卷，言神仙黄白之术，亦二十余万言"（《汉书·淮南衡山济北王传》）。《淮南子》（《内书》）乃刘安汇集手下群臣宾客集体撰作于景帝后期。"其书盖与诸游士讲论，掇拾旧文而成。"（鲁迅《汉文学史纲要》）"掇拾旧文"的前提自然是搜集整理故典。

诸侯王中，淮南王刘安以"好书"名闻天下。《汉书·淮南王传》载，刘安"招致宾客方术之士数千人，作为《内书》二十一篇，外书甚众，又有《中篇》八卷，言神仙黄白之术，亦二十余万言"。《淮南子》（《内书》）乃刘安汇集群臣宾客撰作于景帝时期，"除大量引用了《老子》《庄子》《吕氏春秋》外，尚引用了《论语》《墨子》《子思子》《公孙尼子》《孟子》《荀子》《商君书》《列子》《尸子》《管子》《慎子》《孙子》《韩非子》《晏氏春秋》《战国策》，《礼记》中引有《檀弓》《王制》《乐记》《中庸》《经解》及《尚书大传》《楚辞·天问》等。"① 有学者指出，《淮南子·览冥训》与银雀山汉墓出土的"唐勒赋"有因袭关系，而后者被认定为宋玉的作品。② 《淮南子》所引

---

① 徐复观《两汉思想史》第2卷，上海：华东师范大学出版社，2001年，第179页注14。
② 参见李学勤：《简帛佚籍与学术史》，南昌：江西教育出版社，2001年，第373页。

用的这些书籍文献在《汉书·艺文志》中属"六艺略""诸子略"和"诗赋略"。①《淮南子》使用文献的数量和种类,说明当时的淮南国已经进行过相当规模的文献收集和整理。

武帝以前,图书收集最为著名的诸侯王是河间献王刘德。《汉书·景十三王传》载:"河间献王德以孝景前二年立,修学好古,实事求是。从民得善书,必为好写与之,留其真,加金帛赐以招之。繇是四方道术之人不远千里,或有先祖旧书,多奉以奏献王者,故得书多,与汉朝等。……献王所得书皆古文先秦旧书,《周官》《尚书》《礼》《礼记》《孟子》《老子》之属,皆经传说记,七十子之徒所论。其学举六艺,立《毛氏诗》《左氏春秋》博士。"(《汉书·景十三王传》)河间献王景帝前二年(公元前155年)立,陆德明《经典释文·序录》说其收集古书的时间在景帝时。②史书既称河间献王得书多,又称其与"汉朝等",说明汉中央王朝在当时已经收集了大量文献典籍。汉武帝元光元年诏令天下献书,此时河间献王已经在位二十多年了。

由上述可知,武帝前诸侯王收集整理图书文献已有相当规模。这些史实对我们认识汉代前期中央王朝收集整理图书的历史有重要的参照作用。

汉初的图书收集与当时的博士制度有一定关系。叔孙通为秦博士,归汉后尚有博士弟子百余人追随。文帝设"专经"博士③,博士及博士弟子持有大量的典籍以为王朝服务。《史记·封禅书》载,文帝时曾使"博士诸生刺《六经》中作《王制》,谋议巡狩封禅事",就是著名的例子。汉代六艺成为政教经典,《汉书》谈及六经,皆自"汉兴"言起,叙述其传承脉络。探究汉初"六艺"的传承,有助于我们理解汉初的典籍收集和整理,但限于篇幅,在这里不能深入探讨了。

"汉兴""大收篇籍"这一历史事实作为学术理念,在六朝至隋唐的学术

---

① 《淮南子》中还包括有"术数略"和"方技略"的内容,参看《淮南子·天文训》等篇。
② 参见陆德明:《经典释文》·序录》,北京:中华书局,1985年,丛书集成初编本,第34页。
③ 赵岐:《孟子题辞》:"孝文帝欲广游学之路,《论语》《孝经》《孟子》《尔雅》皆置博士。"参见《孟子注疏》,十三经注疏本,第263页;刘歆:《移书让太常博士》。

史著中也有所反映。陆德明《经典释文·序录》在述及汉代诸经传承时皆以"汉兴"为导语，就是这一学术理念的具体表现。他在述及《周易》传承时说："汉兴，田何以齐田徙杜陵，号杜田生，授东武王同子仲及洛阳周王孙、梁人丁宽、齐服生，皆著《易传》。在述及《尚书》传承时说："汉兴，欲立《尚书》，无能通者。闻济南伏生传之，文帝欲征，时年已九十余，不能行，于是诏太常，使掌故晁错受焉。"在述及《诗经》传承时说："汉兴，传者有四家，鲁人申公受诗于浮丘伯，以《诗经》为训故以教。"在述及《三礼》传承时说："汉兴，有鲁高堂生传《士礼》十七篇，即今之《仪礼》也。"在述及《春秋》传承时说："汉兴，齐人胡母生、赵人董仲舒并治《公羊春秋》。"在述及《论语》传承时说："汉兴，传者则有三家。《鲁论语》者，鲁人所传，即今所行篇次是也。"①

民间藏书是汉初衷集文献的重要来源。中国古代民间藏书为制度所许可，②藏书和种类因时代和地域有所不同。③早期民间藏书是以实用的律令、兵书为主，而后百家争鸣，学者各自著书立说，社会藏书内容日渐丰富。《庄子·天下》篇说"惠施多方，其书五车"④。就是著名的例证。民间大量的私人藏书，秦火以后不会无余，伏生将简册藏壁中并不是个别的现象。汉朝一方面上承秦制，另一方面"改秦之败""大收篇籍"，其前提就是当时民间藏书的大量存在。

汉初惠帝下诏"省法令妨吏民者，除挟书律"⑤。吕后重申"前日孝惠皇帝言欲除三族罪、妖言令，议未决而崩。今除之"⑥。"挟书律"和"妖言令"的废除为汉初的文化复苏创造了一个宽松的环境，民间藏书公开化，"天下众

---

① 参见陆德明《经典释文·序录》第13—40页。
② 《墨子·非命上》："先王之书，所以出国家，布施百姓者，宪也。"见孙诒让：《墨子间诂》，上海：上海书店，1986年，诸子集成本，第164页。
③ 《韩非子·五蠹》："今境内之民皆言治，藏商、管之法者家有之，……境内皆言兵，藏孙、吴之书者家有之。"见《韩子浅解》，北京：中华书局，1960年，第482页。
④ 《庄子集释》，北京：中华书局，1961年，第1102页。
⑤ 《汉书·惠帝纪》，第90页。
⑥ 《汉书·高后纪》，第96页。

书往往颇出"。《史记·贾生列传》载,贾谊"年十八,以能诵诗属书闻于郡中""颇通诸子百家之书",是由于当时民间藏书为他提供了条件,这也是汉初社会藏书状况的醒目标志。文景时期,《诗》《书》百家语开始大量出现,其典籍收藏基础正如司马迁在《史记·六国表序》中所说:"《诗》《书》所以复见者,多藏人家。"同时王朝的征集也是重要因素。孔安国《孔子家语序》说:"孝景帝末年,募求天下遗书,于时博士大夫皆送官,得吕氏之所传《孔子家语》,而与诸国事及七十二子辞妄相错杂不可得知,以付掌书,与《曲礼》众篇辞简合而藏之于秘府。"从前述汉初征求文献的历史来看,景帝募求礼书,只是相关记录之一。

出土文献使我们对汉代初年图书文献的存有情况增加了了解。20世纪70年代以来,全国各地出土了大量的简帛文献,荦荦大宗者如:长沙马王堆汉墓出土帛书28件,计12万余字。包括《周易》《春秋事语》《战国纵横家书》《老子》甲乙本、《黄帝书》《刑德》《五星占》《天文气象杂占》《符箓》《筑城图》《相马经》《五十二病方》《养生图》《导引图》等。安徽阜阳双古堆西汉墓出土木简6000余枚,有《仓颉》《诗经》《周易》《庄子杂篇》《行气》《万物》《刑德》《孔子家语》及《日书》《相狗经》《楚辞》及佚辞赋等文献。山东临沂银雀山西汉墓出土竹简4900多枚,包括《孙子兵法》《孙膑兵法》《六韬》《尉缭子》《管子》《晏子春秋》《言御赋》("唐勒赋")等。以上书籍在《汉书·艺文志》中分别属于"六艺略""诸子略""兵书略""诗赋略""术数略"和"方技略",也就是说包括了其全部分类。如此众多的图书典籍,如果没有经过有意识地搜集整理是不可能大量出现在墓葬中的。从时代来说,这些墓葬除银雀山汉墓下葬于汉武帝时期外,其余都是"汉兴"其间下葬的,而银雀山汉墓竹简的收藏及抄写时代也应当比墓葬时间早,这些出土文献的发现,反映了汉代初年社会的藏书风气和国家普遍的文化政策。

综上所述,"汉兴",统治者在稳固政治、发展经济的同时,已经开始了王朝的文化重建,收集整理图书为具体措施之一。如果考虑到社会政治经济发展条件,汉代初年收集整理图书文献的规模和成效,和武帝时相比,称为

"大收""广开"并不为过,然而由于刘歆把收书大业归功于武帝,《汉书·艺文志》的这一论断曾受到人们的怀疑。本文勾稽文献,以证"汉兴""大收篇籍,广开献书之路"一语绝非班氏误书。这一史实的重新认定对汉代文化史的研究具有重要意义,有待进一步探索。

战国乐简研究

荆州战国楚墓竹简古乐谱书写制度初探*

《江汉考古》杂志2023年第2期刊发了荆州博物馆的《湖北荆州王家嘴798号楚墓发掘简报》(以下称《简报》)。《简报》披露："2021年6月，在编号为M798的一座小型战国楚墓中，出土了一批珍贵的铜器、漆木器和竹简。竹简字体为战国楚系简帛文字，原数量约为800支，内容有《诗经》的《国风》部分，与《论语》体裁相似的《孔子曰》，以及一种可能为乐谱的新见类型简册。"这是中国音乐史上的一个惊人发现，也是近年来考古工作中重要的、可能在文化史研究领域带来突破性进展的历史文献发现之一，值得引起高度关注。

《简报》对前述"新见类型简册"初步判断其性质可能为乐谱，暂称为'乐'"。关于这批竹简的基本情况，《简报》说：

> "乐"简出土时均残断，初步判断原为160支左右。从形制上分为宽、窄两种。部分简面底端或简背有数字序号。每支简的正面分为两行书写，内容均为数字、天干及其它少量笔画简单之字符的不同排列、组合，且有分栏的情况，似带有一定的节奏感。

上引《简报》内容丰富，为学界的研究提供了很好的基础。为叙述方便，本文依据《简报》，将这批战国楚墓出土的竹简称为"乐简"。《简报》移录了

---

* 本文原载于《艺术传播研究》2023年第4期，第43—48页，与高中华合作。

两支乐简上文字符号的释文，其编号为简 581、582，内容如下：

简 581：（左列）"二丩三丨卜四卜六卜六五九乙九卜卅八六丨六干工三六五九卜四卜四……"

（右列）"卜九五戊方乙丨爪戊卜丁卜上庚乙己乂己卜上癸乙壬乙辛丩己丨工角戊卜旴癸方父己丩戊丩丁……"

简 582：（左列）"丩四卜五九丩六卜二五九四方五乀方八卜二丩四乀五卜厽四二刀二丩丩三丩四丩七介……"

（右列）"白戊庚乙己卜丁壬卜方辛丿壬卜壬爪壬卜乂癸卜干卅匕卜丁角卜匕卜工乙戊白乙庚丨ㄢ丁卜刀戊……"

刊发《简报》的《江汉考古》杂志 2023 年第 2 期封二同步刊登了上述竹简的彩色照片。在此感谢发掘者和《简报》发布者、感谢《江汉考古》杂志的编辑，他们辛勤而周到的工作，使我们得以早日亲睹竹简及其所载简文的面貌。下面，依据这些资料，对乐简所载简文的书写体制作初步探讨。

比对《江汉考古》所载乐简照片，对《简报》所刊简文试作校补。下面是我们的校补本：

《荆州楚墓乐简释文校补本》

【简 581·右列】二□□三丩□□丨卜四□□□□□□卜六卜六五九□□□□乙九□□卜卅八六□□丨六干工三六□□五九□□□□卜四卜四……

【简 581·左列】□卜九五戊□方乙丨爪戊卜丁卜上庚乙己乂己□□□□卜上癸乙壬□□乙辛□□□□丩己丨工角戊□□卜旴癸□方父己丩戊□丩丁□……

【简 582·右列】□丩四□□卜五九丩六□□□□□□卜二五九四方五乀□□方八□□□□□□□□□卜二丩四乀五卜厽

四二□刀二丨丩三□丩四丩七□□介……

【简582·左列】白戊庚乙己□□□□卜丁壬卜方辛□□丿壬卜壬爪壬卜乂癸卜干卅匕卜丁角卜匕□□□卜工乙戊□□□□白乙庚丨□□ㄋ丁□□□卜刀戊……

本文在对乐简释文的校补中，作了三项工作。

首先，《简报》所发布释文的"左列"和"右列"的称名，与两支简上文字符号的实际书写排列顺序相背，故据竹简照片加以更正，将《简报》释文所称"左列"改称"右列"，《简报》释文所称"右列"改称"左列"。除据实更正外，这种改称的理念依据的是古代简册的书写制度。古代简册皆旁行左读，故引导读者披阅简文，须先述右列而后左列。

其次，查原简左、右两列文字符号多疏密不等，与古代简牍顺序通简接连写下的惯例不同，表现为简面多有长短不一的空白，此种情况既非偶然，当具有特定含义。校补本对简上每组文字符号间的空白处，暂以□填充，每□占据一个字符的位置（下文简称为"字符位"），以便排比考校。

最后，将这两支简的简文分段录写编排。分段录写编排的简文，名之为"乐简释文分段重排本"。形式内容如下：

《荆州楚墓乐简释文分段重排本》

【简581·上段右列】二□□□丩三□□丨

【简581·上段左列】□卜九五戊□方乙丨

【简581·中段右列】卜四□□□□□□□卜六卜六五九□□□□乙九□□卜卅八六□□丨

【简581·中段左列】爪戊卜丁卜上庚乙己乂己□□□□卜上癸乙壬□□乙辛□□□□丩己丨

【简581·下段右列】六干工三六□□五九□□□□卜四□卜四……

【简581·下段左列】工角戊□□卜旰癸□方父己丩戊□丩

丁□……

【简582·上段右列】□丩四□□卜五九丩六□□□□□卜二五九四方五乀□□方八□□□□□□□卜二丩四乀五卜厺四二□刀二｜

【简582·上段左列】白戌庚乙己□□□□□卜丁壬卜方辛□□丿壬卜壬爪壬卜乂癸卜干卅匕卜丁角卜匕□□□卜工乙戊□□□□白乙庚｜

【简582·下段右列】丩三□丩四丩七□□介……

【简582·下段左列】□□ㄋ丁□□□卜刀戌……

以上简文分段录写编排的原则，系按照乐简上书写的实际文字符号所记录的信息，体现出了每简的简文各段间及每段中的右列和左列两列之间的对应关系。前引《简报》称，乐简"有分栏的情况，似带有一定的节奏感"。竹简上文字符号的书写实际，与《简报》的这一说法不完全符合。由横线所间隔的各段简面长度，可容字符数不定，所以该横线绝非限定书写的栏线，而是一种表达特殊意义的符号。这关涉乐简书写制度的大节，应作较为详细的说明。

观察两支乐简，分别有数量不等的横贯简面的标记线。这种标记线，581简有两个：第一个位于简上部约五分之一的位置；第二个位于简下部约五分之一强的位置。582简有一个，位于简下部约六分之一的位置。《简报》在两简释文各段间所记"｜"，这是将简面上前述不固定位置通简标有的横线截断为二，用于标记各列的句读终止。除与简面实际情况不符外，还涉及古代简册书写中的另一个制度问题，即绝止符号的标记。

出土的古代文献，大多有标记篇章、句读的书写符号。绝止符号这一命名的来源是《说文》。《说文》"丶"部："丶：有所绝止，丶而识之也。"[①] 简牍

---

① 许慎撰、段玉裁注：《说文解字注》第214页，上海古籍出版社1981年版。

文献常见的句末绝止符号，一般写为"⌊""⌐"等形。① 至于某一较大书写单位的绝止，即表明某篇、某章或某节的终结，楚简中常用的有"■""∠"等绝止符号。这些符号标记在该书写单位（篇、章、节）末尾字的右下方或正下方。② 乐简上在"不固定位置通简标有的横线"与此性质相近而功能不同，它们是起到共同标记简上两列文字作用的特殊符号。那么，它们是不是《简报》理解的栏线呢？答案是否定的。

分栏书写，是古代简册制度的一个组成部分。传世古书中有此内容，然后人对此多有不解。《墨子·经上第四十》孙诒让《按语》指出，此篇之所以"讹错独多，不可句读"，是因为"凡《经》与《说》旧并旁行两截，分读之。今本误合并写之，遂混淆讹挩（脱），益不可通。"③ 出土文献中，分栏书写者并不罕见，著名者如《睡虎地秦墓竹简》中的《为吏之道》和近年来出土的楚简文献《清华大学藏战国竹简（肆）》中的《筮法》和《算表》等。《为吏之道》分上下五栏书写，《睡虎地秦墓竹简》的整理者在《说明》中指出："仔细观察，在每栏各行文字上端多可看到用锋刃划出的横线，说明当时是先把竹简编好，然后分栏书写。"④ 清华简《算表》由二十一支竹简组成，原册以三道编绳编联，"凡见十八条朱色栏线横穿于上述二十一支简简面，三道编绳亦作为栏线使用，与朱色栏线一起，用以分隔数字等"。⑤ 以上所举《睡虎地秦简·为吏之道》及清华简《算表》所载简册文献的各栏间的文字符号位数，皆因设栏固定而大体相同。

查王家嘴乐简的简581上段计有8个字符位（以单列计，下同），中段计有30个字符位，下段计有18个字符位。共计56个字符位。简582上段计有50个字符位，下段计有10个字符位，共计60个字符位。581简上段所接前

---

① 参见李均明：《古代简牍》第149页，文物出版社2003年版。
② 参见贾连翔：《战国竹书形制及相关问题研究》第九章第二节《标示符号的使用》，中西书局2015年版。
③ 孙诒让：《墨子閒诂》第190页，《诸子集成》第4册，上海书店1986年版。
④ 睡虎地秦墓竹简整理小组编：《睡虎地秦墓竹简》第280页，文物出版社1978年版。
⑤ 清华大学出土文献研究与保护中心编、李学勤主编：《清华大学藏战国竹简》（肆）第135页，中西书局2013年版。

一简字数，与下段所接下一简字数皆不明。两简的各段中，可资对比的是581简中段与582简上段。581简中段的字符位数是明确的，即30个。不计可能有的上接他简字符数，582简上段为50个字符位。简单数字处理可知，582简上段所载字符位数比581简中段字符位数至少要多20个。由此可证乐简所记录的简面各段字符位数明显各异。从数理统计的角度来说，如前所举例，分栏书写时，各栏字符位数应该大体相同，然而乐简两简各段间字符位数的相差却很大。这就证明了，本简册不存在分栏书写的情况。换言之，乐简上通简标有的横线并非起文字书写的分栏作用，而是标记简上所载两列文字符号共同构成的意义单元被书写完成的终结线。考虑本简的性质，当是表达某音乐单元终结的标记符号。这一符号未见命名，可暂借用简牍学术语"界隔符"来称呼它。有关"界隔符"的使用，可由其在两简的简面，特别是在简582的简面上的位置而知。两简"界隔符"对于简面文字的分割，既不合简册分栏书写的形式，也无法体现简册分栏书写的功能，所以必与栏线无缘。

需要补充说明的是，观察两简的简面及其上的书写情况，可见简前端皆完整，书写起始部位相似，两简上端书写时右列和左列或有未书写的空白部位，我们已用□符计入总字数。581简的下端虽较582简略多残断，但所短部分最多只能容一字，而其最后的半个字符，已计入简文的字符总数。乐简字符所书字体大小有别，然而平均起来大体一致，两简实际容字总数不影响我们的计算结果与上述结论。

简括本文所作校补的要义，是想要探明乐简的书写制度，即：依音乐单元而分段书写，每段整体上表达一个比较完整的音乐单元，每一段间的字符，左右分列而错落，或表示两列间意义的互补或相互呼应关系。

应该说明的是，我们所作的校补统计中所用文字符号皆暂按《简报》释文所定。在校补工作中，我们发现《简报》释文所释文字符号包括数字和"笔画简单之字符"，多有值得重新研究的地方。这些与本文所呈现的书写制度密切相关，应予解决。乐简文本与后代记谱制度之间的关系，也是有趣的话题。对此，我们拟另撰《战国楚墓竹简古乐谱字符形态研究》一文加以探讨。

总而言之，王家嘴 M798 出土楚简数量较多、内容丰富，出土地点明确、埋藏年代可考（为战国晚期前段），具有很高的历史文献与文物考古价值。就判定乐简的性质而言，《简报》作者已经指出，有"少量简文以'公之大和''中和''大臬'等词语结尾"，联系《尚书·尧典》"声依永，律和声"的记载，"推断这类简文是一种失传的先秦乐谱"。这一推断有相当的学理依据，我们从简册文献的书写制度来揭示乐简简文的内在逻辑，是对《简报》上述结论的补证。

总之，王家嘴战国楚墓竹简乐谱的发现，是中国音乐史上前所未闻的新知，对它深入研究，是有待开拓的音乐史与简帛文献学的新领域。本文从书写制度入手，试图探究乐简简文的内在规律，以祈在内证方面对其根本属性有进一步的揭示。文章所用方法与结论，皆希望能够得到读者和专家们的批评与指正。

荆州王家嘴战国楚墓乐简字符结构形态研究[*]

2021年6月荆州王家嘴战国楚墓出土的古乐简,是中国音乐史上前所未见的重大发现。乐简所载战国古乐谱的发现,对于揭示中华文明中音乐文明形态具有重要意义。对它进行全面系统的研究,势将成为中国音乐史学乃至整个中华文明探源工程的重要内容,应当引起高度关注,并应迅速提到学术研究的日程上来。

作为一个完全新见的事物,乐简的内容不见于任何传世文献,它的字符新奇怪异,故音乐史学界及古文字学界的专家们对它暂持矜慎态度。我们根据《湖北荆州王家嘴798号楚墓发掘简报》(以下称《简报》)所刊释文[①],以及《江汉考古》杂志所刊乐简照片,撰写了《荆州战国楚墓竹简古乐谱书写制度初探》(以下简称《初探》)一文[②],对乐简所载战国古乐谱的书写制度进行了初步研究。文章的撰写,意在使学者了解简文的读法,从而给学界提供一个对乐简进行深入研究的基础。本文则是对简文的字符结构形态试作考述,以期开辟对乐简内涵探索的新路径。

---

[*] 本文原载于《音乐研究》2024年第2期。
[①] 荆州博物馆《湖北荆州王家嘴798号楚墓发掘简报》,《江汉考古》2023年第2期。
[②] 姚小鸥、高中华《荆州战国楚墓竹简古乐谱书写制度初探》,《艺术传播研究》2023年第4期。

一、战国楚墓乐简数字类字符的辨识问题

《简报》说，乐简的简文，"内容均为数字、天干及其它少量笔画简单之字符的不同排列、组合"。依照《简报》释文统计，两支乐简中的三类字符，共有 144 个，其中数字为 40 个。根据我们对简文中数字类字符所作的考辨，《简报》释出的 7 个 "五" 字中，有 5 个系误释，只有两个字符是真正的 "五" 字，另有一个被误释为 "九" 和两个被误释为 "卅" 的字符。计算下来，在两简的 144 个字符中，数字类字符当为 32 个。①

上述 32 个数字类字符中，各字符的数目分别如下："二" 字 5 个、"三" 字 3 个、"四" 字 8 个、"五" 字 2 个、"六" 字 6 个、"七" 字 1 个、"八" 字 2 个、"九" 字 5 个。在这个字符系列中，只有从 "二" 到 "九"，而未见 "一" 字，这不禁令人感到奇怪。因为 "一" 是中国传统乐谱中的重要字符，对使用字符记录的中国古代乐谱来说，没有 "一" 字，是极不正常的现象。所以，本文从字符 "一" 的辨识开始。

在乐简字符的辨识中，需要说明各字符在简面的位置。我们在《初探》一文中，根据古代简册文献的书写制度，结合乐简本身的书写规律，对《简报》所刊释文重新进行编排，制订了《荆州楚墓乐简释文分段重排本》（以下简称《重排本》）。为便于核检，现将《重排本》全文移录如下：

【简 581·上段右列】二□□□丩三□□丨

【简 581·上段左列】□卜九五戊□方乙丨

【简 581·中段右列】卜四□□□□□□□卜六卜六五九□□□□乙九□□卜卅八六□□丨

【简 581·中段左列】爪戊卜丁卜上庚乙己乂己□□□□卜上癸乙壬□□乙辛□□□□丩己丨

---

① 姚小鸥《荆州战国楚墓竹简古乐谱字符分类及组合形态研究》，待刊。

【简581·下段右列】六千工三六□□五九□□□□卜四□
卜四……

【简581·下段左列】工角戌□□卜盱癸□方父己刂戌□刂
丁□……

【简582·上段右列】□刂四□□卜五九刂六□□□□□卜
二五九四方五丶□□方八□□□□□□□卜二刂四丶五卜亼
四二□刀二丨

【简582·上段左列】白戌庚乙己□□□□□卜丁壬卜方辛□□
丿壬卜壬爪壬卜乂癸卜干卅匕卜丁角卜匕□□□卜工乙戌□□□
白乙庚丨

【简582·下段右列】刂三□刂四刂七□□介……

【简582·下段左列】□□ラ丁□□□卜刀戌……

在上列《重排本》中，对字符的辨识和隶定，皆按《简报》所订。我们只是依照《江汉考古》杂志所刊乐简照片，对两简的简文作分段、分列的重新编排，并在各简左右两列的简面空白处，按字符应占位置填入多少不等的符号□，以供比对。下面据此试作分析。

"一"看起来简单，但它在中国的文字系统乃至中国的传统哲学体系中却有着重要的地位。从文字学的角度来看，《说文》将之列为五百四十部首之一，许慎对它解说是："惟初太极，道立于一。造分天地，化成万物。"段玉裁注："《汉书》曰：'元元本本，数始于一'。"[1] 按《汉书·叙传》说："元元本本，数始于一，产气黄钟，造计秒忽。八音七始，五声六律。度量权衡，历算逌（攸）出。官失学微，六家分乖，壹彼壹此，庶研其几。述《律历志》第一。"[2] 在这里，班固从数术的角度，论述了"一"所具有的哲学元本的性质，与《说文》所言正相呼应。

---

[1] [汉]许慎撰，[清]段玉裁注《说文解字注》，上海古籍出版社1981年版，第1页。
[2] [汉]班固《汉书》，中华书局1962年版，第4241页。

因为著述体例的关系，段玉裁在注解"一"字时，对其中的哲学内涵没有做更多的论述。他在《说文解字注》中，有关"二"字的解说，可以视为对此所作的补充。《说文》："二，地之数也。"段玉裁注："《易》曰：'天一地二'。惟初大（太）始，道立于一。有一而后有二。元气初分，轻清易为天，重浊阴为地。"①按"天一地二"之说出自《易·系辞》，桂馥《说文解字义证》曾广引诸书，对此加以说明。②上述诸家都没有对《汉书·叙传》中与音乐有密切关联的"产气黄钟，造计秒忽。八音七始，五声六律"等语词进行解说。也许在前人的观念中，数与音乐的关系是不言而喻的，不必特别加以陈述。

由于"一"所具有的元本性质，所以在我国传统音乐理论体系中，具有重要的地位，在传统乐谱中，是不可或缺的字符成员。乐简所载古乐谱中，没有它是难以想像的。经研究，我们发现，荆州战国楚墓乐简的简文中，原本有"一"这个字符的存在。之所以没有在《简报》所公布的释文中见到"一"字，是因为释文的作者没有发现乐简字符的某些特殊结构方式，造成误释，从而将"一"字漏释。我们这里所说的乐简字符的特殊结构方式，是乐简字符结构中一个普遍的、带有规律性的现象。因这一规律的发现，人们可以连带认识乐简中的其他一些字符的形态，并由此对乐简所载谱字内涵进行深入解析。

上面说到，依《简报》所释，简文中共有5个"二"字，但经仔细考校，可以发现，这5个所谓的"二"字中只有一个是真正的"二"，即简582上段右列的最后一个字符，其字形为 ◢。核检各种楚地出土文献与各种楚文字工具书，人们可以清楚地看到，这个真正的"二"字与人们熟悉的古文字相同，③而比对乐简照片，可见《简报》释文所判定的其他4个"二"字，与这

---

① ［汉］许慎撰，［清］段玉裁注《说文解字注》，上海古籍出版社1981年版，第681页。
② ［清］桂馥《说文解字义证》，中华书局2016年版，第1页。
③ 参见高明《古文字类编》，中华书局1980年版，第1页；李守奎《楚文字编》，华东师范大学出版社2003年版，第758页；滕壬生《楚系简帛文字编》，湖北教育出版社2008年版，第1117—1122页；李守奎等《包山楚墓文字全编》，上海古籍出版社2012年版，第466页。各种楚地出土文献用字多见上述工具书，故不再对其一一列举。

个真正的"二"字的字形差别很大。实际上，那4个所谓的"二"字，都是"一"字的特殊写法，或者说，它们是由"一"字附加笔画而构成的新的特殊字符。下面，我们以简581上段右列第1个字符为例，对这类字符的结构形态加以分析和解说。

从结构形态来看，被《简报》释为"二"的这个字符，是由"一"字与其上部所附加的一个横折笔画构成。这个横折笔画并非一个独立的文字部件，而只是一个附加成分，属于文字中的非字构件。[①] 我们作出这一论断的依据是什么？简单来说，是基于对简文各类字符进行的统计、对比和分析。

要明确简581上段右列第1个字符并非"二"字，而是"一"字添加横折笔画结构而成的字符，最为富于启发性的、足堪对比的是简文中的另一个数字类字符"三"。经查，《简报》所刊释文中，共有3个字符被判定为"三"。其中，两个为通常所见的、积划为之的"三"字，其字形为。这一字形与甲骨文、金文及战国文字乃至隶、楷等体的汉字"三"的构形方式相类。置于简582下段右列第2位，被《简报》释文判为"三"字的字符，则是一个看起来非常奇怪的、由4个笔画构成的形。其实，这个不同寻常的"三"字，是由形的"三"字上部添加一个形的附加笔画而成，其字符构成原理，和我们上面谈到的、被误识为"二"，而实际上是"一"的那个字符的结构方式相同。它们都是在原字符上面附加形所构成的新的字符。

由以上所述，可以看出，《简报》的释文将字符释作"三"是正确的。推测《简报》释文的撰写者曾注意到形这个相关字符的附加成分，只是尚未对它形成明确的理论层面的认识。所以，在辨别相关数字类字符的归属，分别为其定名时，秉持两端，未能折衷。我们虽然对乐简字符的认识较《简报》更前进了一步，但《简报》撰写者在这个问题上作出的前期努力及其成果是值得肯定和应该受到感谢的。

---

① 参见王凤阳《汉字学》，吉林文史出版社1989年版，第501—503页。

二、战国楚墓乐简字符构形规律的确认

前面我们说到，简文中"一"等的结构方式，即在相关字符上部附加横折笔画⌐，从而构成一个新的特殊的字符，是乐简字符构形中一个普遍的、带有规律性的现象。人们对事物规律性的认识，往往是由统计学意义上的普遍现象抽象总结出来的。我们既然提出前述字符的构成方式为一种带有规律性的现象，就不能满足于上文分析中所列举的个别例证，而应当对乐简的相关字符作出比较全面的统计。

下面，按照亚里士多德在《诗学》中所言，"让我们循着自然的顺序"①，从"一"到"九"，对简文中的数字类字符逐一进行统计。

"一"字，在简文中共出现四次，皆作⇁形，为简581上段右列第1个字符，以及简582上段右列第9、第19、第27个字符。其构形之原理，在前面已有较为充分的解说，这里不再赘述。

"二"字，在简文中出现一次，作⇌形，系简582上段右列第29个，即最后一个字符。

"三"字，在简文中出现3次。其中，两次是以通常所见的，积画为之的"三"字之形≡来呈现的，系简581上段右列第3个字符和简582下段右列第4个字符；一次是4个笔划，由通常所见"三"字的上部添加一个横折笔画⌐所构成，系简582下段右列的第2个字符。

这里要特别说明，上述简582下段右列第2个字符的≣形既为4个笔画构成，能否认为它是古文字中"四"字的一种形态呢？答案是否定的。因为楚文字中的数字"四"，固然尚多存早期文字构形中积画为之的形态，作≣、≣等形②，但组成这些字符的各笔画明显不相连接，显示出整个字符"积画为之"的构成方式，这与≣形的构成形态判然有别。此外，乐简中另有"四"

---

① 〔古希腊〕亚里士多德撰，陈中梅译注《诗学》，商务印书馆1996年版，第28页。按，该书第29页注8说，此"即从分析事物的属性或共性出发"。
② 滕壬生《楚系简帛文字编》，湖北教育出版社2008年版，第1198页。

字。其字形说解见下接"四"字条。

"四"字，在简文中共出现 8 次，字形与通常楚文字无异而作▨形者共有 3 个，即简 582 上段右列第 12 个字符和第 26 个字符，以及简 582 下段右列的第 4 个字符。同时，乐简中，还有添加笔画而作▨形的"四"字的变体，这一字符形态共有 5 个，即简 581 中段右列第 2 个字符、简 581 下段右列第 9 和第 11 个字符以及简 582 上段右列第 2 个和第 21 个字符。这类字符的主体部分与前举通常所见的"四"字相同，区别在于上部多加了一笔▨形。其构形原理与前述被误判为"二"字的"一"字，以及写为▨形的"三"字相同。

"五"字，在简文中出现 2 次，即简 582 上段右列第 14 个和第 23 个字符，无添加横折笔画者。其与相邻字符▨的关系，容以他文另述。

"六"字，在简文中出现 6 次。无添加横折笔画▨而作▨形者有 5 个，即简 581 中段右列第 4 字、第 6 字和第 14 字，简 581 下段右列第 1 个字符，以及简 582 上段右列的第 7 个字符。有添加类似前举横折笔画▨，而作▨形者 1 个，即简 581 下段右列的第 5 个字符。这个字符的形态，因"六"字上部作"人"字形，故其添加的横折笔画中的横笔书写得较短，与其他数字类字符所添加的笔画有所区别，而且，它并非置于全字的顶部，而是位于该字符右肩上部。

"七"字有一个，作▨形，位于简 582 下段右列倒数第 2 个字位，无添加笔画。

"八"字，在简文中出现两次。其中一个无添加笔画，系简 582 上段右列第 17 个字符。另一个有添加笔画的"八"字，系简 581 中段右列第 13 个字符，作▨形。该字符的构成与"六"字的情况类似，因"八"字的构形中，两笔皆为竖笔，故其添加笔画的位置及笔画形态皆与其他数字类字符所添加者有所区别，位于字符右侧竖笔（通常所说的捺笔）右面的偏上部分，亦为竖笔之形。

"九"字，共有 5 个，简 581 中有 3 个，简 582 中有 2 个，皆作▨形，位于各简右列，形态与通常所见楚文字中的"九"字无异，无添加笔画者。

经以上统计，可知简文中的数字类字符，由通常数字添加笔画结构而成者共 12 个，即"一"字 4 个、"三"字 1 个、"四"字 5 个、"六"字 1 个、"八"字 1 个，共占数字类字符总个数 32 的三分之一强。值得注意的是，这些由添加笔画而构成的新的数字类字符，多集中于"一"和"四"，共计 9 个，占其总个数的四分之三；而其他数字类字符有添加笔画者总计 3 个，仅占此类字符总个数的四分之一。这一统计数字的背后是否有特别的意义，尚待研究，这里暂且不作更多的引伸和推断。

由以上所述，可知本文辨识出谱字"一"的方法，及由"一"字派生出新字符的构形方式的确认，也往往适用于分析简文中的其他特殊构形的数字类的字符。考察两支乐简上面的全部字符，可以发现，这一字符构建规律甚至关涉数字以外的天干字及其他字符。比如，乐简中出现 5 次的天干字符"己"字，就有一个上部有附加笔画 ⼀ 而构成的 形，即简 581 中段左列第 9 个字符，这与其他 4 个"己"字的常见字形 迥然不同，即简 581 中段左列第 11 个、第 20 个，简 581 下段左列第 9 个，以及简 582 上段左列第 5 个字符。天干字"戊"及天干字"丁"（简 581 下段左列最后一个字符）的构形，也存在这种现象。比如，通常所见的"戊"在简文中省作 形，即简 581 下段左列第 4 个字符，可资对比的是添加了附加笔画的 形，即简 581 上段左列第 11 个字符。除数字类与天干字类字符外，简 582 上段左列第 27 个字符"角"字，从字符类别来说，应当属于《简报》释文所称"其他少量笔画简单之字符"，形态为 形。它的构形方法及形态呈现原理与数字类字符中附加笔画的"八"字作 形相似。两者附加笔画皆为竖笔，添加的笔画皆位于原字符右侧偏上部分，呈竖笔之状。

总之，从两支乐简字符的总体构成来看，简文中以附加笔画进行特别标识的字符，存在普遍，数量众多。所以，这完全可以说是一个带有规律性的现象，很值得进一步研究。

三、战国楚墓乐简字符与传统乐谱字符的比较

我们发现，战国楚墓乐简的字符构成方式及其呈现形态，颇有与中国传

统记谱法中所用字符相互比较之处。众所周知，目前仍在使用的我国传统音乐记谱法"工尺谱"的谱字，通常用"合、四、一、上、尺、工、凡、六、五、乙"等10个。其中，"一、四、五、六"等4个数字类字符，再加上天干字类的"乙"字，共计5个字符，与"合、上、尺、工、凡"等5个其他谱字的数目相等，占到工尺谱的谱字总个数的一半。战国楚墓乐简的字符中，数字类的字符和天干字类字符之和，也是占到字符总个数的一半。也就是说，工尺谱的谱字各类构成与战国楚简古乐谱中谱字种类的分布情况高度相似，[①]这一现象或非偶然。这样说，并非指实战国时期的楚简古乐谱就是现行工尺谱的直接前身，但毫无疑问，这两者之间有着文化上的血缘关系。

我们所说的文化上的血缘关系，是指自古至今，中国人记录语言和思想的基本符号——文字、数字及其他符号，其形态和用法一直有着不间断的沿革，即持续地在保留基本性质的情况下，适应历史条件的演进而蜕变。使用这一符号系统的中国人，从思维规律来讲，对待性质相同或相近的认知对象，如对古、今乐谱的认知方式和记录方法，有相似之处，是十分正常的情况。所以，虽然从目前公布的材料来看，战国乐简与后代传统乐谱之间的直接承继关系，还难以得出明确的结论，但如果结合已知传统乐谱的谱字形态构成，人们或许可以得到某些启示。本文重点讨论的战国楚墓乐简中某些字符的特殊构形方式，在中国传统记谱法中，也有类似的存在。

在工尺谱中，以附加笔画构成新字符的情况是人们所熟知的：将字音升高八度，一般有两种写法，一种方式是在谱字的左边添加单人旁（亻），如"上"字的高八度字写做"仩"，"尺"字的高八度字写做"伬"，其余类推。另一种方式是，在谱字末笔添加一个"挑"，如"上"字的末笔加一个"挑"，即为上形，"尺"字的末笔加"挑"，即为尺形。将字音降低八度的字符写法是，在字符的末笔添加一个"撇"，如"上"字加"撇"，即为上字，"尺"字

[①] 姚小鸥《荆州战国楚墓竹简古乐谱字符分类及组合形态研究》，待刊。

末笔加"撇",即为 R 字。① 在相关谱字左边添加偏旁"亻"构成新字符的构形方式,字符显示较为清楚。在原字符的末笔添加笔画形成新字符的方式,书写比较简明。从文字构形学的角度,它们都是在原字符上添加某种符号,从而实现特定内涵的表达。其区别是,一则为添加成字符号,一则为添加非成字符号,如此而已。战国乐简中,对字符添加笔画构成新字符的结构方式,从文字构形原理来讲,和前述工尺谱字的构形方式有相通之处。下面,我们试从汉字造字法的角度讨论上述乐简字符的构形原理问题。

众所周知,传统的汉字造字法理论有"六书"之说。一般即指《说文·自叙》所称:

《周礼》:八岁入小学,保氏教国子,先以六书。一曰指事。指事者,视而可识,察而见意,二(上) ═ (下)是也。二曰象形。象形者,画成其物,随体诘诎,日月是也。三曰形声。形声者,以事为名,取譬相成,江河是也。四曰会意。会意者,比类合谊,以见指挥,武信是也。五曰转注。转注者,建类一首,同意相授,考老是也。六曰假借。假借者,本无其字,依声托事,令长是也。②

近代以来的文字学家,对许氏的"六书"说或有不满。唐兰在《古文字学导论》中,始倡言"三书"说,其所言之"三书",为"象形、象意和形声"③。陈梦家继之在《殷虚卜辞综述》第二章《文字》的第四节《甲骨文字和汉字的构造》中,提出内容有异于唐兰的"三书"说。陈梦家所言的"三书",为"象形、假借、形声"。陈氏解释说,他的"三书"说中的"象

---

① 参见杨荫浏《工尺谱浅说》,音乐出版社 1962 年版;陈泽民《工尺谱入门》,华乐出版社 2004 年版;王耀华等《中国传统音乐乐谱学》,福建教育出版社 2006 年版。按,本文只是举例说明原理,有关谱字中关涉升高或降低两个八度等情况,这里不予讨论。
② 裘锡圭《文字学概要》,商务印书馆 2017 年版,第 754—766 页。按,有关"六书"的顺序,许慎《说文·自叙》所言与其他文献有所不同。这里不加讨论。
③ 唐兰《古文字学导论》,齐鲁书社 1981 年版,第 401—404 页。

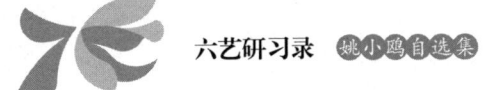

形""大约包括了许慎所说的象形、指事、会意,也就是班固所谓的象形、象事、象意。不管它所象的物是事是意,都是用形象(形符)表达出语言的内容的"①。由此可见,陈氏的"三书"说,囊括了古人"六书"说的主要内容,而加之以掌握了金文、甲骨文等古文字材料的现代文字学家对文字构形理论的阐释。下面,我们以此为理据,对乐简字符的字形构成及意义表达,稍作文字学意义方面的解读。

裘锡圭在《文字学概要》一书中,对陈梦家"三书"说的部分内容作了调整和发展。其中提出:"作为语言的符号的文字,跟文字本身所使用的符号是不同层次上的东西。"② 以此体会陈梦家先生论述"象形"时所说的,"不管它所象的是事是意",能够更清楚地理解工尺谱"尺""上"等字符中,上"挑"和下"撇"这类笔画所具有的"文字本身所使用的""象意"符号本质。也就是说,谱字加上"挑",即以上行的笔画来表示音的升高之意。谱字加下"撇",即以下行的笔画来表示音的降低之意。换言之,即在原谱字上面添加"挑"和"撇"的笔画来形成新的字符,以表示新字符所示音高较原字符所示音高的升、降变化之意。从这个角度来看战国楚墓乐简中 、 等字符的构形原理,能够更深刻地理解其上所加之 等形笔画的"指事"意味。

讨论乐简所载古乐谱中各类字符上的特殊标记,在对各类字符的细化分析中不可或缺,对于认识乐简字符的性质和内涵也具有重要意义。本文虽然讨论了乐简字符的一些特殊结构方式,揭示出了乐简字符的某些特征,从而对乐简的释读工作有所推进,但有些重要问题还没有展开。比如,在原谱字上面添加笔画形成新的字符的问题,我们的讨论主要围绕在相关字符(上部、右上或右侧)附加横折笔画 这一路径。其实,我们已经发现在原字符上添加下行笔画而形成新字符的例子。比如,简581中段左列第19个字符(倒数第二个字符,被《简报》释文误释为"乚"者)所呈现。但由于文献样本的关系,暂不能进行充分的讨论。至于《简报》指出的其他字符"笔画简单"

---

① 陈梦家《殷虚卜辞综述》,中华书局1988年版,第78页。
② 裘锡圭《文字学概要》,商务印书馆2017年版,第9页。

的问题，有些明显是由于"减字"之法所致。这与古文字中的书写"省减"固然有所关联，但更引起我们关注的是其与当代所存传世乐谱"半字"来源的关系。这一问题，同样是由于已知简文的文本量的关系，暂时没有展开讨论。

综上所述，从文字构形学的角度来分析，带有附加笔画的乐简字符所含意义，与原字符的意义内涵，既有确定的联系，也有着明显的区别。可以在此基础上得出如下结论：无论是从乐谱的谱字书写惯例，还是从带有附加笔划所构成的新字符可能具有的音乐意义的表达来说，都应当把乐简字符中带有附加笔画的新字符与不带附加笔画的原字符分别考虑。严格来说，应当将它们分别释为两类字符，从而区别出它们具有的不同的音乐意义。对于这个问题，我们或将撰写专文作进一步的讨论。

四、余论：乐符字符讨论的方法论意义和音乐史学价值

出土文献研究，和对传世文献的校勘一样，首先要定句读，通训诂。我们撰写的《初探》一文，旨在通过古代简册书写制度来确定简文的读法，这一工作属于"定句读"的范畴。本文对乐简字符的辨识，则属于传统学术方法中以"小学"入手的"通训诂"之类。它们对开辟乐简意义探索的门径都是必要的，然而最主要意义尚不在此。

本文对乐简字符结构的讨论，更为重要的意义在于，探究它的构成方式和传世乐谱字符的关系，有助于对乐简所载简文的性质，即其为"战国古乐谱"的认定。在《初探》一文中，我们曾引用《简报》，指出，其以简文中有"公之大和""中和""大㚖"等词语，从而判定乐简所载简文为古乐谱是正确的。我们就此提出，从简册文献的书写制度来揭示乐简简文的内在逻辑，可以证实《简报》的这一判断。本文对乐简字符构形规律的揭示，系从简文的字符系统内部提取实证，从学理层面进一步说明乐简所载确系古乐谱无疑。

本文所用的方法，是笔者一贯主张的，在理论指导下的考据和实证。正如清人所言，考据和义理为相辅相成的关系。不讲考据的历史研究，往往流

于无根游谈。没有理论的指导，对字词、语句的考据难以有正确的方向。其所言，易沦为古人所谓"无帅之兵"的"乌合"。

如前所述，本文对乐简字符结构的研讨，只是手段，目的在于通过它来揭示乐简所载古乐谱的本质属性与谱字的具体内涵。从宏观的史学角度来说，这一研究可以从一个侧面揭示中华文明体系中音乐文明的独特性和创新性，以及中国历代音乐文化传承的连续性，并由此凸显中华文明生生不息、连绵不断的突出特征。

本文的研究中，还有一些技术性的问题有待解决。比如，添加笔画后形成的新字符的称谓（读法）如得到确认，即可以用完整意义（形、音、义）上的"字"的概念，来显示它们与原字符之间的关联和区别。乐简所载古乐谱所用字符，不是通常的文字，而是一种非常特殊的谱字符号。这一符号系统从学理上来说，与汉字中的"记号字"有一定的关联，但又有其特殊性，有些不属于传统文字学的学科范围。这些都应当予以专门研究，并在此基础上建立乐简字符研究的一系列学术规范，使之成为专门之学。这是揭示乐简本质与内涵的必经之路。凡此，皆祈望方家有以赐教。